高等院校服装专业教程

服装市场营销学

张 莉 主编 胡丽莎 副主编

西南师范大学出版社

目录

引　言

服装业居于衣食住行之首，属于朝阳产业，因为人类对服饰的需求永无止境。我国是世界上最大的服装消费国，同时也是世界上最大的服装生产国，但我国服装业整体发展水平存在明显的地区差异。东南沿海省份生产的服装产品占据了全国大部分的市场份额，而中西部地区的服装产业发展相对落后。国内各服装企业之间的竞争主要停留在价格、款式等低成本领域，绝大多数服装企业的产品销售以批发市场的大流通为主。

近年来，尽管我国服装企业的品牌意识不断增强，但国内服装业仍然缺乏真正意义上的国际服装品牌。服装设计是我国服装业的软肋，设计水准一直落后于国际领先水平。服装业无论是从生产管理还是设计、营销、广告等，其队伍整体人才匮乏。与此同时，国内面料供应商的研发能力欠缺，处于产业链下游的经销商队伍整体经营水平不高。这些因素都直接制约着国内服装业整体水平的提升。

现如今，我国服装业已经形成众多的地方产业群，如宁波的男装、福建的休闲服、深圳的女装、南海的内衣、增城的牛仔等。产业群的出现有利于形成产业特色和地域优势，促进技术、人才等领域的交流和资源共享，同时更有利于品牌联合起来，集中优势向国外市场推广。

巨大的市场衍生无数商机，如何把握机遇，发挥自身优势，更有效地将具有自身特色的服装产品推向国内外目标市场，这是我国服装企业时刻需要思考的问题。

本书由武汉轻工大学艺术与传媒学院的张莉主编，湖北美术学院服装艺术设计系的胡丽莎副主编，期望此书能给学生及服装行业工作者提供有用帮助。

编者

U.S.

第一章　服装市场营销学概述

市场营销学是市场经济发展过程中逐步建立起来的一门应用型学科，既包含了营销理论研究学者对市场营销规律的研究成果，也凝聚了业界人士在营销实践中积累起来的经验。在市场营销实践中，既有普遍的营销法则，也有行业性的营销技巧。

一　市场营销与市场营销学

（一）市场的概念与分类

市场的概念

在日常生活中，人们通常将市场看作是买卖双方进行交易的场所。营销学家菲利普·科特勒指出，市场是由一切具有特定欲望和需求，并且愿意和能够以交换来满足这些需求的潜在顾客所组成的。

市场的概念可进一步解释如下。

1. 市场是建立在社会分工和商品生产基础上的交换关系。这种交换关系由一系列交换活动构成，并由商品交换规律（其基本规律是价值规律）所决定，其实现过程是动态的，错综复杂的，充满挑战和风险的。

2. 形成市场的基本条件包括：①消费者一方存在需要或欲望，并拥有可支配的交换资源；②存在由另一方提供的能够满足消费者需求的产品或服务；③具备促成交换双方达成交易的各种条件，如双方接受的价格、时间、空间、信息和服务方式等。

3. 市场的发展是一个由消费者（买方）决定的，由生产者（卖方）推动的动态过程。其中，买方需求是决定性的。人们通常把卖方称为行业，而将买方称为市场。卖方将商品（服务）送达市场，并与市场沟通；买方把金钱和信息送到行业。

在现实经济活动中，市场已形成复杂的相互联结的体系。其中，生产者从资源市场（由原材料、劳动力、资金等市场组成）购买资源，转变为商品和服务后卖给中间商，中间商再出售给消费者。消费者出卖劳动力赚取金钱，再换取所需的产品或服务。政府是另一种市场，它为公众需要提供服务，对各市场征税，同时也从资源市场、生产者市场和中间商市场采购商品。

市场的分类

市场是一个抽象的概念，企业如果要深入了解市场，就必须根据企业的经营特点、营销管理及营销决策的需要，对市场进行科学合理的分类。

1. 按市场区域划分

可分为国际市场和国内市场。我国在发布对外贸易统计数据时，常将国际市场划分为亚洲市场、西欧市场、东欧市场、北美市场、南美市场、非洲市场、澳洲市场、拉丁美洲市场等。国内市场通常划分为城市市场和农村市场。

2. 按商品的性质和用途划分

可分为生产要素市场和消费品市场。

生产要素市场是为生产服务的市场，它又进一步划分为工业品市场、资本市场、劳动力市场、信息市场等。

消费品市场是为最终消费者服务的，即满足个人或家庭生活的需要。消费品市场的主要特点是消费者需求差异大，购买金额小，购买次数多，购买动机复杂。消费品市场又可进一步划分为便利品市场、选购品市场、特殊品市场等。消费者在这些市场中购买商品时，在时间、地点、数量、金额、动机、偏好、受外界环境的影响等方面表现出不同的特点。

3. 按消费者需求差异程度划分

可分为同质化市场和异质化市场。

同质化市场指在一个市场里绝大部分顾客对特定产品的需要和爱好相同。如果市场上消费者的需求和爱好相同或相似，对市场营销刺激的反应基本一致，即市场的同质性较高，企业可以采用无差别营销策略。

异质化市场指在一个市场里绝大部分顾客对特定产品的需要和爱好不相同。如果市场上消费者的需求和爱好不相同，对市场营销刺激的反应不一致，即市场的异质性较高，企业可选择差别营销或集中营销策略。

4. 按经营的规模和经营方式划分

可分为超级自选商场、厂家直销商场、连锁店、百货公司、专业批发市场、商业贸易中心、集市贸易市场、杂货店等。由于这些市场的规模、信誉、经营品种、价格及促销手段不尽相同，一般都拥有自己的顾客群，企业在选择自己的分销商时，往往会综合考虑这些差异，以确定合适的客户。

通过市场分类，一方面可以帮助企业研究各个分类市场的消费者构成、需求特点、市场竞争情况等市场特征，有利于企业选择合适的经营方法制订适当的营销策略；另一方面可以帮助企业对各个分类市场的信息数据进行分析、整理，有利于企业对分类市场的经营预测、销售的管理与控制。

（二）市场营销的含义

1931 年，美国市场营销协会定义委员会给“市场营销”所下定义是：市场营销是引导商品与劳务从生产者到达消费者手中的一切企业活动。这种定义只将市场营销活动限于市场销售过程的商品交换活动。

现代市场营销活动已远远突破了市场销售过程，向生产过程和消费行为延伸。1984 年，菲利普·科特勒在其著作《市场营销原理》中指出：市场营销是企业的一种职能，即识别目前未满足的需要和欲望，估量和确定需求量的大小，选择能最好地为本企业服务的目标市场，并且决定适当的产品、服务和计划，以便为目标市场服务。

1985年，美国市场营销协会给市场营销下了一个比较全面的定义：市场营销是（个人和组织）对思想（或主意、计策）、货物和劳务的构想、定价、促销和分销的计划和执行过程，从而创造达到个人或组织的目标交换。市场营销是以消费者需求为中心，提供满足这些需求的商品，并使企业实现最大利润。整个市场营销活动是从调查研究消费者需求开始，到满足消费者需求为止的全过程。

我们可从以下三个方面进一步理解市场营销的概念。

1. 市场营销的最终目的是满足消费者的需求和欲望。

2. 作为市场营销核心的交换过程是一个主动、积极寻找机会，满足双方需求和欲望的社会过程和管理过程。

3. 交换过程能否顺利进行，取决于营销者创造的产品和价值满足顾客需求的程度和交换过程管理的水平。

由此看出，市场营销概念包含以下几个核心要素。

1. 需求、欲求、需要。需求是一种缺乏或被剥夺后的状态，需求会直接引发消费动机，如生存需求激发人们去消费食物、服装、房屋等。欲求是消费者为实现需求而产生的指向明确的消费动机。欲求会因人而异，并且随着社会条件的变化而变化。市场营销者通过营销活动能够影响消费者的欲求。需要是消费者为实现欲求而产生的指向具体、且有支付能力的消费对象。因此，消费者的欲求只有购买人支持才能变为需要。需求、欲求、需要这三个概念从抽象到具象，揭示了市场营销活动指向的对象，是顾客需求分析的基础。

2. 产品、效用、费用。产品是指用来满足顾客需要的实物或服务，可以是有形的，也可以是无形的，包括实体产品、服务、体验、事件、人员、地点、所有权、组织、信息、概念或创意等具体形态。效用是消费者对满足其需要的产品的全部效果的评价。费用则是为获得效用需要支付的代价，选择效用高的产品，通常需要支付更高的费用。消费者必须权衡效用与费用，选择适当的产品以满足其需要。

3. 交换、交易、关系。交换是消费者通过向生产者支付等价物取得产品所有权来实现需要的过程。只有通过等价交换，买卖双方彼此获得所需的产品，才能产生市场营销。交易是指一次具体的交换事件，一般是通过协议来完成的，一份交易协议应明确规定交易的等价物、双方同意的条件、时间、地点、承诺及相关法律依据等。关系是交易双方在交易中建立起来的一种长期的相互信任、互惠互利的关系，这种关系要靠不断承诺、提供高质量产品、良好服务、公平价格、经济技术合作及社会联系来实现。

4. 顾客总价值、顾客总成本、顾客让渡价值。顾客总价值包括产品价值、服务价值、人员价值和形象价值等。顾客总成本包括货币成本、时间成本、精神成本和体力成本等。顾客让渡价值是指顾客总价值与顾客总成本之间的差额部分。由于顾客实施某一消费行为时，总希望把有关成本降到最低限度，而同时又希望从中获得更多价值，以便自己得到最大限度的满足。因此，顾客在选购产品时，往往从价值与成本两个方面进行比较分析，从中选择顾客让渡价值最大的产品。

5. 市场、市场营销者、市场营销管理。市场是指一类具有特定需要并具有支付能力的顾客群体集合。市场营销者是指在交换双方中积极主动寻求交换的一方，而在交换双方中消极被动实现交换的一方称为潜在顾客，因此，市场营销者可以是卖主，也可以是买主。市场营销管理是通过对理念、产品或服务构思、定价、分销、促销等进行规划与实施，为满足顾客需要和组织目标而创造交换机会的过程。市场营销管理的核心任务是刺激、创造、适应及影响消费者的需求。

(三)市场营销学的产生与发展

市场营销学的产生

人类的市场经营活动，从市场出现就开始了。进入 19 世纪，伴随资本主义经济的发展，资本主义的矛盾日趋尖锐，频频爆发的经济危机迫使企业更加关心产品销售，在实践中不断摸索市场营运的规律。19 世纪末 20 世纪初，世界主要资本主义国家先后完成了工业革命，从自由竞争向垄断资本主义过渡。垄断组织加快了资本积聚，生产规模不断扩大。这一时期，以提高劳动生产率为主要目标的“科学管理”理论应运而生，受到普遍重视。同时，科学技术的发展，也使企业内部计划与组织变得更为完整，从而有可能运用现代化的调查研究方法，预测市场变化趋势，制订有效的生产计划和销售计划，控制和调节市场销售量。在这种客观需要与可能条件下，市场营销学作为一门独立的经营管理学科诞生了。

在此之前，美国学者已经发表和出版了一些论著，内容涉及产品分销、推销、广告、定价、产品设计和实体分配等专题。到 20 世纪初，一些学者如阿克·W. 肖(Arch W. Shaw)、爱德华·D. 琼斯(Edward D. Jones)、拉尔夫·斯达·巴特勒(Ralph Starr Butler)、詹姆斯·E. 海杰蒂(James E.Hagerty)等，将上述问题综合起来，形成市场营销学科。1902~1905 年，密执安、加州、伊里诺斯和俄亥俄等大学相继开设了市场营销课程。1910 年，执教于威斯康星大学的巴特勒教授正式出版《市场营销方法》一书，首先使用市场营销作为学科名称。而后，弗莱德·E.克拉克(Fred E. Clark)于 1918 年编写了《市场营销原理》讲义，该讲义被多所大学用作教材并于 1922 年出版。L. S. 邓肯也于 1920 年出版了《市场营销问题与方法》。

这一时期的市场营销学，其内容局限于流通领域，真正的市场营销观念尚未形成。然而，将市场营销从企业生产实践活动中分离出来做专门研究，无疑是一个创举。

市场营销学的发展

发生于 1929~1933 年的资本主义经济危机震撼了整个资本主义世界。从 20 世纪 30 年代开始，主要资本主义国家市场明显进入供过于求的买方市场。这时，企业界广泛关心的首要问题已经不是扩大生产和降低成本，而是如何把产品销售出去。为了争夺市场，企业主们开始重视市场调查，提出了“创造需求”的口号，致力于扩大销路并在实践中积累了丰富的经验。与此同时，市场营销学研究大规模展开。一些著名大学的教授调查和运用大量实际资料，形成了许多新的原理。拉尔夫·S. 亚历山大（Ralph S. Alexander）等学者在1940年出版的《市场营销》一书中强调，销售是“帮助或说服潜在顾客购买商品或服务的过程”。1937年，美国全国市场营销学和广告学教师协会及美国市场营销学会合并组成现在的美国市场营销学会（A-MA）。该学会在美国设立几十个分会，从事市场营销研究和营销人才的培训工作，出版市场营销专著和市场营销调研专刊，对市场营销学的发展起了重要作用。到第二次世界大战结束，市场营销学得到长足发展，并在企业经营实践中广泛应用。但在这一阶段，它的研究主要集中在销售推广方面，应用范围基本上仍局限于商品流通领域。

第二次世界大战后至今，市场营销学从概念到内容都发生了深刻的变化。战后的和平条件和现代科技进步，促进了生产力的高度发展。垄断资本的竞争加剧，销售矛盾更为尖锐。西方国家政府先后推行所谓高工资、高福利、高消费以及缩短工作时间的政策，刺激了人们的购买欲，但并未引起其实际购买力的直线上升，只是使消费者需求和欲望在更高层次上发生变化，对社会供给提出了更高的要求。这时，传统的市场营销学已经不能适应形势要求，需要进行重大变革。

许多市场营销学者经过潜心研究，提出了一系列新的观念。其中之一就是将“潜在需求”纳入市场概念，即把过去对市场“是卖方与买方之间的产品或劳务的交换”的旧观念发展成为“市场是卖方促使买方实现其现实和潜在需求的任何活动”。这样，凡是为了保证通过交换实现消费者需求（包括现实需求与潜在需求）而进行的一切活动都被纳入了市场营销学的研究范围。这也就要求企业将传统的“生产——市场”关系颠倒过来，即将市场由生产过程的终点，转为生产过程的起点。这样，也就从根本上确立了企业必须根据市场需求来组织生产及其他企业活动，以消费者为中心而不是以生产者为中心的观念。这一新观念导致市场营销学的基本指导思想发生变化，在西方称之为市场营销学的一次“革命”。

近些年来，市场营销论著不断推陈出新，每隔几年就有一批有创见的新概念出现（如表1-1），这些概念推动了市场营销学从策略到战略、从顾客到社会、从外部到内部、从一国到全球的发展和深化。市场营销学逐步建立起以“满足需求”“顾客满意”为核心内容的框架和体系，这在工商企业、事业单位和行政机构中得到了广泛运用。

表1-1 市场营销学新概念举例

时间段	新概念名称	提出者
20世纪50年代	市场营销组合 产品生命周期 品牌形象 市场细分 市场营销观念 营销审计	尼尔·鲍顿 齐尔·迪安 西德尼·莱维 温德尔·史密斯 约翰·麦克金特立克 艾贝·肖克曼

续表

时间段	新概念名称	提出者
20 世纪 60 年代	"4P"组合 营销近视症 价值观与生活方式 买方行为理论 扩大营销概念	杰罗姆·麦卡锡 西奥多·莱维特 威廉·莱泽 约翰·霍华德 杰克逊·西斯 西德尼·莱维 菲利普·科特勒
20 世纪 70 年代	社会营销 低营销 市场定位 战略营销 服务营销	杰拉尔德·泽尔曼 菲利普·科特勒 西德尼·莱维　菲利普·科特勒 阿尔·赖斯 波士顿咨询公司 拉斯摩 林恩·休斯塔克
20 世纪 80 年代	营销战 大市场营销 内部营销 全球化营销 关系营销	雷维·辛格　菲利普·科特勒 菲利普·科特勒 克里斯琴·格罗路斯 西奥多·莱维特 巴巴拉·本德·杰克逊
20 世纪 90 年代	网络营销 差异化营销 绿色营销 "3R"营销	格斯·哈伯 赫海凯特

(四)企业市场营销的新领域

绿色营销

绿色营销是指企业在营销活动中，谋求消费者利益、企业利益与环境利益的协调，既要充分满足消费者的需求，实现企业利润目标，也要充分注意自然生态平衡。实施绿色营销的企业对产品的创意、设计和生产以及促销活动的策划和实施，都要以保护生态环境为前提，力求减少和避免环境污染，保护和节约自然资源，维护人类社会的长远利益，实现可持续发展。

实施绿色营销的企业，必须制订绿色营销战略和绿色营销组合。

1. 制订绿色营销战略。在全球绿色浪潮兴起的时代，企业基于环境和社会利益考虑，制订体现绿色营销内涵的战略计划，有利于长期发展。绿色营销战略应明确企业研制绿色产品的计划及必要的资源投入，具体说明环保的努力方向及措施。绿色营销战略应以满足绿色需求为出发点和归宿，既要满足现有与潜在的绿色需求，还要促进绿色消费意识和绿色需求的发展。

2. 制订绿色营销组合。绿色产品不仅对社会或环境改善有所贡献，而且能有效地树立良好的企业形象，冲破绿色堡垒，适应"环保回归"热潮，为企业带来长期效益。绿色产品生命周期分析，主要考虑在产品生命周期各阶段产品与包装对环境所造成的干预和影响，力求减少资源消耗和对环境的污染。正确有效的绿色渠道是绿色营销的关键环节。企业不仅要慎选绿色信誉好的中间商，而且要选择能避免和改善污染、减少损耗和降低费用的贮运条件。绿色产品价格应反映生态环境成本，包括产品所吸收的环保及环境改善支出的费用，确立环境与生态有价的基本观点，贯彻“污染者付款”原则，促进生态化、低污低耗的绿色技术的开发和应用。绿色促销是绿色媒体传播绿色企业及产品信息的行为。企业要利用传媒和社会活动，为企业的绿色表现做宣传；通过赞助、捐赠等对有关环保的组织及活动给予经济上的支持。广告要突出绿色产品的特点，突出环保要靠全社会的力量，靠每个人的贡献。广告投入和广告频率要适度，防止因广告而造成资源浪费和声、光等感官污染。

关系营销

关系营销是以系统论为基本思想，将企业置身于社会经济大环境中来考察企业的市场营销活动，认为企业营销是一个与消费者、竞争者、供应者、分销商、政府机构和社会组织发生互动作用的过程。关系营销将建立与发展所有利益相关者之间的关系作为企业营销的关键变量，把正确处理这些关系作为企业营销的核心。

1. 企业内部关系。企业要进行有效的营销，首先要有具备营销观念的员工，能够正确理解和实施企业的战略目标和营销组合策略，并能自觉地以顾客导向的方式进行工作。企业要尽力满足员工的合理要求，提高员工的满意度和忠诚度，为关系营销奠定良好基础。

2. 企业与竞争者关系。企业所拥有的资源条件不尽相同，为有效地通过资源共享实现发展目标，企业要善于与竞争对手和睦共处，并和有实力、有良好营销经验的竞争者进行联合。

3. 企业与顾客关系。顾客是“上帝”，是“财神”，企业要实现盈利目标，必须依赖顾客。企业需要通过收集和积累大量市场信息，预测目标市场购买潜力，采取适当方式与消费者沟通，变潜在顾客为现实顾客。同时，企业要致力于建立数据库或其他方式，密切与消费者的关系。

4. 企业与供销商关系。因分工而产生的渠道成员之间的关系，是由协作而形成的共同利益关系。企业必须广泛建立与供应商、经销商之间的密切合作的伙伴关系，以便获得来自供销两个方面的有力支持。

5. 企业与影响者关系。各种金融机构、新闻媒体、公共事业团体以及政府机构等，对企业营销活动都会产生重要的影响，企业必须以公共关系为主要手段争取他们的理解与支持。例如，社区是以地缘为纽带而连接和聚集的若干社会群体或组织之间的关系，构成企业关系营销中不可忽视的一环。企业需要社区提供完善的基础设施和有效率的工作，社区也希望企业为社区建设提供人、财、物的支持。

关系营销更注重维系现有顾客，因为丧失老顾客无异于失去利润的来源。有的企业推行“零顾客背离”(Zero Defection)计划，目标是让顾客没有离去的机会。这就要求及时掌握顾客的信息，随时与顾客保持联系，追踪顾客动态。因此，仅仅维持较高的顾客满意度和忠诚度还不够，必须分析顾客产生满意度和忠诚度的根本原因，只有这样，才能有针对性地采取措施来维系顾客。

网络营销

互联网络（Internet）将全球各国的电脑网络群连接起来，成为不属于任一国家或企业的信息传递系统，使全人类共享信息资源。随着越来越多的企业和个人网络进入互联网络，其在人类生活中的地位日趋重要，也必将给传统营销组合注入新的内容。

经由网络所提供的产品与服务主要在于信息的提供，除将产品性能、特点、品质、价格以及顾客服务内容充分加以显示外，更重要的是能针对个别需求做一对一的营销服务。目前企业通过互联网络开展营销活动，主要有以下几种。

1. 发布电子广告，传递市场信息。与传统媒体不同，互联网络可以给广告用户提供广阔的空间，也为中小企业提供了平等竞争的市场机会。

2. 建立电子商场。企业可将经营的商品以多媒体信息的方式，通过互联网络供全球消费者浏览、选购，让顾客足不出户就能“逛商场”，通过网络浏览收集各类产品信息。电子商场可以提供用户反馈信件、专家评述，在品种较多时，还可以设计数据库供顾客搜寻。电子商场不受时空、地域限制，可展销任何商品，并可在任一时间接受任一顾客的询价或订货，甚至开设线上收款服务。

3. 开展市场调研。一方面是根据顾客反馈信息，了解顾客的需求及购物规律，据此调整商品结构和销售方向；另一方面，可以免费索取对营销活动非常有用的信息与商情动态。

4. 开展网络服务。近年来，国内外已出现一批利用互联网络的资源为用户服务的公司，如互联网络访问、信息检索、软件开发以及用户咨询与服务等。作为销售商品的企业，可将各种技术资源推广到网络上，用户有了难题，可以很快从网络中获得解决，或是请厂家技术人员做出准确的回答。

此外，在企业的营销活动中，还可利用互联网络测试新产品的市场反应；强化产业环境信息的收集；加强与其他产业的联系；接触高教育水准人群和年轻族群，提早接触未来消费主力；寻找合作对象，加强与供销商联系；锁定特殊消费族群，开展小众传播；等等。

整合营销

菲利普·科特勒认为，企业所有部门为服务于顾客利益而共同工作，其结果就是整合营销。整合营销发生在两个层面：其一，不同的营销功能——销售、广告、产品管理、市场研究等必须共同发挥作用；其二，营销部门必须和企业的其他部门协作。整合营销要求各种营销要素形成合力，共同为企业的营销目标服务。整合营销观念注重企业、顾客、社会三方的共同利益，把与消费者之间的对话和沟通作为重中之重。

整合营销的实施过程涉及以下四个方面。

1. 资源的最佳配置和再生。实现资源最佳配置，既要力求实现资源使用的最佳效益，又要做到资源共享，避免资源浪费。

2. 人员的选择、激励。组建有较高合作能力和综合素质的团队小组，保证圆满完成目标。同时，通过激励措施调动人员积极性。

3. 学习型组织。建立组织中的成员共同持有的意象或景象，即共同愿景，保持个人与团队目标和企业目标的高度一致，强化团队学习，创造出比个人能力总和更高的团队，实现自我超越。

4. 监督管理机制。高层管理务求使各种监管目标内在化，如通过共同目标培养各成员、各团队自觉服务精神，通过激励塑造企业文化，通过团队中人员、职能设置提升团队自我管理能力。

整合营销沟通（Integrated Marketing Communication，IMC）也称整合营销传播，即为了对消费者、从业人员、投资者、竞争对手等直接利害关系者和社区、大众媒体、政府、各种社会团体等间接利害关系者进行密切、有机的传播活动，营销传播管理者应该了解他们的需求，并反映到企业经营战略中去，应首先决定符合企业实情的各种传播手段和方法的优先次序，通过计划、调整、控制等管理过程，有效地、阶段性地整合诸多企业传播活动。合格的营销传播管理者应该具备多方面的能力，即对新事物的适应能力、传播能力、组织能力、创造能力和调查分析能力，还要有广博的知识和兴趣。

二　服装市场与服装市场营销

（一）服装市场的类型与特点

消费者市场和组织市场

在市场体系中，任何个人和企业都是商品的购买者，其购买商品的目的不外乎满足个人或家庭生活的需要，或者作为生产资料。因此市场营销学主要根据购买者的特点及其购买商品的目的对市场进行分类，通常把市场分为消费者市场和组织市场两种基本类型。

1. 消费者市场

消费者市场是产业乃至整个经济活动为之服务的最终市场，它是由为满足个人生活需要而购买商品的所有个人和家庭组成，在消费者市场上的购买者通常也就是消费者。企业为消费者市场服务并实现其营销计划的过程，就是最终实现商品的价值和使用价值的过程。所以说消费者市场是其他市场存在的基础，在整个市场结构中占有十分重要的地位。消费者市场有如下一些特点。

第一，市场广阔，购买人数多而分散。因此经销单位应尽可能地增加商品经营网点，最大限度地方便消费者购买。

第二，消费者购买频率高，购买时间分散，单次购买数量较小。消费品的需求一般是以个人或家庭为单位的。由于购买能力、储藏能力以及产品本身寿命的限制，消费者每次购买消费品的数量较少，而且时间、地点分散。这就要求市场营销人员增加消费品的供应品种，改善营销条件，以提高消费者的购买率。

第三，商品可替代性强。如购买衬衫时，可能选购这一款，也可能选购另一款；可选择这种面料，也可选择另一种面料。所以，增加消费品种和花色品种，对促进消费者购买有现实意义。

第四，市场流动性大。消费者的流动性大，导致了购买力投向的转移，使购买力在地区间移动。这就要求企业多生产适销对路的产品，以便更多地吸引消费者，提高市场占有率。

第五，市场上的购买者大多缺乏专门的商品知识和市场知识。消费者对商品的性能、特点、使用、保养方法等，很少有专门的研究，因此他们的购买行为容易受广告宣传、商品包装和装潢、推销方式以及服务质量的影响。因此，营销人员应注意研究和运用各种营销策略和促销手段，改进包装和装潢，提高服务质量，引发消费者的购买欲望。

2. 组织市场

组织市场也称组织机构市场，主要包括生产者市场、转卖者市场和政府机构市场。生产者市场是指个人或企业团体为满足生产需要而购买产品或劳务的市场。生产者市场的服装产品主要有劳动服装、防护服装等。转卖者市场是指把货物转卖给别人以取得利润的商品销售者，由各种批发商和零售商组成。绝大多数服装产品并不是从生产企业直接转移到消费者手中，其间要经过流通环节，即先到达转卖者市场，之后才进入消费者市场。政府机构市场是指各级政府和事业团体的各级职能单位和公共事业单位，为执行其职能、体现其组织形象而采购或租赁货物的市场。政府机构市场的服装产品主要有团体服、职业服（军服、警服、学生服）等。组织市场具有以下特点。

第一，属于理智型专家购买。购买者对产品的品质、规格、数量、交货期要求严格，且购买决策较少受广告宣传及其他推销方式的影响。

第二，市场比较集中，购买数量、金额庞大，购买的次数较少。

第三，产品专用性强，技术服务要求高。

第四，需求弹性小，对产品质量要求严格，不太注重产品价格。

第五，直接销售和间接销售相结合，且工业品卖方常常主动寻找用户，送货上门。

服装市场的细分

1. 按地域划分：有国内市场、国际市场，农村市场、城市市场，南方市场、北方市场，产地市场、中转市场、销地市场等。

国内市场是指国境内的市场，它是我国绝大部分服装企业的主营市场。我国是拥有 13 亿人口的大国，这是一个巨大的服装市场，研究分析国内服装市场，可使服装企业从中寻找出可利用的市场机会，为企业占领国内市场打下基础。

国内市场还可按地理位置、经济管理模式、生产和销售方式等继续划分为城市和农村市场，南方和北方市场，产地、中转和销地市场等。不同的经济发展速度以及文化背景、气候条件、风俗习惯等影响，使我国不同地区的服装消费各具特点，一般说来，城市较农村、南方较北方、沿海较内陆地区新款服装流行得早且服装消费水平高。

国际市场是指国境以外的市场，即除本国以外的一切允许本国企业进行营销活动的场所。国际市场还可以继续按国家、经济区域、消费习惯、宗教文化、贸易形式进行划分。国际服装市场有北美、欧盟、中东、东南亚等市场。

2. 按经营范围划分：有综合性市场、专业性市场。综合性市场销售的服装产品力求多品种、多规格、多档次，以尽可能地满足多数消费者的需求，如大型百货商场里的服装部。专业市场销售的服装产品则针对性较强，其目的是满足消费者对某一特定服装品种的需求，如牛仔服、女装、运动装等专营、专卖店。

3. 按购买方式划分：有自选市场、邮购市场、现货交易市场、期货交易市场等。

4. 按年龄划分：有老年市场、中年市场、青少年市场、儿童市场等。

除此之外，市场还可以根据消费者的性别、教育程度、家庭结构以及收入等市场要素进行划分。

服装市场的特点

1. 服装市场的层次性和多样性

市场由消费者组成，消费者在性别、年龄、受教育程度、收入、信仰以及态度等许多方面都存在显著差异，因此，对服装的需求和偏好也是多种多样的，这就决定了服装市场多层次和多样性的特点。多层次主要是指服装市场有高档、中档和低档之分，价格从千元乃至万元的高级时装、名牌服装到百元以下的低档服装，其间分为若干不同的档次，以满足不同消费者群体的需求。多样是指服装的种类、花色品种繁多，以满足人们多种多样的穿着需求和审美情趣。

2. 服装市场的地域性和季节性

自然气候是影响人们着装的主要因素之一。在不同的气候条件和环境下，人们对服装的要求也不相同，因而形成了具有不同特点的服装市场。我国地域广阔，从南到北气候差异很大，当居住在东北地区的人们还身着冬装时，广东、海南等地的人们可能已穿上了夏装。季节变化意味着气候的变化，进而影响着服装市场的状况。服装市场的季节性特点最为明显，冬装、夏装、春秋装本身就反映了服装的季节性需求。服装市场的季节性与服装企业的产品设计、生产安排和营销策略的制订有着密切的关系。某一季节的服装一般会早于该季节开始销售，而过季服装常会降价甩卖。因此，对服装销售企业来说，把握季节性服装的销售时机非常重要。

3. 服装市场的易变性和流行性

流行和富于变化是服装的一大特点，也是服装市场的显著特点。特别是随着生活水平的提高，人们已不再满足于常年不变的样式，追求变化、个性、新奇的衣着已经成为一种时尚，这使得服装市场的样式、品种不断翻新，每年每季都有新的流行样式出现，以满足人们求新求变的需求。

（二）服装市场营销的概念与观念演进

服装市场营销的概念

服装市场营销是指服装企业为满足服装消费者的衣着需要，对其服装产品进行设计、生产、定价、销售和服务的整个过程及所有活动，以实现服装产品交换，谋求最大利润。服装市场营销从研究消费者需求开始，到实现和满足消费者需求结束。只有这样，才能从根本上解决服装产品的销路问题，达到服装市场营销的最终目标。

现代服装市场营销要求营销人员着重研究服装企业在激烈的市场竞争环境中，如何识别、分析、评价、选择和利用各种市场机会；如何紧紧围绕消费者需求，为企业谋取利润展开总体营销活动；如何按照市场营销的规律，制订合适的营销策略。服装企业在运作市场营销时需要开展包括营销环境研究、消费者行为分析、市场调查与预测、目标市场确定，新产品开发、定价、销售渠道选择和市场销售研究等工作，并由此摸索出适合自己企业定位的服装市场营销组合策略，主要包括产品策略、价格策略、分销渠道策略、市场促销策略等。

服装市场营销观念的演进

在我国，服装市场营销观念的发展大致经历了以下三个时期。

1. 产品导向时期

在我国服装工业发展初期，以及服装消费快速增长的时期，服装生产力水平相对低下，而服装需求旺盛，服装市场总的情况是供不应求。企业将主要精力投入到抓产品数量和质量上，一方面是物美价廉的大众产品，另一方面是注重品质、款式和特征的较为高档的产品。这个时期由于服装产品供不应求，很容易被销售，基本上是以产定销，不注重对消费层次进行分析、对销售渠道进行开发以及开展促销活动，这个时期的销售主要以产品为中心，仅仅是向消费者提供产品而已。同时，这一阶段人们的服装消费意识还不成熟。

2. 人员推销导向时期

由于生产技术水平的不断提高，服装产品极大地丰富起来，与此同时，人们的需求日益多样化。然而，由于缺乏原创性的服装产品，模仿性的产品飞速增加，同质化市场竞争日趋激烈。这时，企业开始重视推销工作，成立专门的推销机构，研究推销技巧和广告宣传方式，以扩大销售，提高市场占有率，取得更好的经济效益。这个时期的销售观念从现有产品出发，对已生产出来的产品采取各种推销方法和手段，以销售人员为中心说服和诱导消费者购买。

3. 消费者需求导向时期

这个时期诞生了现代营销观念。相比而言，传统销售是以销售人员为中心，向消费者推销产品；而现代营销理念主张以消费者为中心进行顾问咨询，通过良好的沟通，让消费者接受产品的价值，并把销售人员当作购买服装的参谋、顾问，在“润物细无声”中达到营销目的。拥有现代营销观念的服装企业认为，实现企业的营销目标，关键在于正确领悟目标市场的需求和欲望，并及时有效地将产品传送至目标市场以满足消费者的需求。这是一种以消费者需求为导向的营销观念。

(三)服装市场营销的特点

由于服装市场营销是从市场营销的大概念中派生出来的，所以市场营销的特点从根本上决定了服装市场营销的特点。

市场营销的特点

市场营销理论概括起来有以下四个方面的特点。

1. 以消费者需求为中心。以研究、分析目标消费者的需求为出发点，以满足目标消费者需求为宗旨，这条原则始终贯穿于产品的开发、设计、生产、定价、促销、选择分销渠道、售后服务等整个营销过程，并且要根据市场环境的变化及时调整企业的市场营销手段，提供适宜的产品与服务，来满足目标消费者不断变化的现实与潜在需求。

2. 强调企业市场营销活动的整体性。企业必须通过有计划的市场营销管理来整合全部的市场营销活动。这就要求企业的各职能部门和供应、生产、贮存的各个环节，以及产品、价格、分销渠道、促销各因素之间协调配合；同时也要求企业综合运用各种市场营销手段，使市场营销的总体效果大于各个局部因素所产生的效果之和。

3. 追求利润最大化。任何企业都追求本企业利润最大化。利润最大化有两方面的含义：一是指长期利润最大；二是指企业的总收益最大。企业为了实现利润最大化，将利润的着眼点放在长期，而且不局限于一次交易或一项产品上。企业要从长期总体目标出发，有计划、有步骤地开展综合性的市场营销活动，达到利润最大化的目标。

4. 消费者利益与企业利益具有互利性。通过交换，消费者得到了商品、服务和其他需求的满足，企业付出的劳动也得到了合理的价值补偿并能从中获得利润。因此，对于企业而言，满足消费者的利益与实现自身利润最大化的目标不是对立的，而是互利的。

服装市场营销的特点

服装行业的特殊属性与市场营销特点相结合，决定了服装市场营销的特点。

1. 制订服装市场营销的总体目标。与其他行业生产企业一样，服装企业的市场营销也必须先制订一个总体目标，从总体上把握服装市场营销的各个因素和环节，协调企业内外各方面的营销要求。然后针对特定的目标，以满足服装消费需求为立足点，通过采用切实可行的营销手段来实现最大利润。

2. 建立灵活高效的服装市场营销体系。目前，服装行业缺乏经济规模，并有小批量、多品种的趋势，服装企业的独立实体规模相对较小。服装企业的市场营销应该基于这一特点，制订出适合中小型企业发展的短期与中远期营销方案，从而建立灵活高效的服装市场营销体系。

3. 服装营销组合策略必须具备创新意识。服装市场的流行性特点决定服装企业必须不断创新。未来的服装行业需要各种灵活有效的组织结构，设计师、经营者、生产者将融为一体，使产品的策划、设计、生产和销售相互渗透，将物质价值、品牌形象、企业文化注入产品之中。

4. 服装营销在广度和深度上的延伸。进入现代社会，服装行业已成为一个综合性行业，相关产业众多，除了与纺织、商业有关，它还与媒介、影视、信息、化工、文化娱乐、科研和服务业等密切相关。这无疑给服装营销带来了很大的难度，但同时也为服装市场营销创造了较大的利润空间。企业的营销人员在进行服装市场营销运作时，不仅需要考虑服装行业发展的直接推动因素，也应顾及制约服装市场营销的其他影响因素，从更深层面把握服装市场营销的规律，从而有效地实现企业自身的营销目标。

（四）服装市场营销组合

服装企业在市场营销中的成功与否，在很大程度上取决于市场营销策略的选择和组合。服装企业如何根据自身的营销目标、优劣势及市场条件，恰当地选择市场营销组合形式，优化营销组合方案、发挥营销组合效率，是市场营销策略需要解决的一个关键问题。

市场营销组合的概念

市场营销组合是指企业根据目标市场特点，结合市场环境与竞争状况，对企业自身可以控制的营销要素进行组合，从中选择最优方案加以运用，以实现企业的整体经营目标。市场营销组合可从以下三个方面理解。

1. 市场营销组合的实质是综合发挥企业的竞争优势，从多方面做到适应市场环境与满足市场需要，从而提高企业的经济效益。

2. 市场营销组合的最优方案并非一成不变，而是只能适用于特定时期、特定市场的特定商品。

3. 市场营销组合是市场竞争策略的一部分，企业通过市场营销组合，维持现有市场规模，争取潜在的消费者，消除竞争对手的威胁。

服装市场营销组合的基本内容

服装市场营销组合的基本内容包括以下四个方面。

1. 产品组合。包括产品的分类、质量、特性、包装、规格、品牌、商标、产品生命周期、新产品开发与推广、服务等内容。产品组合是市场营销组合的核心，其目标是不断地开发能充分满足消费需求、优于竞争者的商品和服务。

2. 销售渠道组合。包括销售渠道的结构、特点、类型、影响因素、中间商功能、实体分配等内容。渠道组合在企业整个市场营销战略中占据重要位置，其选择合理与否，依赖于企业与外部购销关系的协调。

3. 价格组合。包括定价目标、基本价格、定价方法、折扣与折让、付款方式、卖方信贷、补贴、影响因素等内容。价格组合是十分敏感而又最难以有效控制的因素，但却是影响商品销售的关键性因素，它直接关系到消费者对产品的接受程度，制约着产品销量和企业利润的多寡。

4. 促销组合。包括人员推销、广告、公共关系、营业推广等。利用促销组合，企业与目标市场之间能够建立起稳定有效的信息联系，充分发挥整体促销组合优势，并以此与其他基本营销组合相配合，实现企业的总体营销目标。

上述四个要素是影响企业市场营销的可控因素，也是影响消费者购买行为的主要因素，它们相互制约和影响。如果要使得企业的营销方案被消费者接受，必须四个要素同时被消费者接受。任何一个营销要素不被消费者接受，该营销方案就不被消费者接受。

上述四个要素中，每一个营销要素都有许多次级因素。消费者购物时对次级因素有不同水平的选择，这种选择往往因人而异，因此每一个要素的次级因素对消费者购买行为的影响力具有相对独立性。任何一个消费者，只要能接受其中一个水平，该营销因素的设计方案即被消费者接受，也就是说，企业在设计某一个营销要素的水平时，设计的选择水平越多，被消费者接受的可能性就越大。

由以上分析可以看出，如果要使整个市场营销方案被消费者接受，则必须尽可能地使每一个营销要素被消费者接受；而要提高每一个营销要素被消费者接受的概率，则需尽可能多地增加次级因素，但与此同时，营销预算将会随之增加。

服装市场营销组合的特点

1. 可控性。服装企业制订的市场营销组合方案中，所有的因素都可以被企业控制，外部环境因素如果发生变化，就需要对营销组合中的因素水平进行调整。

2. 多变性。服装营销组合通常包含多个决策因素，而每个决策因素都包含多种可供选择的水平，从而形成多种可供选择的营销组合。最优的营销组合是在特定的营销环境中选择出来的，如果营销环境发生变化，营销组合的选择也需要做出调整。

3. 系统性。在服装市场营销组合中，各个因素之间并非完全独立，而是相互影响的。在确定各个因素的水平时，必须考虑因素之间的匹配性，使各个因素之间相互协调，形成一个有机的整体，如产品的价格定位通常与卖场的选择是有关系的。对于高档商品，其卖场一般应设在高档消费区的零售店。

三　建立科学的服装市场营销观念

服装市场营销人员应树立科学的市场营销观念，即坚持以消费者为中心，在正确的营销观念下进行销售行为。那么如何建立科学的营销观念呢?

1. 从消费者需求出发

消费者的需求和欲望是其购买的基本动机和依据,也是营销人员的基本出发点。营销人员只有深刻洞察消费者需求,才能投其所好。对于服装企业而言,在分析客户是否有支付能力的同时,要具体研究客户需求,包括共同需求和特殊需求。如就终端消费者而言,营销人员所推荐的服装是否符合时下流行的大众化共同需求, 是否适合顾客身材、气质的特殊需求等。在充分了解客户需求的前提下,销售人员才能将服饰产品作为满足客户需要的方案推荐给客户,让顾客感觉到穿上这件衣服不仅美观得体,还能充分体现自己的个性气质。

2. 为消费者带来利益

在进行服装销售之前,要分析产品能给消费者带来何种利益。服装承载的不仅仅是遮羞蔽体、御寒保暖的实用价值,更多的是超实用的附加值和给消费者提供的利益。不同的消费者对服装的价值判断也会有差别。利益的展示越充分、越具体,消费者购买的可能性就越大。企业在进行利益判断时,要考虑当前利益和长远利益、直接利益和间接利益,要在准确判断产品给客户带来利益的基础上找到双方的利益均衡点,开展双赢的营销活动。

3. 建立消费者的信任感

企业只有在与消费者双方相互信任的基础上进行销售,才会成功。一旦消费者对产品产生怀疑,那么和企业的交易关系也不会长久。所以,企业一定要培养消费者对自己的信任感。对于服装企业来讲,在与客户沟通时,要坦诚相待、内行又专业、树立品质意识;在营销过程中不提供伪劣产品,不传播虚假信息;在与客户交往时讲求信用,言行一致。

4. 对消费者进行说服诱导

符合商业道德的说服和诱导有助于增强消费者对营销人员的信任感。营销人员应提高自己的说服技巧和诱导能力,但不应强迫消费者购买,更不能施以欺诈的手段。比如发现顾客试穿的服装并不适合本人,即使顾客信赖你,也不应违心地欺骗和诱导顾客购买。

营销人员应针对不同的顾客采取不同的诱导策略。例如,有的顾客态度冷淡,对销售人员存有戒备心理。对于这种顾客,营销人员要善于观察其反应,与之保持若即若离的关系,用亲和的态度感化顾客。又如有些顾客面对诸多款式的服装犹豫不决,缺乏自己的主见。对于这种顾客,营销人员要重点介绍产品优点、质量、价格等,并对顾客身边的人进行诱导,利用周围人的意见来影响顾客。对那些独立自主的顾客而言,营销人员要耐心听其发表见解,在客户驳斥自己的时候,不要急于争辩,而是寻找时机切入话题。

总之,服装营销人员要努力进行观念上的转变,认真把握需求第一、互惠互利、诚信为本、说服诱导这四大原则,使消费者对营销人员及产品充满信心。营销人员需充分利用公司产品、服务和专业知识来帮助消费者真正获得需求上的满足。在这一过程中,营销人员扮演着三种基本的角色。

1. 客户的"盟友"和"朋友"

销售合同的签订、购买行为的结束并不意味着交易关系的结束，而是双方关系新的开始。良好的客户关系及管理，不仅能带来后续的销售，还能因其所起到的销售示范作用，而带来新的客户和消费者。营销人员要充当客户的长期盟友，努力创造双赢环境；要充当服装消费者生活上的朋友，建立信任感，培养顾客对本品牌的忠诚度。

2. 客户的"顾问"和"专家"

服装营销人员要不断充实自己的业务知识，成为能够解决客户问题的专家；在与客户沟通的过程中，要创造出一种信任、诚实、可靠和职业化的气氛，以促进信息和思想的交流和沟通。

3. 客户购买决策的成员之一

营销人员在与客户沟通时，可将自己视为客户采购小组的一员，把售前、售中及售后等信息资源进行整合，以支持客户；充当买卖之间的纽带，要让客户知道营销人员身后的巨大资源，对其提供的信息、建议、意见，甚至是决策进行参考和采纳。

总之，当今的服装市场竞争日趋激烈，随着消费者选择余地的增加，传统的服装营销方式已逐渐被淘汰，及时地进行观念创新和角色转换是服装营销人员的当务之急。

思考与练习

1. 结合案例谈谈企业网络营销的特点。
2. 服装企业应如何选择市场营销组合？
3. 服装市场营销人员如何树立科学的市场营销观念？

第二章　服装市场营销环境分析

环境是企业生存的土壤。服装企业和其他企业一样，都是在一定的营销环境中生存的。市场营销环境影响企业的市场营销管理能力，关系到企业能否卓有成效地发展和维持与其目标顾客之间的交易关系，是与企业营销活动有关的，影响企业生存和发展的外部条件。随着市场经济的发展，市场竞争日趋激烈，服装企业的营销环境更加复杂。服装企业必须重视营销环境的研究，扬长避短，制订有效的市场营销战略，实现市场营销目标。

一　市场营销环境的特点

营销环境包括宏观环境和微观环境。宏观环境是企业外部的社会环境，它是企业不可控制的因素，是制约和影响企业行为的社会力量，如政治、法律、经济、社会文化、科技、人口、自然生态等。微观环境是在整个营销活动过程中，与企业紧密相连、直接影响企业营销能力的各种参与者，如企业、供应商、中间商、消费者、竞争者和社会公众等。宏观环境和微观环境是市场营销环境体系中的不同层面，它们相互影响，共同构成多层次、多变的企业市场营销环境的综合体。

服装市场营销环境特点主要表现在以下七个方面。

(一)客观性

服装市场营销不可能离开特定的社会环境而独立存在，不管企业如何经营，企业的营销活动总会受到社会环境的影响或制约。因此，企业决策者在进入一个新的市场之前，必须认真评估社会环境对市场营销行为产生的影响。环境是客观存在的，是不以人们的意志为转移的。企业很难根据自己的意愿去改变客观环境，但是企业可以主动适应客观环境的变化，避免环境中的威胁因素，利用环境中的机会，创造更大的价值。

(二)差异性

不同的企业在特定的社会环境下受到的影响是不同的。如不同的国家、民族、地区，在人口、经济、社会文化、政治、法律、自然地理等各方面存在着广泛的差异性，这些差异对部分企业而言可能是市场机会，而对另一部分企业则可能因不适应而导致经营问题。例如服装企业在不同的地理位置就面临不同的环境。有的企业有原料供应的优势，有的企业有技术设备的优势，有的企业有客户资源的优势。企业应该充分发掘和利用这些优势，采用针对性的营销策略，使这些优势转变成自己的利润。

(三)相关性

服装市场营销环境是一个复杂多变的系统， 系统中的各个影响因素之间可能会产生交互影响。因此企业在进行环境分析时，应明确哪些因素是主要的影响因素，哪些因素是次要的影响因素，哪些因素之间存在交互影响等。企业开发新产品时，可能要考虑到目标市场的经济因素、社会文化因素，从而对产品的市场定位、价格策略产生影响。

（四）动态性

从我国营销环境来看，由于我国处于经济快速发展时期，经济体制改革与政治体制改革也在不断深化，营销环境发生了质的变化，这也意味着营销观念的深刻变革。如我国的产业政策重点过去放在重工业上，现在已明显向农业、轻工业、服务性行业、高科技产业倾斜，这种产业结构的变化对企业的营销活动将产生深远的影响。对于服装企业而言，必须依据环境的变化不断地调整自己的营销策略，使之具有一定的弹性和适应性。服装是一种流行性、时尚性很强的商品，服装企业能否根据环境变化及时调整经营策略显得尤为重要。

（五）不可控性

影响服装市场营销环境的因素通常具有不可控性，因为这些因素都具有外部性。如企业不可能随意改变国家的政治法律制度、人口增长、社会文化习俗等。

（六）可适应性

基于“适者生存”的法则，现代营销观念在强调企业要适应环境的同时，也提出企业应利用自己的营销行为去改变环境。当然，改变环境并不是一件容易的事情，需要具备很高的战略眼光和雄厚的经济实力。

（七）复杂性

企业面临的营销环境具有复杂性，表现为各环境因素之间存在着相互影响、相互依存和相互制约的关系。如市场需求不仅受经济文化因素的影响，而且也受政治法律因素的影响。再如，中国加入世界贸易组织之后，一方面为我国的服装企业提供了更多的机会，但同时也面临国外服装企业的挑战，从而使市场竞争环境更加激烈和复杂。

二　宏观市场营销环境

服装企业的宏观市场营销环境是指为服装企业营销活动提供机会和造成威胁的外部力量，包括人口、自然、经济、政治法律、科学技术和社会文化六大因素。一般来说，宏观环境是不可控因素，但企业可以通过对环境的监测，调整营销策略，以适应环境的变化。

（一）人口环境

人口是构成市场的基本要素。市场是由具有一定的购买欲望和购买力的人所构成的，因而，人口数量、年龄结构、地理分布、民族构成、婚姻状况、风俗习惯、受教育程度等因素，就形成企业营销活动的人口环境。服装作为人类生存和具有某种象征意义的生活资料，其生产和经营活动与人口环境有着密切的关系。人口环境对服装产品的需求结构、消费习惯和消费方式等方面的影响比其他产品更为明显，直接关系到服装企业营销活动的变化。因此，服装企业应密切关注人口特征和发展动向，及时有效地调整营销策略。

人口总量和增长速度

人口总量是影响基本生活资料需要的决定性因素。一个国家或地区总人口数量越多，需求的绝对量就越大。对服装产品而言，人口总量会直接影响现实的需求及潜在的市场规模。按人口数量可大致推测服装市场规模的大小。

市场既包括现有市场，也包括未来市场。了解人口增长速度，可以预测未来市场的发展趋势。人口增长意味着人类需求的增长，如果有足够的购买力，人口增长意味着市场的扩大；另一方面，人口增长可能导致人均收入水平下降，市场购买力降低，从而阻碍经济的发展，影响产品的销售。

人口构成

人口构成包括自然构成和社会构成。

自然构成包括年龄结构、性别比例等。不同年龄的消费者在价值观、思维方式、行为特点等方面存在着明显差别，从而对服装消费存在不同需求，形成了以年龄为标志的各类服装市场，如童装市场、青年服装市场、中老年服装市场等。当前，随着生存条件和医疗水平的改善，人均寿命不断延长，世界上许多国家人口老龄化问题愈来愈突出，带来一定的社会问题，但对服装企业来说也意味着更多的机会。老年服装用品市场不断扩大，老年服装消费向舒适、实用、多样性方面发展，服装企业应重视老年服装市场的开发。据统计，女性服装市场消费数量和消费额都远远超出男性，女性不仅为自己购买服装用品，由于其同时充当母亲、女儿、妻子等多种角色，因而也经常购买儿童、老人、男性的服装服饰用品。因此，女性消费心理和消费特点，是服装企业需要研究和分析的重要内容。

社会构成包括民族构成、家庭结构、职业构成和教育程度等。不同民族和职业的消费者，其风俗习惯、经济收入、社交范围、居住环境、消费方式等存在差异，因此对服装的品种、款式、色彩、品牌等需求存在较大的差异。家庭是社会的细胞，也是商品购买和消费的基本单位。一个市场拥有家庭单位和家庭平均成员的多少以及家庭组成状况等，对市场需求都有重要的影响。在我国，家庭结构变化的主要特征是向小型化趋势发展，同时家庭的特征也有一些变化，如单身户的增加等。

人口的地理分布和地区间流动

人口的地理分布与经济、文化发展关系密切。居住在不同地区的人群的消费需求内容和数量存在差异。如我国南方气候温暖，形成了细腻、精致的心理特征，反映在南方人穿着上体现出多彩、鲜亮、柔美、偏重冷色调的特点；我国北方气候寒冷、土地辽阔，北方人粗犷、豪放的性格使其服装具有浓烈、厚重的特点，偏于暖色调。改革开放以来，伴随着社会经济的发展以及小城镇建设和西部大开发战略的推进，我国人口的地区间流动明显增强，人口迁移呈逐步上升趋势，例如农村人口流入城镇和工矿业集中地区；内地人口迁入沿海地区；经商、学习、旅游、出差等人口逐渐增加。人口的地区间流动在一定程度上改变着我国人口地理分布和人口结构状况，意味着购买力的流动，影响着市场需求和规模的变化，进而影响服装消费结构的变化，从而给服装企业带来较多的市场份额和机会。

（二）经济环境

经济环境是指企业营销活动所面临的外部经济条件，是实现需求的重要因素。没有一定数量的人口就不会形成市场，同样，没有一定程度的购买能力便不能形成需求。与消费者市场规模及需求结构关系密切的经济环境因素主要有：社会购买力、消费者收入与支出、消费信贷和居民储蓄等因素。经济运行状况和发展趋势会直接或间接地对服装企业营销活动产生影响。

社会购买力

从企业营销角度讲，经济环境中最主要的因素就是社会购买力。社会购买力指在一定时期内，社会各方面用于购买商品与劳务的货币支付能力。社会购买力决定着市场的规模，影响着市场的需求结构，制约着企业的营销活动。服装企业应密切注意由于社会购买力及市场规模、市场结构的变化而带来的市场机会和环境威胁。

社会购买力与国民经济发展。社会购买力是国民经济发展水平、消费者收入、价格水平、储蓄状况、信贷规模等一系列经济因素的函数。虽然一定时期社会购买力的大小受多种因素的制约，但主要取决于国民经济的发展水平。国内生产总值（GDP）是衡量一个国家国民经济的重要指标，其增长幅度表明一个国家经济发展的速度。经济发展速度快，人均收入高，社会购买力就大，企业的营销机会就随之增加；反之，就会给企业营销带来不利的影响。

社会购买力与市场供求状况。社会购买力与市场供求状况密切相关。市场供求状况包括总量比和结构比。通常情况下，服装企业在营销活动中直接感受到的往往是市场商品供求结构比的影响。改革开放前，我国纺织服装市场处于供不应求的状态，纺织品限量供应，成衣比率低，而且花色品种单一。而今，我国纺织品服装市场商品丰富，早已是买方市场，市场竞争日趋激烈。

社会购买力与通货膨胀。社会购买力与是否存在通货膨胀紧密相关。通货膨胀意味着货币贬值，物价上涨，货币的购买价值降低。

社会购买力与居民储蓄和消费信贷。居民储蓄来源于货币收入，最终还会用于消费。但一定时期内储蓄增加会减少近期的消费支出；反之则会增加近期的货币支付能力。所以储蓄的增加和减少会引起市场规模和结构的变动。

消费者收入与支出

1. 消费者收入

消费者收入的高低直接影响着购买力的大小和市场容量、消费者支出规模和消费结构。

消费者收入进一步细分为：

个人收入。这是指消费者个人从各种来源得到的货币收入，通常包括个人的工资、奖金、退休金、红利等收入。个人收入多少不仅决定着各消费市场购买力水平的高低，而且直接影响消费者的支出模式。

个人可支配收入。这是指个人收入减去直接负担的各项税款（如所得税）和非税性负担（如工会费）之后的余额。这些收入或者用于支出，或者用于储蓄，这是影响消费者购买力和消费支出的决定因素。

个人可任意支配收入。这是指个人可支配收入减去维持生活所必需的支出（如食品）和其他固定支出（如分期付款）所剩下的那部分个人收入。这部分收入越多，人们的消费水平就越高，用于各项商品的支出也就越多。个人可任意支配收入增加，人们在服装开支方面也往往表现得更为慷慨大方，追求流行性、个性化的服装。

另外，收入的分配状况也会影响人们的消费。如果收入分配不公平，处于收入两个极端的群体的购买力和需求特性也是不同的。

2. 消费者支出

消费者的支出主要受消费者收入的影响。19 世纪的德国统计学家恩格尔根据他对美国、法国、比利时等许多家庭收支预算的调查研究，得出了“恩格尔定律”：在一定的条件下，当家庭个人收入增加时，收入中用于食物开支部分的增长速度要小于用于教育、医疗、享受等方面的开支增长速度。食物开支占总消费数量的比重越大，恩格尔系数越高，生活水平越低；反之，食物开支所占比重越小，恩格尔系数越小，生活水平越高。整个社会经济水平越高，用于食物消费部分占总支出的比重越小。恩格尔定律被后来的许多研究所证实。

在我国，随着人们生活水平的不断提高，食品在消费者支出中所占的比重越来越小，人们在休闲、娱乐、旅游、健康、住房、服装等方面的开支呈上升趋势。

3. 储蓄与信贷

储蓄与信贷直接影响着消费者的购买能力。在收入不变的情况下，储蓄数量越大，现实开支数量和市场购买力就越小；反之，储蓄数量越小，现实开支数量和市场购买力就越大，给企业提供的市场机会就越多。我国居民很久以来就有储蓄的习惯和传统，这些储蓄是购买贵重商品的主要资金来源，也是居民未来教育、医疗等支出的主要来源，因此市场潜量很大。但过高的储蓄率也会造成当前市场的需求不旺。这就要求服装企业对消费者的储蓄动机和目的、消费观念和行为进行调查研究，制订相应的营销策略。

同样，消费信贷的规模及方式在一定程度上影响着某一时期的现实购买力，可提前实现某些商品的消费，从而增加商品的销售量。对于某些高档服饰品，商家采用分期付款等消费信贷方式可刺激消费者购买。

(三)自然环境

自然环境是指企业置身其中,并对企业市场营销产生影响的各种天然要素。自然环境的发展变化可能给企业造成环境威胁,也可能给企业带来市场良机。自然环境决定了自然资源的分布,而自然资源的分布,又决定了企业获取原材料成本的高低。

另外,企业不可忽视世界范围内自然环境变化的新动向。如某些自然资源短缺或即将短缺,环境污染日益严重,许多国家对自然资源的管理日益加强。这要求企业在合理、充分地利用自然环境创造最大效益的同时,增强环境保护意识,维护生态平衡。

20世纪90年代以来,随着人们环保意识的增强,许多服装企业开发设计环保纺织品和环保服装,这种服装从材料的选用到制作以及废旧衣料的处理,都离不开对环境保护和对资源的充分利用。例如,研制开发新型纺织纤维,如有色棉、有机棉、新型人造丝等,就省去或减少了服装面料的化学整理工序;又如服装纽扣采用旧玻璃磨成粉末与颜料混合烧成的再造玻璃纽扣等,避免了加工制作环节大量有害残余物质的产生,减少了污染,节约了能源,保护了环境。

自然环境中的气候因素对人们着装选择的影响是显而易见的。生活在寒带和温带的居民,由于气候寒冷,四季服装不仅样式变化繁多,而且用料、缝制工艺都十分讲究;而生活在热带和亚热带地区的居民,则由于气候温和,服装样式就比较简单,缝制工艺也不复杂。另外,一年四季的变化给人们提供了更多的服装选择:春天万物复苏,欣欣向荣,人们心情舒畅,因此米黄、葱绿色的服装是首选;面料以紧密、有弹性的精纺面料为主。夏季骄阳似火,人们渴望凉爽,因此中性色、较淡雅的白色、象牙黄、浅米色会受欢迎;棉、麻、丝面料是这一季节着装的首选面料。秋季是收获的季节,暖色面料如咖啡色、芥末黄成为主打色。冬季满目萧条,银装素裹,人们更希望通过穿着颜色的变化,展现生机和活力,除了传统的深黄、褐色、藏蓝色等,红色、绿色等反季节的颜色同样很具吸引力;面料以羊毛、羊绒、驼绒等为主。

(四)政治法律环境

企业的经营活动是社会经济生活的组成部分,而社会经济生活总要受到政治、法律环境的影响。

政治环境是指能够对企业营销活动产生影响的各种国内外政治因素的总和。政局的稳定,政府干预经济政策、措施等,对经济产生直接影响。企业应密切关注政治环境的变化,保持高度的政治敏锐性,一方面可以保证企业的经营不会与国家的方针政策相抵触,另一方面也可充分利用国家的各种经济优惠政策。

法律环境主要指与企业相关的社会法制系统及其运行状态,主要包括三个方面:一是国家的法律规范,与企业相关的主要有宪法、基本法律、行政法规、地方性法规等,其中与企业相关的法律规范构成企业法律环境中最基本的内容;二是国家司法执法机关,如法院、检察院、公安机关,与企业关系密切的行政执法机关有工商行政管理机关、税务机关、物价机关、技术质量监督机关、专利机关等；三是法律意识，是指企业对法律制度的认识和评价。良好的法律环境对企业成长、发展有积极的促进作用，反之则不利于企业的生存和发展。

（五）社会文化环境

人类在某种社会中生活，久而久之必然会形成某种特定的文化，包括一定的态度和看法、价值观念、道德规范、风俗习惯等等。社会文化环境即是指在一种社会形态下已经形成的基本价值观念、宗教信仰、道德规范、审美观念以及世代相传的风俗习惯等被社会所公认的各种行为规范。社会文化环境是影响人们欲望和行为的最重要的因素。

价值观念。价值观念指人们对社会生活中各种事物的态度和看法。价值观念决定了人们的是非观、善恶观和主次观，在很大程度上决定着人们的行为。企业在制订营销策略时应把产品和目标市场的价值观联系起来。

教育水平。人们受教育程度的高低往往影响消费者的购买心理和购买商品的选择。如受教育水平高的消费者在选购服装时理性程度更高。

消费习俗。由于自然和社会方面的原因，人们在日常生活中形成了各个地区各具特色的消费习俗。消费习俗是历代相传的一种消费方式，是风俗习惯的一项重要内容。服装企业应注重分析目标市场人群的消费习俗，尤其是服饰习俗对营销的影响和作用。

审美观念。审美观念主要表现在人们对各种艺术形式的感受中，也表现在对颜色和形式的欣赏之中。服装具有美学功能，人们从不同的角度欣赏服装，如服装的颜色、设计以及服装搭配效果等。服装的制作应符合人们的审美观念，不同的文化具有不同的审美标准，同时，人们的审美观也是发展变化的。如欧美国家的消费者认为白色象征纯洁和美丽，所以在婚礼上新郎、新娘穿着白色礼服或婚纱，但在一些非洲国家，白色却是贫穷的象征。再如，在一些国家瘦被认为具有美感，所以服装偏瘦、偏小，但有些国家认为胖即是美，是富裕的象征，服装宽松、肥大。可见，不同文化背景下消费者的审美观是不同的，企业必须审时度势，灵活运用，开展有效的营销活动。

不同的国家、不同的民族，由于其社会文化背景不同，因而有着不同的风俗习惯和生活模式，对服装的态度和理解也不一样，这些都直接或间接地影响服装的设计、包装、信息传递的方式和接受程度、分销和推广措施等。

一般来说，文化具有一定的稳定性，但这种稳定性是相对的，它总是随着时间的推移，或快或慢地发生着变化。文化的这种动态性为企业提供了更多的营销机会。

（六）科学技术环境

科学技术是社会生产力中最活跃的因素，技术的进步可以改变人类的生活，推动世界经济的高速发展，同时也决定着企业的生存和发展。

科学技术对服装企业的影响主要表现在以下几个方面。

科学技术的进步使人们的生活方式、消费模式和需求结构发生了变化。服装企业在组织市场营销时，必须深刻认识和把握这种变化，积极应对，抓住销售机会。

服装制作走向机器化生产。科学技术的发展首先促使服装从手工缝制走向机器化生产，使服装批量生产成为可能。服装成衣化生产降低了成本，提高了效率，扩大了生产。

各种性能复杂的面料问世。纺织技术的进步和化学纤维的发明，极大地丰富了人们的服装、服饰。应用现代科技，经过纺织染整加工的各种性能复杂的面料以及化学纤维性能的不断改进和品种的增加，不断满足着人们的需求。如传统的涤纶、腈纶、锦纶等面料，经过技术处理，如经超细旦、原纤化、异型截面等处理，使其具有天然纤维的许多特性。有的面料甚至还有抗紫外线、抗菌、恒温等功能。

服装生产自动化和科学管理出现了变革。机械、计算机等技术的进步，使服装设计、裁剪、生产自动化和科学管理等方面出现了革命性的变革，主要体现在服装设计、生产的周期缩短，生产效率进一步提高，服装质量、档次明显提高，服装款式、规格丰富多彩，服装的流行速度急剧加快等方面。

信息传播速度加快。科学技术加快了信息的传播速度，现代传播媒介使各种不同的文化得以交流，人们通过杂志、电视、网络等媒体很快就能获得世界最新流行的服装信息，人们对适合自己的穿着更有选择能力。这要求服装企业能够对流行趋势做出正确的判断，从而迅速准确地生产出令消费者满意的服装。

科技的发展促进了营销方式、营销管理的进步。现代商业中的电视购物、自动售货以及网络营销都是科技发展的产物。同时，信息技术的发展促使全球通信便捷，使远程办公和远程管理成为可能，这种现代化的管理模式不仅降低了拓展市场的成本，而且越来越便于操作。

新技术的运用为服装企业展示了无限发展的前景，但同时也应注意新技术会使企业现有产品变得陈旧，企业如不及时采用新技术、新工艺，调整产品结构，开发新产品，就会承受较大的市场压力，面临被淘汰的危险。企业在不断变化的各种环境中，应该时刻保持高度的敏感性、预见性，审时度势，抓住机会，才能生存和发展。

三　微观市场营销环境

服装企业的微观市场营销环境是指对服装企业生产经营活动产生直接影响的要素。构成企业微观环境的主要力量包括企业内部各部门的关系、各类资源的供应者、销售中介、目标顾客、竞争者和社会公众，它们与企业是协作、竞争、服务、监督的关系。微观环境一旦发生变化，就会对企业的销售迅速产生作用，所产生的影响具有直接性和时效性。

(一)企业的内部环境

企业的内部环境主要包括企业文化、企业组织结构、人员等。企业文化,是指企业经营所拥有的一系列思想观念和精神风貌,包括价值标准、经营哲学、管理制度、思想教育、行为准则、典礼仪式以及企业形象等。良好的企业文化可以促使企业员工努力工作以取得更高的绩效,从而更好地实现企业的目标。企业组织结构主要由企业最高管理层、市场销售部门和其他职能部门构成。

在制订营销计划时,营销部门要考虑企业的其他部门,如高层管理部门、财务研究与发展部门、采购与会计部门等,所有这些相互联系的部门构成了企业的内部环境。各个部门的分工是否科学,协作是否和谐,目标是否一致,都会影响企业的营销管理决策和营销方案的实施。企业高层管理部门制订企业的目标、战略和政策,营销部门根据高层管理部门的政策来制订营销方案,在经最高管理层同意后实施方案。在方案实施过程中,营销部门必须与企业的其他部门密切合作。如研发部门设计、开发符合方案要求的服装产品,采购部门负责供给生产所需的原材料(面料及辅料等),生产部门生产合格优质的服装,财务部门负责资金的筹集,会计部门对收入和成本进行核算等。这些部门对营销方案能否顺利实施都能产生影响,只有各个部门精诚合作,以顾客需求为中心,才能给顾客提供满意的产品和服务。

(二)供应商

供应商是指为企业及其竞争者提供生产经营所需资源的企业或个人,包括提供原材料、设备、能源、劳务和其他用品等。没有供应商提供资源作为保障,服装企业根本无法正常持续运作。由于供应状况对营销活动具有重大影响,所以供应商的选择尤为重要。服装企业在选择供应商时应选择质量、价格以及运输、承担风险等方面条件最好的供应商,因为供应商所提供资源(如面料、辅料或设备)的价格和质量,直接影响企业生产服装的价格、销售和利润,若供应短缺,将使得企业不能按期完成生产和销售任务。因此,很多服装企业都与供应商建立长期、稳定的关系,这对企业来说是必要的。当然,服装企业也要注意与多个原材料的供应商保持联系,而不要过分依赖任何单一供应商,以免受其控制。

(三)营销中介机构

企业在营销过程中需要借助各种社会中介机构的力量,帮助企业分配、销售、推广企业的产品。这些中介机构包括中间商、实体分配机构、营销服务机构、金融中介机构等。

中间商,包括商人中间商和代理中间商。商人中间商是指从事商品购销活动,并对所经营的商品拥有所有权的中间商。如批发商、零售商等,他们通过购销差价获取利润。代理中间商是指专门介绍客户或协助签订合同但不拥有商品所有权的中间商,主要职能是促成商品的交易,以此取得佣金收入。代理中间商包括专门代理购销收取佣金的商品经纪人、根据契约为制造商或委托人销售商品的代理商、专为委托人寻找国外货源或向国外推销商品的进出口代理商等。

物流公司。其主要职能是协助服装生产企业储存并把货物运送至目的地。实体分配包括包装、运输、仓储、装卸、搬运、库存控制和订单处理等方面。其基本功能是调节生产与消费之间的矛盾，弥合产销时空上的背离，提供商品的时间效用和空间效用，以利于适时、适地和适量地把商品供给消费者。

营销服务机构。这类机构包括营销研究公司、广告代理商、传播媒介公司等。他们帮助服装企业推出和促销其产品。企业可自设营销服务机构，也可委托外部营销服务机构代理有关业务。当企业决定接受这类机构的服务时，必须认真选择，因为每个机构的服务质量、价格等方面的差别较大。

金融中介机构。金融中介机构帮助企业进行金融交易，降低商品买卖中的风险，如银行、保险公司等。金融中介机构不直接从事商业活动，但对企业的经营发展至关重要。在市场经济中，企业与金融机构关系密切，企业间的财务往来要通过银行结算，企业财产和货物要通过保险取得风险保障，而贷款利率与保险费率的变动也会直接影响企业成本，信贷来源受到限制更会使企业处于困境。

（四）顾客

顾客是指服装企业最终为其提供产品和服务的目标市场。每一个企业都为目标市场上的顾客提供产品和服务，顾客的需求是企业制订营销策略的出发点和归宿。不同企业面对的顾客，即目标市场是不同的，主要有以下几种类型。

消费者市场。消费者市场是由个人和家庭组成的，他们购买产品和服务是为了个人消费。服装属于人们的日常消费品，消费者市场是服装企业庞大的市场。

生产者市场。生产者市场是指为了赚取利润或达到其他目的而购买服装商品的企业或组织。如某些服装公司，并没有服装生产环节，而是从其他服装生产企业拿货或委托其他企业生产加工，然后将自己的商标品牌贴在服装产品上。

中间商市场。中间商市场是指通过购买和转售服装产品，以获取买卖差价或通过代理服装产品和服务以获取佣金的个人和组织，如服装批发商、代理商等。

非营利组织市场。非营利组织市场是指为提供公共服务或转赠需要者而购买商品和服务的政府机构和非营利组织，如税务、法院等政府部门工作制服的定制。

国际市场。国际市场是由其他国家的购买者构成的，包括消费者、生产者、中间商和政府。

以上每个市场都各有特点，企业应根据自己的实际情况和消费者需求特点划分市场，选择适合自己的目标市场，然后根据目标市场的特点来制订营销策略。

(五)竞争者

企业往往是在许多竞争者的包围和制约下从事营销活动的,服装企业也不例外。一个企业要想成功,必须为顾客提供比其他竞争者更大的价值和更高的美誉度。因此识别竞争者、了解竞争者对服装企业非常重要。

服装企业在其经营活动中将面临以下五种类型的竞争者。

愿望竞争者。其是指提供不同产品以满足不同需求的竞争者,如家电、家具、计算机或其他日常用品的生产企业是服装生产企业的愿望竞争者,他们之间的竞争在于吸引顾客首先购买本企业的产品。消费者的需要是多方面的,很难同时满足,在某一时刻也许只能满足其中的一个需要。消费者经过慎重考虑做出的购买决策,往往是提供不同产品的企业为将该潜在消费者争取成为现实消费者竞相努力的结果。

一般竞争者,也称为属类竞争者。其是指提供不同产品以满足相同需求的竞争者,如棉大衣、羽绒大衣、毛料大衣都能满足防寒保暖的需要,各种大衣生产者之间相互为对方的一般竞争者。一般竞争是在消费者决定需要类型之后的次一级竞争。

产品形式竞争者。其是指生产同类产品但产品的规格、型号、款式都不同的竞争者,如生产不同款式、质地、档次、规格、型号职业女装的不同企业就互为产品形式竞争者。

品牌竞争者。其是指生产相同规格、型号的同种产品,但品牌不同的竞争者。

产品形式竞争者和品牌竞争者是同行业的竞争者。在同行业竞争中,卖方密度、产品差异、进入难度都需要特别重视。卖方密度是指同一行业或同类产品生产经营者的数目,其直接影响企业市场份额的大小和竞争的激烈程度。产品差异是指不同企业生产同类产品的差异程度,这种差异使产品各具特色而相互区别。进入难度是指企业试图进入某行业时所遇困难的程度,不同的行业所要求的技术与资金、规模等有差别,将决定企业能否进入市场。

对竞争者的分析有利于服装企业进一步了解竞争者的状况。竞争者分析的内容很广泛,大体包括以下几个方面。

产品的研究和开发。其包括了解竞争者在产品研发方面的资金投入状况、产品研发的进展状况等。

产品制造过程。了解竞争者产品的生产过程、生产工艺,从而判断其产品的成本和质量。

采购。其主要是分析竞争者的购买方式、购买条件等。

市场。分析和评价竞争者的目标市场、产品组合、促销情况等。

渠道。销售渠道的选择和设计往往成为企业成功营销的关键。所以有必要了解竞争者的渠道、类别、成本、规模和质量等。如有的服装企业选择百货商店,也有的选择专卖店,甚至有的选择综合超市等。不同的选择表明企业采取不同的渠道策略,也反映出企业营销策略的差异。

服务。了解竞争者为顾客提供服务的范围和服务质量等。

另外，还可以分析竞争者的财务状况、企业文化等。

分析竞争者的目的是为了本企业能更好地制订竞争策略，使本企业的产品在顾客心中具有比其他竞争者更大的优势。

（六）公众

企业的微观环境也包括各种公众。公众是指对企业实现其市场营销目标构成实际或潜在影响的任何团体和个人。企业必须采取积极措施，树立良好的企业形象，以维持和公众之间的良好关系。企业面临的公众主要有以下七种。

政府公众

政府公众指负责管理企业营销业务的有关政府机构。营销管理者在制订营销计划时必须充分考虑政府的发展政策、本行业的发展规划、企业权力的规定等。同时，企业也要与政府有关部门搞好关系。

金融公众

金融公众指影响企业获得资金能力的机构，如银行、投资公司、保险公司和证券交易所等。企业可以通过发布乐观的年度财务报告，回答关于财务问题的询问，稳健地运用资金，在金融公众中树立信誉。

媒介公众

媒介公众主要指报社、杂志社、广播电台和电视台等大众传播媒介。这些团体对企业的声誉有举足轻重的作用。企业必须与媒介组织建立友善关系，争取有更多、更好的有利于本企业的媒介宣传。

群众团体

群众团体指消费者组织、环境保护组织及其他群众团体，如我国的消费者协会等。企业营销活动关系到社会各方面的切身利益，企业必须密切注意来自群众团体的批评和意见。

社区公众

社区公众指企业所在地附近的居民和社区组织。企业在营销活动中，要避免与地方公众利益发生冲突，必要时应指派专人负责处理这方面的问题，并对公益事业做出贡献，以树立良好的企业形象。

内部公众

内部公众指企业内部人员，包括企业各层次、各部门的管理人员和员工。内部公众的态度也会影响到社会上的公众。企业的营销计划，需要全体员工的充分理解、支持和具体执行。企业应经常向员工通报有关情况，介绍企业发展计划，发动员工出谋献策，关心职工福利，奖励有功人员，增强内部凝聚力。员工的责任感和满意度会影响外部公众，从而有利于塑造良好的企业形象。

一般公众

企业需要了解一般公众对企业的产品和活动的态度。企业的"公众形象"对企业的经营和发展十分重要,要争取在一般公众心目中建立良好的企业形象。

以上这些公众,都与企业的营销活动有直接或间接的关系。现代企业是一个开放的系统,它在经营活动中必然与各方面发生联系,企业应正确认识各类公众,积极开展公益活动,处理好与公众的关系,努力塑造并保持企业良好的信誉和公众形象。

四　市场营销环境的 SWOT 分析

SWOT(Strength Weakness Opportunity Threat)分析法,又称为态势分析法或优劣势分析法,用来确定企业自身的竞争优势(Strength)、竞争劣势(Weakness)、机会(Opportunity)和威胁(Threat),从而将公司的战略与公司内部资源、外部环境有机地结合起来。运用这种方法,企业可以对研究对象所处的情境进行全面、系统、准确的研究,从而根据研究结果制订相应的发展战略、计划以及对策等。"S""W"是内部因素,"O""T"是外部因素。按照企业竞争战略的完整概念,战略应是一个企业"能够做的"(即组织的强项和弱项)和"可能做的"(即环境的机会和威胁)之间的有机组合。SWOT 分析矩阵图见表 2-1。

表 2-1　SWOT 分析矩阵图

	内部优势(S)	内部劣势(W)
外部机会(O)	SO:增长型战略 依靠内部优势 利用外部机会	WO:扭转型战略 利用外部机会 克服内部劣势
外部威胁(T)	ST:多元化战略 依靠内部优势 回避外部威胁	WT:防御型战略 减少内部劣势 回避外部威胁

企业通过 SWOT 分析,可对备选方案做出系统评价,最终达到选择出一种适宜的战略方案的目的。企业内部的优势是对竞争对手而言的,表现在资金、技术、设备、员工素质、产品市场、管理技能等方面。衡量企业优劣势有两个标准:一是资金、产品市场等一些单方面的优劣势;二是综合的优劣势,可以选择一些因素评价打分,然后根据重要程度进行加权,取各因素加权数之和来确定企业在比较中是处于优势还是劣势。企业在战略上应扬长避短。外部环境是企业无法控制的,有利的外部环境可能对谁都有益,威胁也不仅仅是威胁本企业。因此,在这些情况下还要分析同样的外部环境到底对谁更有利或更无利。当然,企业与竞争对手的外部环境不可能完全相同,但许多时候都有很多共同点,此时对机会与威胁的分析,不能忽视与竞争对手进行比较。SWOT 分析的做法是:依据企业的方针分析对企业发展有重大影响的内外部环境因素,继而确定标准,对这些因素进行评分,判定是优势还是劣势,是机会还是

威胁；也可逐次打分，然后按因素的重要程度加权求和，以进一步推断优势、劣势的大小及外部环境的好坏。

SWOT 分析有下列三个步骤。

1. 调查分析环境因素，构造 SWOT 矩阵。

2. 根据轻重缓急或影响程度，将上述各种因素排列于 SWOT 矩阵中。

3. 得出行动对策，制订行动计划。

SWOT 分析要立足于发挥优势因素，克服弱势因素，利用机会因素，化解威胁因素，立足当前，着眼未来。

在 SWOT 分析（实际上是企业实力和环境吸引力的分析）的基础上，综合得出企业的 SWOT 判断，该判断有四种情形，相对应不同的营销策略方案：当企业有很好的发展机会，又在能力和资源上具备较强实力时，企业可实施增长型营销战略，以充分捕捉市场机会和发挥自身优势；当企业面临着较大威胁，但自身又具备较强实力时，则应注重充分发挥自身优势，以对抗环境威胁，此时宜采取多元化发展战略；当企业面临环境机会，但自身实力有限时，则应尽力调动各方面积极性，实施扭转型营销战略，以尽可能地去争取机会，为自己服务；当企业自身实力和外部环境因素均不乐观，处于极其被动的境地时，企业只有采取防御型战略，保守过关，而不可急于求成，硬拼硬撑。

思考与练习

1. 服装企业的宏观市场营销环境包括哪些因素？
2. 服装企业的微观市场营销环境包括哪些因素？
3. 服装企业应如何进行市场营销环境的 SWOT 分析？

第三章 服装市场营销调研与预测

服装业是经济生活中最活跃的行业，也是和生活最贴切的行业。同时，服装作为社会文化发展的反映，是人们思想和期望的载体，受到社会、经济、心理等各方面因素的影响。服装的三大构成要素分别为款式、面料、色彩，这三者具有明显的流行周期。因此，相关信息的收集和处理、对市场发展和流行趋势的预测等都对服装企业的生产、销售以及整个服装市场的发展具有重要意义。服装企业必须及时洞察消费者的需求与变化，掌握市场信息，了解市场的动态与流行变化，由此才能生产和销售合乎潮流的服装商品，满足消费者的现实需求。

目前，我国一些外销服装企业根据国外订单进行来料、来样加工，当遇到外销竞争激烈而转向内销市场时，由于未能进行及时有效的市场开发，不了解市场运营规则，缺乏市场调研与预测能力，没有市场开拓和长远发展的规划，仓促进入国内市场，因而举步维艰。市场的激烈竞争要求企业及时掌握和反馈市场信息。服装的流行不再由设计师、制造商或零售商引导，而是由消费者决定。消费者不愿意接受的服装，哪怕设计的款式再新颖、质量再优良，也不能被称为成功的服装。服装的价值最终要由市场和消费者确认。随着生活水平的提高及价值观念的转变，人们不再仅仅满足于单调、统一的服装样式，纷纷追求个性化，这一趋势说明服装市场的调研和预测变得愈发重要。

一　市场营销调研概述

(一)市场营销调研的含义和作用

市场营销调研(Marketing Research)，就是运用科学的方法，有目的、有计划、系统地收集、整理和分析研究有关市场营销方面的信息，提出解决问题的建议，供营销管理人员了解营销环境，发现机会与问题，作为市场预测和营销决策的依据。市场调研与市场调查二者相互联系又相互区别。市场调查主要是通过各种调查方式，系统地收集有关商品产、供、销的数据与资料，并进行必要的整理和分析，如实反映市场供求与竞争的实况；而市场调研则是在市场调查的基础上，运用科学的方法，对所获得的数据与资料进行系统的、深入的分析研究，从而得出合乎客观事物发展规律的结论。

对服装市场营销调研的含义可从以下三个方面理解。

第一，有既定的目标。如对服装市场份额分析、销售分析、服装消费者行为研究、服装促销研究等。

第二，遵循科学的调查方法与程序。如调查问卷设计、调查抽样、调查数据的分析、调查结论的推断等都必须有统计理论的支持，不能随意进行。

第三，具有较强的时效性。企业市场营销调研的目的就是要指导日常的营销活动，如果市场调查开展得不及时，所得到的结论或建议的价值就会大打折扣。

市场营销调研是企业营销活动的出发点，其作用十分重要。

第一，有利于制订科学的营销规划。通过营销调研，分析市场、了解市场，才能根据市场需求及其变化、市场规模和竞争格局、消费者意见与购买行为、营销环境的基本特征等因素，科学地制订和调整企业营销规划。

第二，有利于优化营销组合。企业根据营销调研的结果，分析研究产品的生命周期，开发新产品，制订产品生命周期各阶段的营销策略组合。如根据消费者对现有产品的接受程度、对产品及包装的偏好，改进现有产品，开发新用途，研究新产品创意、开发和设计；测量消费者对产品价格变动的反应，分析竞争者的价格策略，确定合适的定价；综合运用各种营销手段，加强促销活动、广告宣传和售后服务，增进产品知名度和顾客满意度；尽量减少不必要的中间环节，节约储运费用，降低销售成本，提高竞争力。

第三，有利于开拓新的市场。通过市场调研，企业可发现消费者尚未被满足的需求，测量市场上现有产品及营销策略满足消费需求的程度，从而不断开拓新的市场。营销环境的变化，往往会影响和改变消费者的购买动机和购买行为，给企业带来新的机会和挑战，企业可据此确定和调整自身的发展方向。

在服装市场营销实践中，服装市场调研的作用可从以下三个方面体现。

第一，了解消费者的满意度，评价顾客需要，可以帮助服装企业培养、巩固、维持忠诚顾客，提高市场占有率。

第二，监控服装市场需求变化与服装市场环境变化，可以帮助服装企业及时发现各个营销环节中出现的问题和机会，找出原因，评价营销方案的合理性和有效性，了解竞争对手的状况，预测未来市场发展趋势等。如当服装企业的销量、产品价格、产品在消费者心目中的形象发生较大波动时，可启动市场调研程序。

第三，通过探索性的服装市场调查，发现新的服装市场机会，可以帮助企业创造新的利润增长点。如当服装企业需要进行服装产品开发或市场开发时，通过市场调研，可以了解消费者需求特征或市场空间的大小，从而保证企业的产品开发符合市场需要。

需要注意的是，市场调研也有一定的局限性。一方面，市场调研的结果难免有误差，包括抽样误差、非抽样误差等；另一方面，市场调研只能提供咨询建议及参考信息，企业必须对市场调研结果的科学性和准确性进行评估，做出切合企业实际的判断。

(二)市场营销调研的类型和内容

市场营销调研的类型

根据不同的标准，市场营销调研可划分为不同的类型。

1. 按市场营销调研的性质分

探索性调研。企业在情况不明时，为找出问题的症结，明确进一步调研的内容和重点，需进行非正式的初步调研，收集一些有关的资料进行分析。有些比较简单的问题，如果探索性调研已能弄清其来龙去脉，也可不再做进一步调研。探索性调研通常用于正式调查之前，帮助研究者定义市场调研主题，并为调研方案设计、问卷设计提供更为明确的思路。常用的方法有专家咨询试点调查、个案研究、二手资料的分析等。

描述性调研。描述性调研的目的是描述市场总体特征。企业在已明确所要研究问题的内容与重点后，拟订调研计划，对所需资料进行收集、记录和分析。一般要进行实地调查，收集第一手资料，摸清问题的过去和现状，进行分析研究，寻求解决问题的办法。如某企业产品销量下降，通过调研，查清主要原因是产品质量差、售后服务不周到等，可将调研结果进行描述，如实反映情况和问题，以寻求最佳对策。常用的方法有二手资料的分析、抽样调查、固定样本连续调查、观察法等。

因果关系调研。企业为了弄清市场变量之间的因果关系，收集有关市场变量的数据资料，运用统计分析和逻辑推理等方法，判明何者是自变量(原因)，何者是因变量(结果)，以及它们变动的规律。例如，降价一定幅度对销售额上升的影响程度。一般说来，企业营销目标销售额、市场占有率、利润等是因变量，而企业可以控制的产品、分销、定价、促销等因素，以及企业外部的不可控制因素则是自变量。常用的方法是实验法。

2. 按市场营销调研的分析方法分

定性调查。定性调查是以小样本为基础的无结构式的、探索性的调查研究方法。定性调查通常用于确定定量研究中的研究假设或研究变量。常用的方法有小组座谈会、深度访谈、投影法等。

定量调查。定量调查是对所研究的问题采用数据定量表示，并应用统计分析的方法进行数据的分析与研究。常用的形式有访问调查、邮寄调查、电话调查、互联网调查等。

3. 按调研的组织形式分

专项调查。专项调查指受某个客户委托，针对某些问题进行的一次性的调查，即从给定的总体中一次性抽取样本进行调查。

连续性调查。连续性调查指对固定样本进行定期的、反复的调查。样本中的被调查对象(个人或者公司)一般不随调查时间的变化而变化。如消费者固定样本组调查、连续跟踪调查、零售研究、连续性的媒介研究等都属于连续性调查的范畴。

搭车调查。搭车调查指多个客户共同利用一个样本进行调查，根据各个客户搭车调查问题的数量和类型，决定客户需要支付的费用。

4. 按资料来源分

文案调查。文案调查也被称为二手资料调查，是通过收集已有的资料、数据、报告等有关二手信息，并对其加以整理和分析的一种市场调查方法，经常在探索性研究中使用。

实地调查。实地调查是在制订详细调查计划的基础上，由访问员直接向被访者收集资料，并对收集的资料和数据进行整理和分析，提供调查报告。

市场营销调研的内容

营销调研涉及营销活动过程的各个方面，其主要内容如图 3-1 所示。

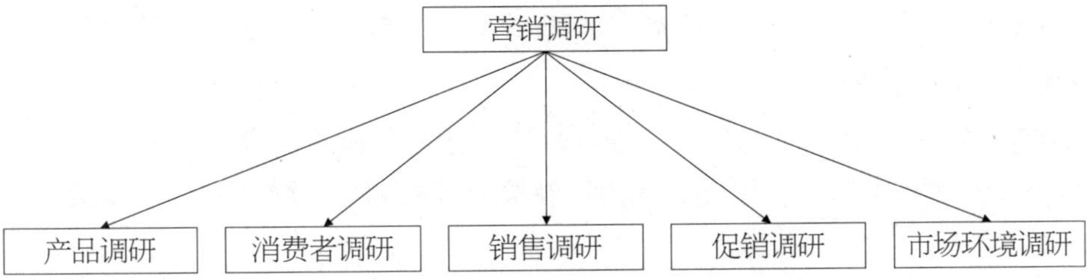

图 3-1 营销调研的主要内容

产品调研

产品调研包括对新产品设计、开发和试销，对现有产品进行改良，对目标消费者在产品款式、性能、质量、包装等方面的偏好趋势进行预测。定价是产品销售的必要因素，需要对供求形势及影响价格的其他因素变化趋势进行调研。

消费者调研

消费者调研包括对消费心理、消费行为的特征进行调查分析，研究社会、经济、文化等因素对购买决策的影响，这些因素的影响作用到底是发生在消费环节、分配环节，还是生产环节。还要了解潜在消费者的需求情况、影响需求的各因素变化的情况、消费者的品牌偏好及对本企业产品的满意度等。

销售调研

销售调研涉及对企业销售活动进行全面审查，包括对销售量、销售范围、分销渠道等方面的调研。如潜在消费者的需求情况(包括需要什么、需要多少、何时需要等)，产品的市场潜量与销售潜量，市场占有率的变化情况，都是销售调研的内容。销售调研还应该就本企业相对于主要竞争对手的优劣势进行评价。

促销调研

促销调研主要是对企业在产品或服务的促销活动中所采用的各种促销方法的有效性进行测试和评价。如广告目标、媒体影响力、广告设计及效果，公共关系的主要动作及效果，企业形象的设计和塑造等。

市场环境调研

市场环境调研的目的是为服装企业寻找市场机会或者为服装企业监控内外部环境的变化，为服装企业的营销决策提供咨询。调研的内容包括宏观市场环境和微观市场环境。

具体来说，服装市场营销调研的内容包括市场特性不可控营销因素调查和市场结构不可控因素调查以及市场可控因素调查。

1. 市场特性不可控营销因素调查

政治法律环境调查——主要指国家政策、法律、法令和法规，如产品质量法律法规、国民经济发展计划、国家统计局报告等。

经济环境调查——国民经济收入、人口普查、能源和资源状况、消费结构与消费水平、物价水平、物价指数、个人收入水平、居民存款等。

技术环境调查——新工艺、新技术、新材料的发展趋势与速度，新产品的生命周期，国内外服装企业先进管理水平等。

消费者状况调查——本企业产品的现实购买者和潜在购买者，个人消费或是团体消费，消费者的年龄、性别、职业、文化程度、地区分布、购买动机、购买行为与购买习惯等。

2. 市场结构不可控因素调查

竞争对手调查——竞争对手的数量与本企业产品的特性比较；竞争对手的产品市场占有率；单一品种销售额比例；竞争对手的市场竞争策略和手段，是优质取胜、低价取胜，还是服务取胜；竞争对手的市场营销组合策略；竞争中潜在对手出现的可能性。

竞争产品调查——竞争企业的产品设计能力、工艺能力，产品的质量、数量、品种、款式、花纹、色彩、商标、品牌、包装、成本、价格、服务水准、动向等。

3. 市场可控因素调查(企业内部各种可控营销因素)

产品调查——用户对企业产品的功能、质量、包装、商标、服务、款式、色彩、规格等的评价，企业产品处于产品生命周期的哪个阶段，市场占有率多少，潜在市场的大小等。

价格调查——产品价格和需求弹性，产品价格受国家价格政策的影响，产品定价策略的定价方法，产品价格变动后顾客和竞争对手反应如何。

分销调查——营销渠道检查与分析，批发、零售商的销售、资信与经营能力，商品的仓储、运输和保管情况，销售渠道策略的事实、评估、控制和调查。

促销调查——人员推销绩效、销售机构和网点的销售效果，各种营业推广、广告媒体和广告形式对产品销量影响的评估。

二　服装市场营销调研的流程

服装市场营销调研活动的基本流程如图 3–2 所示。

图 3–2 市场调研的步骤

具体而言，详细步骤如下。

(一)调查准备阶段

确定调研目标

调查人员确定调查项目应从企业实际情况出发，根据问题的轻重缓急，列出调查问题的层次关系并认真和企业商定探讨，应将迫切需要解决的问题放在首位，作为市场调查的第一目标。因为在任何一个问题上都存在着许许多多可以调研的事情，除非对该问题做出清晰的定义、有所侧重，否则收集信息的成本会超过调研预算。

初步情况分析

问题明确后，先不进行大规模调查，尽可能先利用现有资料包括各种报表、记录、统计资料、专题报告、专业刊物、报纸及政府公布的统计数据，以便掌握足够的背景资料，使正式调查范围缩小，努力做到有的放矢。

制订调查计划

如表 3-1 所示，通过制订调查计划，可决定收集哪些信息、明确调查进度、做好经费预算、安排调查人员并进行培训。

表 3-1　调查计划的设计

设计调查计划	
资料来源	二手资料或一手资料等
调查方法	观察法、访问法、实验法等
调查工具	调查表等
抽样计划	产品抽样、抽样范围、抽样程序等
接触方法	电话访问、邮寄调查表、面谈访问等

非正式调查。需要市场调研的问题，搜索现有资料，若已有结论或经过访问专家、中间商、推销员已找到问题的症结，所需资料齐备，就不需要进行正式调查，否则就应该展开正式调查。

（二）调查实施阶段

确定资料来源和方法

收集一手和二手资料，要注明来源，注意信息的可靠程度。一手资料可采用访问法、观察法、实验法或三种方法并举。二手资料也应明确收集方法，尽量利用科学的信息检索手段。

服装市场营销调研的信息来源有：服装企业展示订货会、贸易展览会以及行业协会等；设计师时装发布会；服装分销网点信息；消费者价值观念、企业和消费者行为、生活方式、人口普查资料等；关键性的贸易中间媒介；权威报刊、商业杂志、专业学术刊物、消费者时装刊物等；名人及其生活方式；绘画、雕塑、摄影、博物馆展览、电视、电影、戏剧、芭蕾、音乐等艺术活动，以及对一些相关事物的观察，诸如新产品介绍、玩具、运动服装、以旧换新、人们的聚集场所、交流中心、旅游胜地、新技术、少数民族服装，相关行业如汽车、娱乐、室内装潢等。

问卷调查表设计

收集第一手资料时，一般采用这一调查方式。在服装市场细分服装心理调查及确定目标市场等问题时，都要用到问卷调查表。调查问卷设计得合理与否，关系到数据的准确性。因此，必须学会设计科学的调查表和问项。

抽样调查

被调查的总体对象十分庞大时，要进行科学的抽样，即从被调查总体对象中选择部分样本进行调查，并用样本特征值推断总体特征。例如，我国 1981 年第一次制定服装号型标准，总体对象是 11 亿人口，而样本对象为 40 万人次。

现场实地调查

现场调查能取得第一手数据，但应对调查人员进行培训，严格按照规定的进度和方法收集信息。例如，当需要了解服装店铺在一星期或一天中销售额的波动状态时，调查人员可直接插班工作，及时记录售货信息，由此能够得到准确的原始数据。

(三)调查结果处理阶段

资料的整理分析

资料的整理分析包括审核、分类、制表等。审核是为了发现资料的各种错误和误差，达到去伪存真的目的；分类是为了使资料便于查找和使用；制表是通过图表形式反映各种相关因素的经济关系或因果关系。另外，也可利用统计方法找出数据的重点，如帕累托图等。

编写调研报告

编写调研报告是市场调研的最后一步，是对问题的集中分析和总结。编写报告的原则包括：内容客观真实、重点突出、文字简练、采用简明易懂的图表说明问题、计算分析步骤清晰、结论明确。调研报告的内容则包括：调研目的、调查过程概述、调查方法、抽样方法、调查结果分析、关键图表和数据、结论与建议、附录(图、表、公式)、参考资料等。

三　服装市场营销调研的方法

(一)资料收集的方法

一手资料的收集

一手资料亦称原始资料，指市场调查人员通过实地调查得来的原始资料。一手资料的收集方法包括访问调查法、观察调查法和实验调查法。

1. 访问调查法

访问调查法是将所拟调查的事项，向被调查者询问，以获取所需资料。主要采用的是面谈调查法、电话调查法、邮寄调查法和留置问卷调查法。服装行业中较多采用的是第一和最后一种。随着因特网的发展，网络问卷调查工具的使用越来越频繁。

面谈调查法——调查员通过与被调查者面对面的直接交谈，提出对有关问题的询问，并将回答记录下来。调查人员在面谈前，应熟悉调查提纲，明确问题的核心和重点，可采用个别面谈或小组座谈(调查会)两种形式。这种方法具有灵活性高、回答问题完整、数据可靠度高、调查对象适应性高等优点，但也有调查费用较高、获取访问对象的难度大、对调查者的要求较高、匿名性较差、访问调查周期较长等缺点。

留置问卷调查法——将设计好的问卷由调查者当面交给被调查人，并说明填写的方法和要求，由其自由填写，再由调查人员定期收回。该调查法具有调查空间范围广、费用低、作答时间较长、匿名性较好等优点，但也有问卷回收率低、可靠程度难保证、问卷回收期长、时效性差等缺点。

2. 观察调查法

调查人员通过在现场观察具体事物和现象收集所需信息资料。通过耳闻目睹顾客对市场的反应，或利用照相、录音、摄像或仪器记录所需的资料。该方法不受被调查者的影响，但只能观测到被调查者的外部行为，无法了解其内在的动机，因此调查的资料有较大的主观性。在市场调查中，观察法常用于消费者购买行为的调查以及对商品的花色、品种、规格、质量、服务等方面的调查。与其他方法相比，其优点是获得的资料更加真实、客观，但也有资料内容表面化、要求调查员有较强的洞察能力与记忆力、费用高、时间长等缺点。

在组织观察调查时，要根据调查的主题灵活选用适当的调查方法，常用的观察方法有四种类型：一是按观察时间周期不同，有连续性观察和非连续性观察；二是按观察者身份是否公开，有隐蔽性观察和非隐蔽性观察；三是按调查者扮演的角色不同，有参与性观察和非参与性观察；四是按调查过程的组织不同，有结构性观察和非结构性观察。

3. 实验调查法

通过市场营销实验来测定某一产品或某项营销措施的效果，以决定是否有扩大规模的必要。主要用于测定营销因素变化对营销结果产生影响的程度。实验法需要科学严格的实验设计，费用高，适用范围有限。

调查表的设计

1. 调查表的类型

调查一览表是指一张表中包含若干个被调查者以及他们的意见和基本情况。这种表由于能容纳较多的被调查者，因此设置的调查项目相对较少。表 3-2 所示为 XXXX 年上海多国服装机械展销会的调查一览表。

表 3-2 XXXX 年上海多国服装机械展销会展销情况调查表

编号	参展国	参展单位	产品名称	规格型号	展销价格	已售台数	已订购台数

问卷调查。指记录被调查人员意见的问卷。通常一人一卷，可容纳问项多，能收集系统、详细的资料，故服装市场调研常常用到。

通常问卷调查表由三部分组成，即被调查者项目、调查项目和调查者项目。被调查者项目主要指被调查者姓名、性别、年龄、文化程度、职业、家庭住址、联络方式、社会地位、婚姻以及经济状态等；调查项目是将所要调查了解的内容，具体量化为一些问项和候选答案，供被调查者选择填写；调查者项目主要包括调查人员的姓名、工作单位和调查日期等。

2. 调查问项的设计

调查问项是调查表的核心内容，问项设计合理与否是关系到调查能否成功的关键因素，它在很大程度上决定调查表的回收率、有效率、答案的准确性、误差程度以及实用性。

调查问项的关键是如何命题及怎样确定命题的答案。主要方式有以下几种。

开放式问题，又称自由式问题。调查表上没有拟订可供选择的答案。被调查者自由回答问题，不受限制。这种方法能充分听取各方意见，活跃调查气氛，能收集到意想不到的建设性意见。缺点是答案离散性大，归纳整理困难。

封闭式问题。调查表中提出的问项设计有各种可供参考的答案，被调查者只需选中一个或几个答案就行。

是非式问题，又称二项选择或对比式问题。被调查者只能在诸如“是”与“非”、“有”或“无”等两个可能的答案中选择一个。设计时要注意“二项选择”是客观存在的，不能凭空臆造。

多项选择式问题。设计者对一个问题先列出若干答案，让被调查者从中选择一个或几个答案。这种问题的优点是提问和问答明确，便于资料分类和整理。缺点是被调查者的意见不一定能全面反映出来。

顺序式问题。又称序列式问项，是在多项选择的基础上，要求被调查者对所询问问题的答案，按照被调查者认为的重要程度进行顺序排列。

量度问题。在市场调查中，往往涉及被调查者的态度、意见、感受等有关心理活动方面的问题，较难采用定量表达方式。下面介绍常用的两种形式：

评比量表——由调查者事先把预测问题按不同的态度列出一系列顺序排列的答案，并按顺序给出一定分值，由被调查者选择回答。例如以顾客对某服装店营业员服务满意程度的评价，可采用下述的评比量表进行定量评估：

非常不满意	不满意	稍不满意	一般	比较满意	满意	非常满意
1	2	3	4	5	6	7

评比量表可分为若干阶段（上面所列为 7 段量表），企业可根据具体情况而定，一般以 5 段量表比较适宜，特殊情况下可设为 11 段。上列分值在采用计算机处理时可转化为−3，−2，−1，0，1，2，3。

数值分配量表——由被调查者在固定数值范围内，对所测问题依次分配一定数值，得出不同评价的一种态度测量表。例如，在调查顾客对某时装店营业员服务满意程度时，可让被调查者按照对甲、乙、丙三个营业员服务的满意程度打分，三项分值总数为 100 分（或 10 分）。例如，被调查者 A 评分为：甲营业员 60 分，乙营业员 20 分，丙营业员 20 分。这表明被调查者

A 对营业员甲、乙、丙的满意程度有差异，汇总所有被调查的得分，就可以判断顾客对各营业员的满意程度。

调研员在进行问项设计时，应注意以下几个问题。

使用概念范围要具体、易理解，专业性太强的词汇尽量不要使用。可以用一些通俗的词汇代替。如有这样一个问题："你经常购买富绅品牌的服装吗？"这个问题消费者很难回答，即使回答了，其信息也难以理解和运用。"经常"这个概念，不同的人理解可能不同，不同的消费者所给出的信息就不可比；另外，富绅品牌是一个服装系列的概念，有裤子和衬衣之分，如果你调查的是衬衫的市场消费情况，这个问题就不合适了。如果改为"上半年你购买了几件富绅衬衫？"就比较恰当了。

避免诱导性问题。这类问题容易对消费者产生暗示作用，影响消费者客观回答问题。如有这样一个问题："大家都认为富绅衬衫质量不错，你认为如何？"这是一个典型的诱导性问题，该问题的前面一句话具有强烈的诱导作用，对被调查者产生较强的社会压力，在"一致性"的社会压力下，被调查者可能会附和大家的意见。

用事实了解个人态度，尽量不使用空泛的问题。如有这样一个问题："你喜欢富绅品牌的服装吗？"该问题中喜欢这个概念十分模糊，不同消费者的判断标准不同，回答的结果也难以比较。为了改善这一问题，你不妨先做一个市场调查，了解一下目前市场中主要流行的服装品牌，然后将这些品牌罗列在一起，让消费者选择他们选购的品牌，这样就可以从消费者的选择中，比较消费者的服装消费行为对品牌的倾向性及服装品牌的知名度。

避免双重否定或双重含义的问题，这类问题容易让消费者产生误解或难以理解并回答，影响消费者的情绪。

问题编排时要注意问题的顺序。为了增加问卷的吸引力和利用程度，编排问题的顺序应遵循以下几条原则：先易后难；相关问题组合在一起；开放性、敏感性问题放在后面；相互证实的问题要分开。

3. 调查表设计的原则与步骤

市场调查表设计的原则

必要性原则——为了取得预期的结果，所列项目应是调研课题所必需的。

准确性原则——提问项的界限，用词应准确，避免使用时含糊不清。多种理解、过分专业化的语句及多层次内容会影响被调查者对问题的正确理解及答案的准确性。

客观性原则——问题要客观，不要提出带有引导性或倾向性的问题，即不要提示答案方向或暗示调查者。

可行性原则——对所有问题，被调查者应根据常识或经验选择答案，而不是依靠解释选择答案；设计问卷要讲究技巧，开始时可安排一些趣味性的问项，对令人困窘而又必须调查的项目可放在问卷的后面或设计出间接疑问句；注意逻辑性与顺序，先易后难。

总的来说，若能设计出一份简短、明了、客观、实用的市场调查表，就能收到事半功倍的调查效果；反之，设计的调查表不妥时，哪怕花费了许多时间和精力，也很难获取到需要的有效信息。

市场调查表设计的步骤

首先根据调查目的拟订调查内容提纲，划出调查所需收集资料的范围，并征求专家和专业人员的意见；汇总各方面意见后，根据调查对象的特点和调查提纲的要求，确定调查表的形式和问项的类型，列出调查项目清单，编写问项的命题和答案，并明确各种指标的含义和统计方法。

其次按照问题的内容、类型、难易程度、安排调查问项的顺序及拟好的提问命题和答案，编写填表说明并设计调查表初稿。

然后将调查表初稿在小范围内做初步测试，根据初步测试结果，对调查表做必要的修改，最后拟订正式的调查表。

附一：XX 地区服装市场调查问卷

尊敬的 ________ 先生(女士)：

您好！我们是 XX 服装企业市场调研员，希望您抽出宝贵的时间来完成以下问题，感谢您的支持与配合！

1. 您单位的产量近三年来的变化趋势是：

   A.上升　　B.下降　　C.持平

   如果有变化，变化的百分比大约是 __________。

2. 您对本单位经营前景的看法是：

   A.有信心　　B.没有信心　　C.说不清楚　　D.其他(请说明)_________

3. 您对整个 XX 地区服装产业前景的看法是：

   A.前景光明　　B.有一定前景　　C.竞争力不强　　D.说不清楚

   E.其他(请说明)___________

4. 您单位产品有 __________%是通过 XX 地区服装市场销售出去的？

5. 从长远看，您认为 XX 地区服装市场对 XX 地区的经济发展重要吗？

   A.十分重要　　B.比较重要　　C.不怎么重要　　D.说不清楚

   E.其他(请说明)___________

6. 如果政府扶持了一个强有力的服装市场品牌，您单位是否愿意加盟成为其中的一员？

   A.愿意　　B.不愿意　　C.视加盟条件而定　　D.说不清楚

   E.其他(请说明)___________

7. 您是否认为 XX 地区有宽松的生产经营环境？

   A.有　　B.没有　　C.说不清楚

8. 您认为 XX 地区服装产业的竞争优势有哪些?(多选)

A.规模优势　B.名气优势　C.客户优势　D.生产经营人才优势

E.生产经营技术优势　F.政策优势　G.配套服务优势　H.质量优势

I.产品品质优势　J.原材料优势　K.其他(请说明)__________

9. 您认为 XX 地区服装产业主要存在哪些问题?(多选)

A.品牌、规模问题　B.形象、质量、档次问题　C.管理问题

D.产品雷同、没有新意　E.配套问题　F.辐射面问题

G.与国内同类市场的竞争问题　H.其他(请说明)__________

10. 您单位自今年元月一日至今,大致生产产值为__________元,上缴各项税费________元,利润大致为__________元。固定资产__________元,企业占地面积__________平方米,员工总数__________人,临时员工__________人。

11. 您对电子商务的了解情况是:

A.听说一点,不甚清楚　B.有所了解　C.比较了解　D.非常了解

12. 您单位有发展电子商务业务的打算吗?

A.有这种想法　B.暂不考虑　C.已经有所尝试

13. 您单位生产经营中比较突出的困难是什么?

____

14. 您对 XX 地区服装产业现状和前景的看法、意见和建议:

____

附二:XX 服装公司市场调研报告大纲

一、前言

(一)调研背景

为充分把握本公司所处行业的市场状况,为公司的营销战略、营销决策以及公司的生产和技术提供参考数据,本公司特针对本市的服装行业市场进行了调查研究,形成了很多有价值的调研数据和资料。

(二)调查方法和时间

本调查采取了典型调查的方式,选取本市作为本次调查的区域范围。在典型调查的过程中,综合使用了文献调查法、询问调查法、观察调查法等多种调查方法,以获取全面的资料。

本次调查历时一个月,具体时间为______年___月___日至______年___月___日。先后投入调查人员共_______人。

(三)报告摘要

1. 调查的主要发现

2. 调查的主要结论

二、正文

（一）国内服装行业的总体状况和发展趋势

1. 总体发展状况

（1）全国服装行业基本情况

①服装行业总产量数据

②服装行业销售总收入数据（选取行业的龙头企业进行具体分析）

③小结

（2）我国服装行业对外贸易情况

①近 ____ 年整个服装行业出口量的增长变化情况

②近 ____ 年整个服装行业出口创汇情况

2. 国内服装市场竞争特点

（1）服装消费需求变化特点

①总体消费水平变化特点

②不同消费档次变化特点

③品牌消费的变化特点

④不同服装产品类型的变化特点

（2）服装销售渠道的变化特点

（3）服装需求理念和服装销售理念的变化特点

（略）

3. 国内服装市场的发展走势

（二）本市服装行业现状

1. 本市服装企业基本信息

①服装企业总数

②服装企业在本市各区中的分布

③服装企业的经营性质，如外商独资、中外合资、全民所有、集体所有、私营企业等

④服装行业的从业人数以及从业人员的组成结构

2. 本市主要服装企业经济指标

（1）经济指标

（2）各个经济指标同其他行业的比较

（3）服装行业在本市工业发展中的地位

（三）本市服装企业在全国服装企业中的地位分析

（四）本市主要竞争对手情况分析

（五）本市服装行业的优势和不足

1. 本市服装行业发展优势

①历史文化优势

②区位优势

③科技优势

④加工制造优势

⑤设备优势

⑥出口优势

⑦政策优势

2. 本市服装行业发展的不足

①劳动力供给成本日益提高

②市场经济发展尚待规范

③政府对服装行业的政策尚不明朗

④服装生产技术相对落后

⑤行业人才的供给不足

（六）本公司拓展本市市场的优势和不足

1. 机遇和优势

（略）

2. 不足

（略）

二手资料的收集

二手资料亦称既有资料，指经过他人收集或整理过的资料，包括企业的外部资料和内部资料，如各种书籍、杂志、报纸上的信息和数据，聘请市场调研专家收集市场或企业信息，交换企业内部资料等。

1. 企业外部资料的收集

由于服装业的特殊性，了解国内外服装市场和企业的发展态势、收集流行与时装信息等，对服装产品开发与市场开拓非常重要。

目前世界公认的五大时装流行中心是巴黎、伦敦、纽约、米兰、东京，尤其是巴黎，更是时装潮流的领导者和开拓者。每年各个季节均有多种以知名品牌或知名设计师为主的时装秀、发布会。除此之外，中国、德国、荷兰等国家，每年固定举办时装周展示，有世界各国服装厂商参加。这些服装展示为用户提供了第一手设计信息，而服装企业则利用这些信息，驱动流行。因此，这些发布会的资料格外珍贵。收集这些资料最直接的方法是企业派专业人员参加流行时装发布会，了解主题及围绕主题展开的细节，收集流行色、流行面料、服装款型变化、设计细节、工艺技巧以及服饰配套方式等信息资料。但由于客观原因，世界上著名的设计师发布会并非可以随意参加，而且派人直接收集资料的费用昂贵。因此，企业也可以从各种书籍、杂志、报纸或因特网上收集、分析流行趋势和时装发布信息。收集这些信息和资料，可以弥补闭门造车的弊病。

服装市场营销决定于客户，更决定于市场消费者。以信息为基础，以市场为导向，由此生产和销售的服装才能博得消费者的青睐。

企业外部资料的收集，可以从以下四方面入手。

公开发表的有关资料。其中包括：中外文期刊、杂志、报纸、文献和研究报告等，政府机关公布的有关政策、方针与法令、指标、图表数据等，市场研究机构、咨询机构、广告公司等单位发行的商业性刊物，相关行业和系统，如服饰协会、香港贸易发展局等发行的市场动态、行情信息或产品目录等，其他企业单位寄送的产品样本、说明书和宣传资料，因特网信息等。

向有关单位索取所需资料。企业外部资料并非都是公开传播的，有些资料（如尚未公开发表的国家统计局、纺织服装行业统计资料，企业内部刊物、印刷宣传和实物样品）企业可派人磋商或发函联系，以无偿或有偿的方式向有关单位索取。

通过资料交换收集。这是企业获取所需资料的重要方法之一，也是企业之间交流的重要途径。

委托收集。有些不易得到的资料，可以通过委托信息咨询机构、企事业单位或个人帮助收集。

收集企业外部资料的注意事项。

收集外部资料应有针对性，从企业具体的需要出发，针对科研、生产、营销活动的要求，有目的、有选择地进行资料收集。同时，还应具有及时性、计划性、系统性、准确性，以便在激烈的服装市场竞争中抓住有利时机。

资料的收集必须是可持续的，而且是一项固定的预算支出。有了资料后善于利用也是一项重要工作。收集的信息资料应加以归纳、整理和消化，而不要只是存档保管。对资料和信息应及时进行判断，有些具有时效性的信息，应尽快处理，否则将错失良机。

2. 企业内部资料的收集

内部资料是指企业内部各种与生产和销售有关的数据记录，包括凭证（如发票、订货单、提货单等）、财务成本资料、统计资料、工作报告、用户来往信函、电函以及购销合同、企业推销员或采购员，甚至质量检验的信息资料等。解决服装企业市场营销问题时，往往先从企业内部资料着手分析。例如，服装企业准备下一季度向市场推出服装新品种时，先要对企业内部现有服装产品的销售额、不同品种、色彩、款式、成本、价格以及批发商、零售商和顾客的信息反馈等各种数据进行整理分析，以便决定投产、销售何种服装品种和产品组合最能受到顾客欢迎并使企业获得最佳经济效益。

企业内部资料通常是零星杂乱的，归纳整理时应注意下列四个问题。

及时性。企业内部资料应及时归纳整理，送达有关职能部门，以使这些部门和企业决策者及时掌握企业各方面的信息，避免工作失误。

准确性。企业内部资料的加工整理，应客观反映质量和数量的情况，剔除不符合客观实际的虚假数据。同时记载整理者的姓名、日期和目的。

完整性。在整理企业内部资料时，应保证资料完整，既不重复也不遗漏。同时要剔除与调查主题无关或过期的资料。

有序性。通过归纳整理，使零星杂乱的数据按照客观标准和工作需要分门别类，形成系统。

(二)抽样调查方法

抽样调查是指在总体中按照一定的方式抽取样本进行调查，然后运用数理统计的方法推断总体情况的过程。在这里，总体是指所研究的构成元素的集合。元素则是构成总体的最基本单位。样本则是指按照一定方式从总体中抽取出来的一定元素的集合，它是总体的子集。精心选择的样本能够准确地反映出总体的特征。抽样调查提供了一种由部分认识推断出全体的途径和手段。

非随机抽样

非随机抽样是最简单的抽样方法，由调查者根据方便或主观随意的原则从调查总体中抽取样本，各个样本被抽取的机会不是等可能性的，其误差不能估计和控制，从样本中调查的结果不能进行有关统计分析。非随机抽样有以下三种方法。

任意抽样法。其又称为方便抽样法，是一种随意取样的方法，它假定总体中的各个样本单位是同质的，因此随意抽样不会影响推断结果。在市场调查中应用比较多的形式有街头拦人调查、销售点顾客调查等，取样比较方便。

判断抽样法。这是对任意抽样法的改进，即调查者事先设定了被调查者的一些特征，如年龄、性别等，并将这些特征作为选择样本的判断依据。在街头拦人调查中，通常会根据目标市场的特征，选择调查样本。

配额抽样法。配额抽样是对判断抽样的量化，调查者根据事先设定的被调查者的一些特征，对不同的特征给予相应的配额数量或比例，要求最终的样本结构符合这一预先设定的配额或比例。配额抽样在非随机抽样中的应用最为广泛。通常是根据目标市场的几个人口特征，制订样本配额分配表。对多个特征的样本配额分配表，可采用独立的分配表和交叉的分配表，交叉分配表的取样难度大一些。

随机抽样

随机抽样是一种等可能性抽样，每个样本被抽取的机会是相等的，其调查的结果可运用统计原理进行可靠性及误差分析。随机抽样又分为以下四大类。

简单随机抽样。运用乱数表法或抽签法确定调查样本，这是确定调查样本最基本的方法。总体数量较小时，通常采用这种方法。

分层随机抽样。先将调查的总体按一定的属性或特征分为几个层次，然后给每一个层次确定抽取样本大小的配额，据此对每一个层次采用简单抽样法确定该层所抽取的样本，各个层次抽取的样本之和为市场调查的样本。当总体数量太大或个体差异大时，使用这种方法就能减少抽样的工作量及增加样本的代表性。

整群抽样。先将调查的总体划分为若干群，然后以群为单位进行抽样。当群内差异大，而群与群之间的差异小时，整群抽样可简化抽样工作，同时又能保证抽样的代表性。

系统抽样，其又称为等距抽样，先确定总体的抽样框，然后采用简单随机抽样的方法确定第一个被抽取的个体，以第一个为基准，每隔相等的距离抽取样本中所需要的其余个体，构成调查样本。这种方法只是将简单随机抽样的样本抽取过程进行了简化，没有实质性的差别。

随机抽样的主要优点是节省人力和费用，其调查的结果又具有较好的代表性。

样本容量

抽样方法决定了样本代表性的大小，但样本推断总体的精确度则由样本的容量决定。样本容量的大小通常受研究目标、数据用途、报告时间期限、市场调查预算等影响。在市场调查实践中，由于调查总体在数量上、地域上的不确定性，样本容量很难用量化的方法进行计算。一般是根据费用预算确定样本容量，并根据样本容量选择适当的抽样方法，来保证样本的代表性。

调查误差与偏差

调查误差分为抽样误差与非抽样误差两类。抽样误差是由抽样产生的误差，是由偶然因素造成的随机误差，是不可避免的。在统计分析过程中，抽样误差是可以计算和控制的。非抽样误差是除抽样误差以外的其他因素造成的误差，如问卷设计不当、调查者倾向、计算错误或登录错误、抽样框不好、没有遵守随机抽样原则等。针对非抽样误差产生的原因，可以采取措施减少或消除。

（三）调查资料的处理方法

调查资料的处理方法如图 3-3 所示。

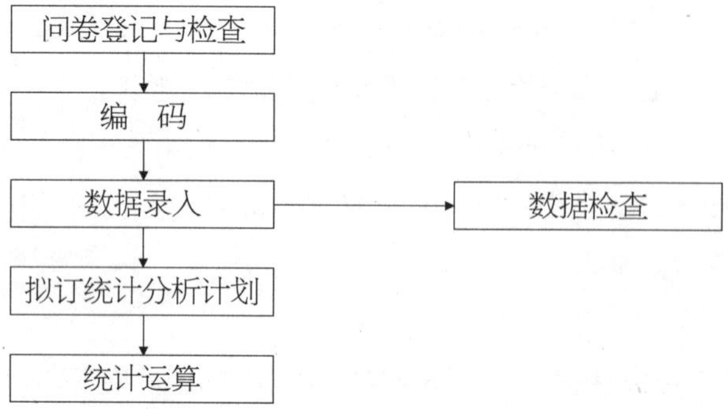

图 3-3 调查资料的处理方法

问卷登记与检查

资料采集后，所有资料都要汇总，以便统计处理。如实记录调查员交回的问卷数量、交付时间、实发问卷数量、丢失问卷数量等情况。

收回的问卷全部要进行质量检查，剔除无效的或不合格的问卷。一般来说，出现以下情况时问卷为无效问卷。

①有相当部分题目没有作答。

②答案记录模糊不清，无法辨认。

③不符合作答要求。

④调查对象不符合要求。

⑤答案前后矛盾或明显错误，如年龄的答案是 20~30 岁，而职业的答案为退休人员。

⑥答案选择高度一致，如不管什么题目都选同一个选项。

⑦缺损问卷，即问卷不完整，个别页码丢失。

编码

编码是把原始资料转化为符号或数字的资料简化过程。编码之后，资料输入计算机进行统计就简单多了。编码有事前编码和事后编码两种。事前编码是指问卷设计者在编写题目时就给每个变量和可能答案一个符号或数字代码；事后编码则指在调查实施之后进行编码。通常，封闭性问卷的调查研究采用事前编码；而开放性问卷或讨论、观察记录等资料，由于事先不知道有多少可能答案，常常采用事后编码。

具体步骤分为以下几点。

1. 规定变量名。问卷的每一个题目可以看作是一个变量，每个题目的答案选项称为变量取值，一个变量可以有不同的取值。

一份问卷通常包含若干问题（变量）。为统计处理方便，在输入数据前，必须先赋予每个问题（变量）一个变量名。变量名一般是英文字母与阿拉伯数字的组合，如 Age，X1，Y2 等。定义变量名时要把个人基本情况与其他问题区分开来。受调查者的个人基本情况如年龄、性别、文化程度、职业等，这些变量通常可以直接用英文单词、英文的第一个字母或前几个字母来命名。例如：性别可规定为 Sex，年龄规定为 Age，文化程度定义为 Edu 等，也可以用汉语拼音字母命名。其他问题的题目数量通常比较多，所以常用 X1，X2…Xn 或 Y1，Y2…Yn 等字母与数字系列组合方式来表示。

2. 规定各量表值。量表值可以用字符串表示，也可以用数字表示，一般用数字来代表答案比较方便。下面举例说明：

例 1：您的性别是（　）

a. 男　b. 女

对此，可把“男”规定为“1”，“女”规定为“0”或“2”。

例 2：您对 XX 牌休闲服的喜欢程度（　）

A. 非常喜欢　B. 喜欢　C. 有点喜欢　D. 有点不喜欢　E. 不喜欢　F. 非常不喜欢

这个量表可以直接依答案顺序分别规定为 1，2，3，4，5，6，也可将次序倒过来。

定义量表值时，可能会遇到多选或漏选的情况。如果是个人基本项目出现这种情况，则该问卷无效；如果是个别其他问题出现这种情况，则要另加一个或两个量表值，把它们归为一类或两类。以例2来说，可将“漏选”和“多选”分别规定为“7”或“0”。

在规定变量名称和量表值时，还要注意以下三种情况。

①非问卷题目的有关问题。如在大规模的调查中，通常包含许多地区，统计时需要分析不同调查地区的差别。那么地区本身就是一个变量，在命名规定量表值时也要考虑进去。例如某调查分别在北京、上海、广州和成都四个地区调查，可以将该变量命名为Seg，将北京规定为“1”，上海为“2”，广州为“3”，成都为“4”，没有注明或不知为哪个地区的命名为“9”。

②多选题。对于单选题来说，每个问题就是一个变量，一个问题有n个答案，就有n+1个量表值。而对于多选题来说，情况更复杂一些。下面举例说明：

例3：您是通过哪些渠道知道XX品牌的？（ ）

a. 电视广告　b. 报纸广告　c. 杂志广告　d. 广播广告　e. 户外广告

f. 听别人介绍　g. 在商店看到　h. 其他（请说明）____________________

这样一个问题，编码时就要将8个答案变成8个变量，然后依照顺序分别命名，如分别规定为X9a，X9b，X9c，X9d，X9e，X9f，X9g，X9h。每个变量的量表值根据是否被选择来规定，如选择规定“1”，没选择规定为“2”或“0”。如果想了解答案数量的分布情况，就增加一个变量，命名为“X9”，量表值则根据答案数量来规定，选择一个答案规定为“1”，两个答案为“2”……

③开放性问题。有些开放性问题只需要统计出确切的受调查者数，这时编码比较简单，只要给每一个题目相应地起一个名称，然后用“1”表示作答，用“0”表示未作答即可。如果要对答案进行量化分析，编码工作就比较复杂。编码员首先要将多数作答者的答案浏览一遍，列出各种可能答案，根据答案是单选或多选，规定变量名称和量表值，然后将答案分类。例如对于“您为什么喜欢A品牌衬衫而不喜欢B品牌衬衫？”这样一个开放题，答案可以分类为：款式、价格、代言人……变量名称为：Xh1，Xh2，Xh3…每一个变量的量表值为“1”时表示答案涉及该方面内容，“0”表示答案未涉及该方面内容。

数据录入

这个环节应特别注意缺失数据的处理。缺失数据是指由于受调查者未作回答或调查员没有记录造成的未知变量值。处理缺失数据有以下三种方法。

找一个中间值代替，如该变量的平均值、量表的中间值。遇到性别这种变量时，可以用男性数值代替第一个缺失值，用女性数值代替第二个缺失值，依次交替替代。

用一个逻辑答案代替。例如家庭总收入缺失，可依据家中就业人数及职业情况来判断；性别资料缺失，可依据受调查者的字迹等情况来判断。

删除处理。一种情况是删除整个样本资料（在样本量比较大，缺失值不多而且该变量是一个重要变量的情况下使用），另一种情况是删除该样本（在该变量不是特别重要时可以采用）。

数据分析

原始资料的分析过程一般是借助数据分析软件(常用的有 SPSS 统计分析软件等),通过计算机完成的。数据分析的主要内容包括以下几点。

对类别变量或等级变量做频数分析。其方法是将各个问题的答案进行分类统计,计算频数及百分比,然后绘制频数分布表格或百分比分布图,以了解被调查者在选择问题答案时的倾向性。

平均值及差异分析。均值计算过程是将等比变量的数值进行汇总,计算其平均值、方差或极差,以此了解该变量的趋势或分布规律的分析过程。对于一些可以量化的问题,通常可以用平均值来了解被调查者的一般水平或平均情况。平均值的计算方法有算术平均数、加权平均数、众数、中位数等,可根据实际需要进行选择。在计算平均值时,如果被调查者的差异性较大,平均值的代表性就比较差,为了反映被调查者之间的差异程度,往往要计算差异值。差异值计算方法有权差、平均差、标准差等计算方法。

比较分析。比较分析是对不同特性的被调查者选择各种问题答案所表现出的倾向差异性进行的分析,实际上是一种多变量的交叉频数分析,就是采用多个分类变量,将被调查者分成若干类,然后统计各类被调查者答案的频数分布规律,其目的是确定被调查者的某些特性与消费倾向之间的相关程度。例如,比较分析被调查者的文化程度、年龄、收入、地区等特性与服装消费量之间的关系。为了保证比较分析结果的正确性,通常要选用几个不同的比较因素及不同的问题进行对比分析,在相互一致的前提下,所做出结论的正确性就较高。

回归分析与相关分析。在市场研究中,通常要将两个量化的因素通过一定的数学模型联系起来,通过一个因素的变化预测另一个因素的变化趋势,这就需要运用回归分析和相关分析。回归分析是运用数学的原理,建立市场因素之间的数学模型,如一元线性回归模型 $Y=a+bX$,该模型反映了两个市场因素 X 与 Y 之间简单的线性关系。在建立回归模型时,往往要运用相关分析的方法,分析市场因素之间的相关程度,相关程度越高,建立回归模型对市场因素变化趋势的预测也越准确。

因素分析。在市场研究中,对某一问题的分析往往会涉及多个变量,这时需要确定这些因素对研究问题各自的影响有多大,有没有交互的影响,有没有线性相关性。对这些问题的回答需要较高深的统计理论支持,涉及方差分析、变量或个案的聚类分析、多变量的因子分析等,应用 SPSS 统计分析软件可以解决这些问题。

(四)调研报告的撰写方法

调研报告的基本撰写要求

1. 从整体上讲,调研报告应当能让读者了解调查过程的全貌。

2. 报告语言简洁,有说服力;语言叙述尽量客观、平实,不要过于情绪化;词汇尽量非专业化(学术性调研报告除外)。

3. 报告必须以严谨的结构、简洁的体裁将调研过程的各个环节收集的全部相关资料组织在一起,不要遗漏重要资料,也不能将一些无关的资料写进报告之中。

4. 保证数据资料准确无误。

5. 充分利用统计图表来说明和分析资料。

6. 应该对需要解决的问题提出明确的结论或建议。

7. 务必使报告打印工整、匀称、排版好看,易于阅读。

调查报告的基本内容

1. 封面。封面主要涉及题目或标题、研究机构名称、项目负责人姓名及单位、完稿日期等内容。

2. 目录。

3. 摘要。摘要是对调查获取的主要结果的概括性说明,是整个报告的精华所在。

4. 调查背景。即对调查的来由或受委托进行此项调查的原因做出说明。

5. 调查目的。通常是针对背景分析所存在的问题提出来的,一般是为了获得某些方面的资料或对某些假设做检验。

6. 调查方法。调查方法应注明调查地区、调查对象、访问完成情况、样本容量、样本结构、资料采集、访员情况、资料处理方法和工具等内容。

7. 分项内容。分项内容主要论述市场调研的结果,一般将所有内容分成若干个小部分依次呈现出来,每个分项分别给出一个小标题,使之与调研目的相对应,分别回答通过调研所能解决的问题。通常由统计表格和统计图组成,再配合相关的文字说明。

8. 结论与建议。

9. 附录。将调研过程中使用到的原始数据资料、相关图表及问卷文本等内容附于调研报告的结尾,起到辅助说明的作用。

调研报告的撰写应避免出现的问题

1. 以篇幅表现质量。

2. 资料解释不充分、不准确。

3. 内容偏离了调研目标。

4. 过多运用复杂的统计方法,最后得出一眼就能看出来的简单结论。

(五)市场调研员的管理

调研一般由调研员来执行,调研员本身的条件、素质、责任心很大程度上决定着调研作业的质量,影响着广告调研结果的准确性和客观性。调研员应具备以下基本素质。

知识

调研员除了必须具备一定的科学文化知识外，还要具备一定的专业知识。具体而言，要清楚以下问题：①调研员在调研中的作用；②为什么在访问中要保持中立；③掌握和调研有关的信息，以解答受访者的疑惑；④保密原则；⑤如何与受访对象打交道；⑥询问的正确程序；⑦记录答案的方法。

能力

具体包括：①口头表达能力；②阅读能力；③书写能力，能够准确、快速记录答案；④记忆能力，能记住受访者的答案并准确记录下来，避免因遗忘而重复记录；⑤注意力分配能力，能同时做几件事：读问题、听回答、做记录、观察受访者的表情等；⑥独立外出能力；⑦直觉判断力，能根据受访者的非言语线索判断其回答是被迫的还是主动的，是否真实；⑧自我约束能力，能够规范或改变自己的言语和非言语行为，以免影响受访者作答。

技能

主要包括：①人际交往技能，即如何开始并保持与陌生人的对话；②减少拒绝比率的技能；③探测技能，即进一步了解受访者未表达出来的意见的技能(因为受访者在回答问题时，有时会言犹未尽或欲言又止)。

受访者拒绝访问是调查研究中常见的事情。研究发现，美国和欧洲人的拒访率比日本人低；在我国，一般说来，越是经济发达地区，拒访率越高；高经济收入家庭拒访率较高，职位高的人拒访率较高。拒访一般有两种情况：中途拒访和开始时拒访。中途拒访原因一般有：问题不好或不便回答；问卷太长；其他客观情况必须中断访问。开始时拒访原因则是：讨厌接受调查；对调研员缺乏安全感；其他客观原因。为拒绝调研员的访问，受访者会找出各种各样的借口。调研员要熟悉这些借口，以做出及时的应对策略：

①太忙——完成调查只需几分钟；某某时候再来访问(打电话)可以吗?

②身体不舒服——对不起，打搅了，某某时候再来访问(打电话)可以吗?

③年龄大——我们正需要听听您的意见。

④不好答、不会答——问题一点不难，答案无所谓对或错，很多人都做过，而且都做得很好。

⑤不感兴趣——我们是抽样调查，每一个被抽到的人的意见都很重要，否则结果就会有偏差了，请您协助一下。

⑥不便说——能理解，这也正是为什么调查都是保密的原因。我们不要求您填上姓名，调查结果也不是任何一个人的意见。

⑦我不太了解情况，访问别人更合适——没关系，您把您知道的说出来就可以了。

⑧您的问题太多了——对不起，虽然问题看起来多一点，但都很简单。

⑨不懂得填写——没关系，很简单，我给您讲一讲，您就会了。

⑩不识字，不会做——没关系，我们不要您填写，只要您回答问题就行了。

如果受访者的答案不清楚或不完整，调研员想获得更多信息，可以采用一些试探的方法。

①显示兴趣：用"哦""嗯"表示已听清楚对方的回答，期望他们说得更多。

②停顿：沉默能告诉受访者你正在等待更多的信息。

③重复问题：帮助受访者重新思考答案。

④重复答案：刺激对方说得更多或校正不准确的答案。

⑤语言要求：对不起，刚才我没听清楚，请您再说一遍好吗？

调研员还应掌握一定的追问技巧。很多情况下，深入追问用于开放性问题。例如：一个针对交通的问题，受访者有可能只是简单地回答"相当糟糕"，但通过不断深入追问（"是什么样的呢？""在哪些方面呢？""还有其他的吗？"），调查员可能获得更加详尽的陈述。

追问方式有两种：挖掘式追问和明确性追问。挖掘式追问的例子："您喜欢这种品牌内衣的什么呢？"第一次回答："喜欢它质地好，手感好。"追问："您还喜欢什么？"第二次回答："穿着舒适暖和。"追问："您还有没有喜欢的呢？"第三次回答："没有了。"明确性追问的例子："您喜欢这种品牌内衣的什么呢？"第一次回答："不错。"追问："您所谓的'不错'具体是指什么？"第二次回答："穿着舒适暖和。"追问："舒适暖和是指什么呢？"第三次回答："质地柔软，相当于一件保暖衬衣或一件羊毛衫。"

除此之外，调研员还应注意以下问题：为保证样本代表性，不能轻易丢失样本；一般一个家庭只访问一个人；访问时避免受在场其他人影响；对于问卷措辞，调研员不要自己做解释，最好原样重复；应熟悉问卷及各种相关调查资料；离开之前确定所有的问题都已作答，答案清楚，易于辨认；保持中立态度，不给受访者任何暗示，对受访者的回答不要表示惊奇、赞成或不赞成。

四　服装市场需求的预测

预测即预计加推测，是在市场调查研究基础之上的科学分析结果，而不是毫无根据的主观臆断。对每一个服装商业组织和重要的经营管理决策而言，预测都是至关重要的。预测是服装企业编制计划的基础，市场靠销售预测开发新产品、补充货品和销售人员或做出其他决策，生产经营者利用需求预测进行作业计划编制、库存管理、配送等决策活动。因此，市场预测必须以市场调研为依据，即市场预测的科学性以调查研究为基础。

服装市场预测是根据市场调查所得到的信息和资料，通过科学的方法，对未来一定时期的服装市场供求趋势、服装流行趋势、企业销售状况等诸多内容进行分析和推断。服装市场预测是服装企业进行新产品开发、货品补充、销售人员配置、库存管理等决策活动的依据。

（一）服装市场需求

某一产品的市场总需求，是指在一定的营销努力水平下，一定时期内在特定地区、特定营销环境中，特定顾客群体可能购买的该种产品总量。对需求的概念，可从以下八个方面考察。

①产品。首先确定所要测量的产品类别及范围。

②总量。可用数量和金额的绝对数值表述，也可用相对数值表述。

③购买。指订购量、装运量、收货量、付款数量或消费数量。

④顾客群。要明确总市场的顾客群、某一层次市场的顾客群、目标市场或某一细分市场的顾客群。

⑤地理区域。根据非常明确的地理界线测量一定的地理区域内的需求。企业根据具体情况，合理划分区域，测定各自的市场需求。

⑥时期。市场需求测量具有时间性，如 1 年、5 年、10 年的市场需求。由于未来环境和营销条件变化的不确定性，预测时期越长，测量的准确性就越差。

⑦营销环境。测量市场需求必须确切掌握宏观环境中人口、经济、政治、法律、技术、文化诸因素的变化及其对需求的影响。

⑧营销努力。市场需求也受可控制因素的影响。市场需求受产品质量、产品价格、促销和分销方式等的影响，一般表现出某种程度的弹性，不是一个固定的数值。

服装市场需求一般分为：季节性需求、周期性需求、趋向性需求和随机性需求。服装市场需求的这些特点在一定程度上决定了服装商品的销售特点。

①季节性需求。指产品的需求量随着季节的转换而发生较大的变化，季节性需求具有明显的季节特征，即由于气候、节假日、消费习惯等因素引起的需求量变化，如夏季泳装的需求量、儿童节童装的需求量等。在这种情况下，服装企业应根据预测数据及时调整本企业的经营方向和供货能力，迅速满足市场的需要。

②周期性需求。指产品的需求量随着时间的推移而呈现周期性的变化。 由于时间间隔的周期一般较难确定，或因形成周期性需求的原因难以描述，从而使周期性需求相对较难预测。如 20 世纪 70 年代流行的短裙今季替代了风靡一时的长裙，20 世纪 80 年代的紧身裤如今再度流行。准确的周期性预测会给生产厂家指明生产方向。

③趋向性需求。指产品的需求量随着时间的推移而朝着某一个方向有规律地运动，没有出现较大的剧烈波动，它具有较明确的发展方向和稳定的变化幅度，因而趋向性需求一般较易预测。如近几年服装呈现出的休闲化趋向。

④随机性需求。指产品需求量由于需求的偶然变化而呈现无规则的变化趋势。如 2001 年亚太经济合作组织会议引发唐装的流行，暖冬会使棉服大衣类厚重产品滞销。这种需求较难预测，但企业一旦预测准确，将是一次良好时机。

(二)服装市场需求预测的内容

服装市场预测的主要内容是：展望市场发展趋势，制订营销策略；分析市场信息，进行服装定价、产品组合以及促销方式和分销渠道的选择；为生产计划提供不同品种、款式、数量、型号的预测数据；进行目标利润的预测和风险利润的对比；对流行主题进行预测等。

从服装企业的角度来说，市场的预测就是对一定服装产品在一定地区一定时间里的销售状况进行估算。所以，服装市场预测内容可以按产品层次、空间层次、时间层次划分为不同类型。

按产品层次划分，可分为单项产品预测，即对衬衫、西服等单项品类按品牌、规格、档次进行市场需求量的预测；同类产品预测，即按服装不同类别，如针织品、休闲服、职业装等进行市场预测；按消费对象分类的产品预测，即按某一消费对象或不同消费对象对其所需服装的花色、款式、规格进行预测。

按空间层次划分，市场预测可根据国际性、国家地区性以及行业或企业市场占有率进行预测。

按时间层次划分，可分为近期预测、短期预测、中期预测和长期预测。

（三）服装市场需求预测的方法

科学的营销决策，不仅要以市场营销调研为出发点，而且要以市场需求预测为依据。市场需求预测是在营销调研的基础上，运用科学的理论和方法，对未来一定时期的市场需求量及影响需求的诸多因素进行分析研究，寻找市场需求发展变化的规律，为营销管理人员提供未来市场需求的预测性信息，作为营销决策的依据。

市场需求预测的方法，常用的主要有以下五种。

第一，购买者意向调查法。即通过直接询问购买者的购买意向和意见，据此判断销售量。如果购买者的购买意向是明确清晰的，这种意向会转化为购买行为，并且愿意向调查者透露，这种预测法特别有效。但是，潜在购买者数量很多，难以逐个调查，故此法多用于工业用品和耐用消费品。同时，购买者意向会随着时间转移，故适宜做短期预测。调查购买者意向的具体方法比较多，如直接访问、电话调查、邮寄调查、组织消费者座谈会等。例如，采用概率调查表向消费者调查耐用消费品购买意向，可能会收到较好效果，如表 3-3。

表 3-3　购买意向概率调查表

元旦期间你打算买羽绒服吗？					
0.00	0.20	0.40	0.60	0.80	1.00
不买	不太可能	有点可能	很有可能	非常可能	要买

第二，综合销售人员意见法。即通过听取销售人员的意见预测市场需求。销售人员包括基层企业的营业员、推销员及有关业务人员。销售人员最接近市场，比较了解顾客和竞争者的动向，熟悉所管辖地区的情况，能考虑到各种非定量因素的作用，较快地做出反应。由于销售人员中没有受过预测技术教育的居多，往往因所处地位的局限性，对经济形势和企业营销

总体规划不够了解，可能存在过于乐观或过于悲观的估计。但在销售人员较多时，过高或过低的期望值可互相抵消，从而使预测结果趋向合理，如表 3-4。

表 3-4 销售人员销售预测意见综合表

销售人员	预测项目	销售额(万元)	概率	销售额×概率
甲	最高销售	3000	0.2	600
	可能销售	2100	0.5	1050
	最低销售	1200	0.3	360
	期望值			2010
乙	最高销售	2500	0.3	750
	可能销售	2000	0.6	1200
	最低销售	1600	0.1	160
	期望值			2110
丙	最高销售	2050	0.2	410
	可能销售	1800	0.6	1080
	最低销售	1600	0.2	320
	期望值			1810

如果三个销售人员素质接近，权重相同，则平均销售预测值为：

$$\frac{2010+2110+1810}{3}=1976.7(\text{万元})$$

第三，专家意见法。即根据专家的经验和判断以求得预测值。其具体形式有三：一是小组讨论法，召集专家集体讨论，互相交换意见，取长补短，发挥集体智慧，做出预测；二是单独预测集中法，由每位专家单独提出预测意见，再由项目负责人员综合专家意见得出结论；三是德尔菲法。德尔菲(Delphi)是古希腊神话中的地名，相传阿波罗杀死恶龙于该地，城中有阿波罗神殿，众神每年到此集会，可预卜未来。美国兰德公司在 20 世纪 40 年代末制订此法，用系统的程序，采取不署名和反复进行的方式，先组成专家组，将调查提纲及背景资料提交专家，轮番征询专家意见后再汇总预测结果，其特点是专家互不见面，可避免相互影响，且反复征询、归纳、修改，有时要经过四五轮，意见才能趋于一致，结论比较切合实际。

第四，市场试验法。在新产品投放市场或老产品开辟新市场、启用新分销渠道时，选择较小范围的市场推出产品，观察消费者反应，预测销售量。由于时间长、费用大，因而多用于投资大、风险高和有新奇特色产品的预测。

第五，时间序列分析法。将某种经济统计指标的数值，按时间先后顺序排列形成序列，再将此序列数值的变化加以延伸，进行推算，预测未来发展趋势。其主要特点是以时间的推移来研究和预测市场需求趋势，排除外界因素影响。采用此法首先要找出影响变化趋势的因素，再运用其因果关系进行预测。

产品销售的时间序列(Y),其变化趋势主要是四种因素发展变化的结果。

(1)趋势(T)。是人口、资本积累、技术发展等因素共同作用的结果。利用过去的销售资料,描绘出销售曲线,可看出某种趋势。

(2)周期(C)。许多商品销售受经济周期影响,销售额往往呈波动形运动。认识循环周期,对中期预测相当重要。

(3)季节(S)。指一年内销售额变化的规律性周期波动。此变化通常与气候、节假日、交易习惯有关,如果具体到周、日,也可能与上下班时间有关。

(4)不确定因素(E)。包括自然灾害、战乱以及其他变故,这些偶发事件,一般无法预测,应从历史资料中剔除这些因素的影响,考察较为正常的销售活动。

上述因素构成的模型如下:

$$Y=T+C+S+E$$

也可构成乘数模型,即:

$$X= T\times C\times S\times E$$

或构成混合模型,如:

$$Y= T\times(C+ S+ E)$$

直线趋势法。运用最小平方法,以直线斜率表示增长趋势的外推预测方法。公式为:

$$Y=a+bX$$

公式中:a 为直线在 Y 轴上的截距;

b 为直线斜率,反映年平均增长率;

Y 为销售预测趋势值;

X 为时间。

根据最小平方法原理,先计算预测趋势值的总和,即:

$$\sum Y=na+b\sum X$$

公式中:n 为年份数。

再计算 XY 的总和,即:

$$\sum XY=a\sum X+b\sum X^2$$

为简化计算,将$\sum X$取 0。若 n 为奇数,则取 X 的间隔为 1,将 X=0 置于资料期的中央一期;若 n 为偶数,则取 X 的间隔为 2,将 X=−1 与 X=1 置于资料中央的上下两期。

当$\sum X=0$时,上述二式分别变为

$$\sum Y=na$$

$$\sum XY= b\sum X^2$$

由此推算出 a,b 值为

$$a=\sum Y/n$$

$$b=\sum XY/\sum X^2$$

所以

$$Y=\frac{\sum Y}{n}+\frac{\sum XY}{\sum X^2}\cdot X$$

【例】假设某服装企业 2009~2013 年销售额分别为 480,530,540,570,580 万元,运用直线趋势法预测 2014 年的销售额。由于 n=5 为奇数,且间隔为 1,故 X=0 置于中央一期即 2011 年,X 的取值依次为−2,−1,0,1,2,XY 依次为−960,−530,0,570,1160,X^2 依次为 4,1,0,1,4,所以

$$\sum Y=2700$$

$$\sum XY=240$$

$\sum X^2=10$ 代入公式,测得

$$Y=\frac{2700}{5}+\frac{240}{10}\cdot X=540+24X$$

预测 2000 年的销售额,则 X=3,代入上式,得

$$Y=540+24\times3=612(万元)$$

统计需求分析法。任何产品的销售都要受多种因素的影响。统计需求分析是运用一整套统计学方法,发现影响企业销售的最重要的实际因素及其影响力大小的方法。经常分析的因素是价格、收入、人口和促销等。

统计需求分析将销售量(Q)视为一系列独立的需求变量 $X_1,X_2,\cdots,X_n$ 的函数,即:

$$Q=f(X_1,X_2,\cdots,X_n)$$

应当指出,这些变量同销售量(因变量)之间的关系,不能用严格的数学公式表示,只能用统计分析来解释和说明。运用多元回归技术在寻找最佳预测因素和方程的过程中,可以找到多个方程。

思考与练习

1. 简析服装市场营销调研的内容和流程。
2. 服装市场营销调研的资料收集方法有哪些?
3. 如何设计调查问卷?撰写调研报告应注意哪些问题?
4. 市场调研员应具备哪些基本素质?
5. 如何进行服装市场需求预测?

第四章 服装市场消费者分析

服装企业一切生产经营活动的目标是满足消费者的需求。消费者是企业开展营销活动的最终对象。每个市场的消费者在购买动机、购买行为、购买习惯、购买方式等方面都有其各自的特点。服装的市场营销过程实际上是服装商品和服务与消费者需求相适应的过程。研究市场需求及其影响因素，是保证服装企业的产品能够满足消费者需求的前提，也是有效开展市场营销活动、制订市场营销计划的依据。服装市场十分广阔，竞争对手林立，服装企业要拓展生存和发展空间，必须对消费者进行分析研究，在市场上找到一个适当的位置，企业产品定位也要围绕着这个适当的市场位置展开。企业通过认真研究、分析各类消费者群体的不同需求，向不同类型消费者提供有针对性的市场营销组合。

一　服装市场消费者需求心理分析

消费行为以需求为起点，以购买类型和模式为中心，以购买和消费为终点。因为有了需求，消费者才会产生购买兴趣，形成购买动机。因此，消费者的需求是购买行为的首要动因。

有关人类心理需求的研究成果为探寻服装消费心理提供了各种理论支持，其中，1943 年美国人本主义心理学家马斯洛(A. H. Maslow)发表的《人的动机理论》首次提出了“需求层次”的重要概念。如图 4–1 所示，马斯洛认为不分民族、性别、年龄，都可以找到人类需求的共同点。

图 4–1 马斯洛需求层级图

需求层次具体表现为：

①生理需求：食品、水、睡眠、保暖(衣服)、性……

②安全需求：人身、财产、就业……

③归属与爱的需求：友爱、归属、社交圈(需要服装的协调)……

④尊重需求：尊重别人、尊重自己、受他人尊重……

⑤自我实现需求：独立性、自立性、独创性、鉴赏力、反潮流……

马斯洛的需求论在一定程度上概括了服装消费心理。必须指出的是，处于安全需求、归属与爱的需求和尊重需求层次的个体与着装消费有密切关系。随着人们消费生活由低层次向高层次演进，服装消费行为一般有认同倾向(朝高层次消费者靠拢的方向)，而高层次消费者为了与低层次消费者的服饰相区别，会去寻求新的服饰，这样在不断的认同、求新、再认同、再求新的过程中，形成了服饰的流行行为。

通常与服装消费心理较为密切的需求有：美观、顺从、社会参与、自我表现、声望价值、着装舒适和经济条件等。这些需求是积极的、普遍的，并且贯穿于不同的教育背景、经济地位和其他不同的变量中。消费者能够且愿意花费多少钱来购买服饰，不仅取决于价格和收入等经济因素，而且还取决于政治、社会、文化等诸多非经济因素。

根据对服装的不同价值观和需求，可以把服装消费者划分成六种类型。

理论型：求知欲强，常寻根问底，特别注重服装的舒适性。

经济型：注重商品的使用性能，认为穿着只能流行一时的服装是一种浪费。

审美型：注重形式的完美，对服装打扮表现出较高的趣味和修养。

政治型：追求成功的事业和权力地位，服装穿着既符合时尚又不失身份，与其政治目标相一致。

社交型：重友情，待人热诚，服饰打扮注重他人的评价和流行趋势。

宗教型：笃信某一宗教或哲学，其服饰往往较为保守或朴素。

消费个体往往同时具有两种或多种消费类型，从而构成一个影响消费行为的价值观系统。例如，一个兼具经济型和宗教型价值观的消费者，往往会穿得整洁朴素，摒弃一切奢侈品和化妆品，反对身体裸露。

二　服装市场消费者行为分析

消费者行为是指在商品经济条件下，消费者为了恰当地满足自身的各种需求，根据收入和信用状况等条件，购买各种消费资料的经济行为。消费者是服装产品最终购买者，其购买行为不仅影响着企业的产品和价格决策，而且影响着销售渠道和促销方式的选择。因此，研究服装消费者行为模式、影响消费者行为的主要因素和消费者购买决策过程，对于开展有效的市场销售活动至关重要。

（一）消费者行为的“三阶段”

1. 消费者的认知行为。消费者通过大脑对来自各方面的商品信息进行整理、加工、选择和贮存，从而形成对商品的初步认识。例如，消费者接收到某件服装信息后，首先会对这件衣服的色彩、款式等表层信息做出知觉反应，产生外部印象。对商品的认识过程是消费者心理活动的起点，也是消费行为的主要心理基础，它是消费动机产生、消费态度形成和购买行为出现的先导。

2. 消费者的决策行为。消费者根据是否符合自身的需要做出选择和判断，并对实现消费行为采取肯定或否定的态度。例如，消费者在对某件服装的色彩和款式产生外部印象以后，集中注意力进一步了解这件衣服的质地和质量，选择适合自己的型号进行试穿等，然后还要运用已有的知识和经验，对这件衣服的信息进行分析、综合，在此基础上得出对该件衣服全面认识后的结论。如果消费者对这件衣服采取肯定的态度，就会产生满意、喜欢的情绪体验，从而形成强烈的购买欲望，并可能促成购买的选择。反之则不会采取购买行为。

3. 消费者的购买行为。消费者采取的购买行为包括以下三个相互联系的阶段。

购买决定阶段。消费者对商品产生认知后，从自己的需求出发，结合自己的现实条件做出消费决定。

执行决定阶段。消费者做出购买决定后，把购买决定转化为实际的购买行动，使预定的购买目标得以实现。

检验购买效果。消费者实施购买行为后，通过对商品使用效果的检验和反思，判断自己的购买行为是否明智。消费者对购买决定执行效果的检验，对消费者的消费行为将产生直接影响。

(二)服装消费者行为模式

与其他产品相比，服装消费包含了更多社会文化和心理的因素，表现出更复杂、更难以琢磨的特性，但人们对服装的需求和消费仍然有其内在的规律性。服装企业的消费者行为研究关键是要弄清楚：谁是企业的消费者？他们为什么会购买服装？通常在什么时候、什么地方购买？有哪些因素会影响他们的购买选择？他们又是如何做出购买决策的？服装消费行为的动机是心理活动的过程，当消费者接受到服装品牌、款式、质地、色彩、价格、宣传等营销刺激，同时社会、文化、经济、流行趋势等大环境的刺激作用于消费者意识后，就会导致购买决策及行为。消费者行为模式如图 4-2 所示。

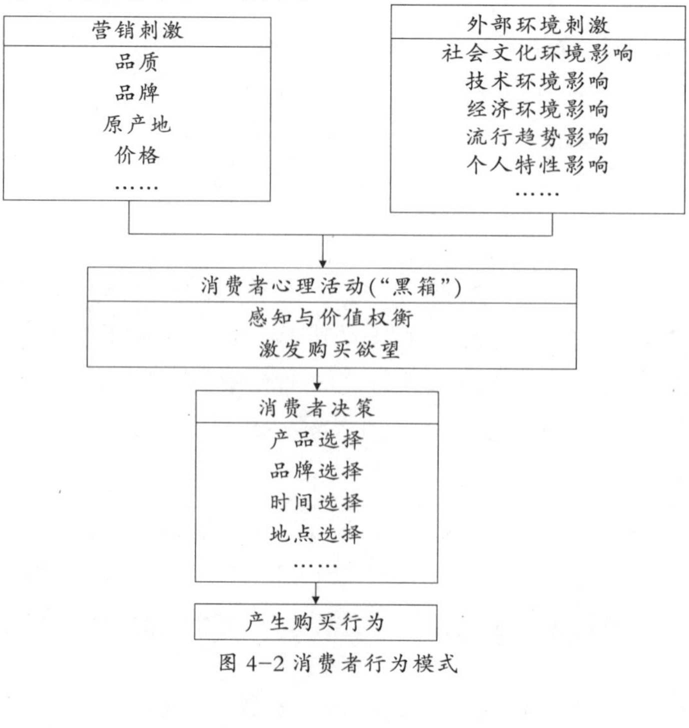

图 4-2 消费者行为模式

由上图可以看出，消费者的购买行为是一个投入产出的过程。一方面，消费者接受各种外部刺激；另一方面，消费者做出各种反应。营销刺激由产品、价格、销售渠道和促销等因素构成，其他外部刺激包括购买环境中的主要因素，如经济、技术、政治和文化因素等。外部刺激和消费者的反应，往往是有形的、看得见的、摸得着的，而消费者如何消化各种外部刺激，从而形成各具特色的某种反应，则常常难以捉摸，它成为消费者行为中的一个“黑箱”。市场营销刺激和其他刺激通过进入消费者的“黑箱”而引起反应。消费者根据自己的特点处理这些信息，包括产品的选择、品牌的选择、经销商的选择、时间及地点的选择等。该“黑箱”模式表明：同样的外部刺激作用于不同特征的消费者，加上购买决策过程中所遇不同境况的影响，消费者将做出不同的决定。在刺激和反应之间的消费者“黑箱”由以下两个部分组成。

1. 消费者特征。不同特征的消费者对同一刺激会产生不同的理解和反应，消费者会受到很多因素的影响，进而影响消费者对刺激的理解和反应。影响消费者特征的因素包括：①个人因素，由年龄、性别、职业、受教育程度、经济状况、生活方式、个性等构成；②心理因素，主要指购买者的感觉、动机、信念和态度等；③社会文化因素，如社会阶层、相关群体和家庭因素等。

2. 消费者的决策过程。它直接影响消费者最后的购买决定。

(三)影响消费者行为的主要因素

影响消费者做出服装购买决策，既与产品的特性，如式样、颜色、做工、价格、流行性等有关，也与消费者的文化、社会、个人及心理等因素有密切关系。

文化因素

文化因素对消费者行为具有最广泛和最深刻的影响，是人类欲望和行为最基本的决定因素，尤其在服装消费上，文化的影响非常深远。例如，多少年来，男性穿长裤而女性着裙，这已成为着装的风俗习惯。文化因素主要涉及社会文化、亚文化等方面。

1. 社会文化。人们在社会中成长，在社会化过程中学到了最基本的价值、知觉、偏好等行为整体观念，这正是影响人们消费行为的深层原因。

2. 亚文化。亚文化是指某一文化群体所属次级群体的成员共有的独特信念、价值观和生活习惯，包括民族群体、地理群体、区域群体、职业群体、种族群体等。就消费者的购买行为而言，亚文化的影响更直接、更重要，这种影响甚至是根深蒂固的。

服装企业是以一定的地区、年龄、民族的消费者为目标市场的，因此就必须了解这类目标市场消费者的价值观念、风俗习惯、审美观念等，特别是亚文化群体具有较为接近的生活习惯和方式。服装企业要根据不同文化群体消费者对服装选择的特点，制订相应的服装产品营销计划。

社会因素

消费者的购买行为也经常受到一系列社会因素的影响。社会因素主要有社会阶层、参照群体、家庭、身份和地位、流行趋势等。

1. 社会阶层。社会阶层是指由具有相同或类似社会地位的社会成员组成的相对持久的群体。同一阶层的人具有相似的价值观、兴趣爱好、行为方式。不同阶层的消费者在消费行为上存在较大的差异，在服装的选择上也会表现出差异性。例如，在服装选择方面，各社会阶层显示出不同的产品偏好和品牌偏好。城市下层和工薪阶层在选择服装时更注重服装的实用、耐用、价格便宜，不太追求时尚、华丽，主要在传统百货公司、服装大卖场、超级市场、服装批发市场和地摊等场所购买服装；小资和中资阶层则看重服装的庄重、舒适感，以着装体现出个人的气质、个性和身份，主要在一流百货公司、品牌专卖店和各种时尚专卖店等场所购买服装；富人阶层则喜欢档次高、质地好的名牌服装，以体现个人的身份、地位和经济实力，主要在名品专卖店、一流百货公司等场所购买服装。

由于不同阶层的消费需求不同，服装企业可以根据自己的实力，选择一定的社会阶层作为自己的目标市场，并根据目标市场的特点制订有效的营销策略，更好地满足目标消费者的需求。

2. 参照群体。参照群体是指能直接或间接影响个人态度和行为的所有群体或个人。参照群体又可分为首要相关群体和次要相关群体。首要相关群体是指直接、经常接触的人群，如家庭成员、朋友、同事和邻居等。这种群体一般属于非正式群体。次要群体是指不经常接触的人群，一般属于正式群体，如宗教组织、职业协会等。此外，还有一种与某人并无社会关系，但对其影响较大的群体，如影视明星、歌星以及体育明星等，他们的行为会引起群体内追随者、崇拜者的仿效。这种向往心理在青年人中更为突出。服装由于具有流行性和自我表现的特点，因此在样式、颜色、品牌的选择上都会深受参照群体的影响。按现代流行理论的观点，服装流行中通常存在着成为人们模仿和追随的“时装革新者”和“时装指导者”。服装企业在制订生产和营销策略时，要选择同目标市场关系最密切、传递信息最快的相关群体，了解其爱好，做好产品推销工作。

3. 家庭。家庭是社会中最重要的消费者购买组织，消费者的购买模式无疑会打上家庭影响的烙印。不同的家庭、不同的家庭生命周期，具有不同的消费要求、购买动机和购买决策，会直接影响消费者的购买行为。家庭成员因为角色的不同，在购买中起的作用也不尽相同。家庭角色可以分为购买者、影响者、决策者和使用者等。分析这个问题，有助于企业抓住关键人物开展营销活动，提高营销效率。比如，作为家庭主妇的妻子在服装选购时，往往具有很大的决策权，不论是丈夫的穿戴还是孩子的穿戴，都受到妻子的影响。但当购买高档、昂贵的服装时，丈夫有时参与决策或起决策者的作用。由于不同家庭所形成的不同的家庭价值观念和消费行为习惯会影响下一代，因此，孩子在家庭中对购买决定的影响力也不可忽视。

4. 身份和地位。身份和地位是社会对每个人的态度和行为的期望。社会总是希望个人的服装行为与所对应的身份和地位相一致。为此,人们总是根据不同的社会角色来选择不同的服装。尽管实际生活中并没有硬性的服装规则,但群体会建立起自己的标准作为对角色的期望,而个体在“群体压力”下,通常会在符合期望的标准范围内选择着装,力求使自己的服装与群体期望保持一致。比如,教师的着装偏向于端庄大方,而艺术人士的着装则注重个性和时尚。

5. 流行趋势。流行或称时尚,是指一个时期社会上或某一群体中广为流传的生活方式。流行是一个具有时间性的概念,流行时间的长短取决于消费者接受时间的长短。流行是一种社会现象,它涉及人们生活的各个领域,如语言、娱乐、文艺、服装等。流行是影响消费者购买行为的重要因素。

服装流行具有新奇性、短暂性、普及性和周期性等特点。新奇性是服装流行的最本质的特征,往往通过色彩、面料、款式等直接表现出来。短暂性和周期性反映了流行的时间特征,流行的服装在时间上具有相对的短暂性,又有其特定的生命周期。普及性反映了流行的空间特征,是服装流行的外部特征之一,例如,人们接受和追求某种服装是通过人们之间的相互模仿和感染形成的。企业要做好时装的流行趋势分析与预测,不断地设计出采用新款式、新面料、新风格的服装。

流行的形成受很多因素的影响,如地理位置、消费习惯、文化层次、收入水平等。服装的流行受地理位置的影响更突出。地理位置好,交通方便,信息传递的速度就快,具有这一优势的地区或城市,往往会成为服装流行的热点。无论是全球性还是区域性的“时装中心”,无一例外地都形成于经济发达、文化繁荣、交通便利的国际化大都市。巴黎、米兰、纽约等世界“时装之都”,主宰了国际成衣市场的流行趋势,牵动了全球服装业的贸易与生产,它们具有强大的吸引力和辐射力。随着亚洲经济的崛起,亚太地区巨大的消费市场、悠久的文化传统和便利的地缘优势必将孕育出新的“时装中心”,中、日、韩将形成与纽约、伦敦、米兰、巴黎等欧美时装圈并行的亚太时装圈,充分显示亚洲服装和东方文化的国际地位。

个人因素

在服装消费决策时,消费者的个人因素起很大作用。这些因素主要有年龄、性别、职业、经济状况、生活方式、个性和自我观念等。

1. 年龄。不同年龄的人对服装的款式、颜色、质地、舒适度等有不同的偏好和需要。年轻人喜欢追赶潮流,穿着流行的服装或表现个性的服装,讲究服装的名牌效应;老年人则偏爱传统、实用和舒适的服装。

2. 性别。由于生理和心理上的差异,不同性别消费者的欲望和消费构成有所区别,多数男性顾客购买商品比较果断迅速,而女性顾客则精挑细选。在服装消费上,女性比男性更关心款式变化,男性则较注重品牌、做工和地位象征。

3. 职业。不同的工作环境对不同职业的着装存在实际的限制，因为职业在很大程度上决定了一个人的收入状况、社会地位和自我观念，从而间接影响服装购买行为。

4. 经济状况。经济状况决定着个人的购买能力，在很大程度上制约着个人的购买行为。收入较低的消费者往往比收入较高的消费者更关心价格的高低。

5. 生活方式。从经济学的角度看，一个人的生活方式表明他所选择的分配收入的方式以及闲暇时间的安排。

6. 个性和自我观念。消费者的气质、性格与服装需求、购买行为之间有着密不可分的关系。比如，外向的人爱穿浅色、对比强烈的衣服和时髦的衣服；内向的人爱穿深色、冷色的衣服和庄重的衣服。依赖性强的人对市场营销因素敏感度高，易于相信广告宣传，易于建立品牌信赖和渠道忠诚；独立性强的人对市场营销因素敏感度低，不轻信广告宣传；情绪型的消费者言行举止受情绪左右，容易受外界影响而冲动购买；意志型的消费者购买目标明确，能独立决策，不易受外界影响。

心理因素

影响消费者购买行为的心理因素主要包括四个方面：需求和动机、感觉和知觉、学习、信念和态度，这四个方面之间存在一定的内在逻辑联系。

在服装消费过程中，消费者首先产生需求和动机。心理学家的调查显示，服装大体上可以满足人们以下的需求：对寒暑风雨的防护；防止蚊虫、野兽和疾病；获得他人的评价；为了自我满足；吸引异性的魅力；为了和他人交往；为体验幻想的愉悦；显示相较于他人的优越感；得到他人的好感。随着人们收入的提高和时代的变迁，人们购买服装更主要的是追求心理上的满足感。然后通过感觉和知觉，消费者形成对特定服装的整体概念。例如，人们被商品广告或商店橱窗中精美陈列的服装的款式和色彩所吸引，加深了消费者对该服装产品的第一印象，从而产生“一见钟情”的感觉。这就是从无需求变为有需求，直至产生购买行为，使需求得到满足。接着，消费者通过学习形成忠诚度和特定的偏好，从而形成完整的消费心理基础。例如，消费者在市场上从未见过竹纤维内衣，除了通过广告宣传获取相关信息以外，消费者可能会先购买一套，亲身试穿体验，从而对该纤维内衣形成某种观念或态度，学习过程即结束。所以，服装企业的营销人员需要提供条件，让消费者有机会了解、掌握面料的成分、特点，感受服装设计风格的特点以及保养服装的常识等，帮助潜在的顾客完成学习过程，成为现实的顾客。最后，消费者在选购服装时，通常会对不同式样和品牌的时装形成一定的信念，这些信念便构成了消费者心目中的品牌形象。如某一消费者对某一品牌的信念是做工精细、质量上乘、价格合理、款式流行。这种信念将直接导致消费者形成积极的态度，并有利于促成最终的实际购买。营销人员所要做的事情就是引导消费者建立有利于自己产品和品牌的信念和态度。

(四)消费者购买决策过程

消费者对服装的购买过程，就是其购买动机转化为购买行动，实现购买并感受的过程。从经营的角度看，按照心理活动过程和对购买行为的分析，消费者购买服装产品的过程一般可归纳为以下五个阶段，即需求激发、信息收集、比较评价、购买决策、购后反应，如图 4–3 所示。

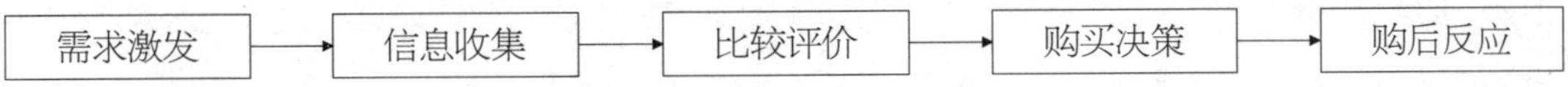

图 4–3 消费者购买决策过程

这个模式表明，购买决策过程在实际购买之前就已经开始，一直持续到购买之后，所以企业营销人员应该关注整个购买过程，而不仅仅关注购买决策本身。

需求激发

需求激发是购买决策过程的起点。当消费者意识到自己的实际状态与期望状态存在差异时，就产生了需求。对服装而言，激发消费者需求的原因可能有以下六个方面。

1. 自然破损。衣服破损，失去了使用价值，必须更换。

2. 心理欲求的不满足。衣服本身并无破损，仍可穿着，但因已过时，不合潮流而放弃，从而添置新的时装。

3. 经济收入水平的变化。收入增加会刺激更多的需求；相反，收入减少会使需求降低或减少。

4. 环境地位的改变。环境地位的改变会使人们改变自己的着装，以适应不同角色和社会地位。

5. 时尚潮流或新产品的影响。款式新颖的流行服装会吸引人们的注意，刺激人们的需求，手感良好、外观漂亮的新面料也会诱发人们的购买欲。

6. 服装的整体搭配。服装整体配套协调也很重要，已日益引起人们的重视。如买了名牌套装的女士，需要相应的内衣、丝巾、鞋、包等配套。

在这个阶段，营销人员主要面临以下两个任务。

第一，了解与本企业产品有关的消费者的现实和潜在的需求。在价格和质量等因素既定的条件下，一种产品如果能够满足消费者多种需要就能吸引更多的购买者。

第二，了解消费者需求随时间推移以及外界刺激而变动的规律性，设计出诱发消费者特定要求或兴趣的情境，增强对消费者的刺激，唤起其需求，最终影响消费者的购买行动。对于服装这类季节性和流行性较强的产品来说，利用适当的时机，激发消费者的兴趣，形成一定范围内的流行是十分重要的。

不过当前更流行的说法是满足消费者的欲望远胜于需要。为了满足需要，消费者往往希望钱花得越少越好；而为了满足欲望，消费者就会舍得一切。因此，营销人员必须借助强大的宣传和广告的作用去激发潜在购买者的欲望。

信息收集

消费者的需求被激发之后，就会收集需要购买的服装的有关信息。通常情况下，需求立即得到满足须有三个条件：一是这个需求很强烈；二是满足需求的产品很明显；三是该产品可立即得到。以上三个条件具备时，消费者满足需求无须经过收集信息阶段，也可理解为这个阶段很短、很快，接近于零。但在一般情况下，被引起的需求不能马上得到满足，或是因为消费者不具备能力，或是消费者感觉还无十分把握，那么消费者就会积极地收集所需商品的信息资料，以便完成从对商品的认识开始到做出购买决定的过程。其中可分为两种情况：一是“高亢的注意力”，指消费者对能够满足需要的商品信息敏感起来，虽然并不是有意识地收集信息，但是留心接收信息，比平时更加关注该商品的广告、别人对该商品的使用和评价等；二是“积极地收集信息”，指消费者主动地、广泛地收集该产品的信息。所需信息量取决于购买行为的复杂性。

营销人员在这个阶段的主要任务有以下两点。

第一，了解消费者收集信息的数量。影响消费者收集信息数量的因素有：①准备购买的产品的性能和用途，对昂贵的产品收集信息的数量更多。例如：消费者购买高档服装前往往会到不同的服装店了解同种服装的价格、质量、面料、色彩、款式以及工艺等各方面的情况，经过细致对比之后，再做出购买决定。②消费者的个性特征，如自信心强的或购买并使用过某种产品的消费者，就会比那些对自己没有多大把握的或是缺乏经验的消费者寻求的信息要少。③完成购买行为所处的市场和购物环境。

第二，了解消费者信息的来源。消费者寻找信息的渠道主要有四种：①相关群体渠道，如家人、朋友、邻居、熟人等，这是最有效的信息来源。②商业渠道，如广告、商店、推销员、商品包装、商品展销以及有关商品说明书等所提供的商品信息，这是消费者收集信息的主要来源。③公共渠道，如报纸、杂志、广播、电视和公共组织等，追求品牌知名度的人会从公共渠道来获得更多的有关名牌的信息。④经验来源，即试穿某件服装的体验。注重实用的人，可能更多地从试穿、触摸或过去的穿着经验中获得信息。

一般来说，这些信息来源的相对影响力随产品和消费者的不同而变化。从消费者对信息的信任程度看，最有影响力的信息来源一般是相关群体渠道和经验来源，它们对消费者在购买服装时的影响更大。例如，消费者对家人或朋友告知的信息或者自身的购物经验总是比较容易相信和接受的。研究认为，商业信息在影响消费者购买决定时只起“告知”作用，而相关群体渠道和经验来源的信息则起“评价”作用。

比较评价

当消费者从不同的渠道获取信息后，便对可供选择的服装品牌进行比较分析，并对各种品牌的服装做出评价，最后决定购买。比较评价是实施购买决策过程中的决定性步骤，这一过程受到很多因素的影响。一般情况下，消费者在选择服装时会考虑以下三个方面的因素。

1. 服装的属性。指服装所具有的能够满足消费者需要的特性，在消费者心中通常表现为一系列基本属性的集合，包括服装的款式、颜色、面料、价格、做工、流行性等。消费者对服装各种属性的关心程度因人而异。他们最关心的是那些最能满足其当前需要的属性。通常可以按照消费者群体所重视的主要属性来划分为重视流行的消费者、重视品牌的消费者、重视价格的消费者、重视质量的消费者等。在价格不变的条件下，一个产品有更多的属性将更能吸引顾客购买，但是会增加企业的成本。营销人员应了解目标顾客群主要对服装的哪些属性感兴趣，以确定本企业产品应具备的属性。

2. 服装品牌形象。指消费者对某服装品牌优劣程度的总的看法。消费者通过分析、比较并结合以往的经验，对每一属性实际达到了何种标准给予评价，然后将这些评价连贯起来，会对选择的不同品牌服装形成不同的品牌信念，并形成对某一特定品牌的信念组合，如某品牌服装款式流行、色彩明快、价格适中等。

3. 期待效用。指消费者对该品牌某一属性的效用功能应达到何种标准的要求。或者说，该品牌每一属性的效用功能必须达到何种标准才会被消费者接受。消费者总是为了满足某种需求才会购买服装。例如，消费者理想的服装可能是样式新颖、做工精致、知名度高而价格便宜，如果某件服装越接近这一"理想产品"，消费者越可以从中得到更大的满足。

消费者会有意或无意地运用一些评价方法对不同的品牌进行评价和选择。如果某一品牌在各方面都优于其他品牌，这时消费者会很快做出购买决定。但多数情况下，不同品牌各自具有不同的优势，会使消费者面对不同的品牌、款式的服装而犹豫不决，这时消费者认为比较重要的那些属性会起到较大的影响作用。对于经营者来说，最关心的是服装消费者对本企业的服装做出的评价以及喜爱程度。因此，服装企业的营销人员要掌握服装消费者的心理，及时向现实消费者以及潜在消费者提供必要的产品信息，为消费者的选择提供充分的条件，促使消费者对本企业的服装产品产生偏爱。

购买决策

经过对不同品牌以及各种服装的评定之后，消费者基本上已经形成了购买意向，但只有做出购买决策后，才会实现购买。影响购买决策的因素主要有他人的态度和意外情况。

1. 他人态度。他人态度的影响程度取决于他人与消费者的关系密切程度、他人否定态度的强度以及他人的权威性。一般来说，他人与消费者的关系越密切，他人的态度越强烈，他人具有一定的权威性，则其影响就越大。例如妻子认为露背装是今年的流行，而丈夫表示过于暴露不适合妻子，那么妻子很可能会改变购买露背装的意向。由于服装具有整体外观和在他人面前自我表现的作用，因而人们在购买时会更加在意他人的看法，在犹豫不决时往往会倾听家人或朋友的意见。

2. 意外情况。消费者购买意向是以某些预期条件为基础形成的，如预期收入、预期价格、预期质量、预期服务等。如果这些预期条件受到意外因素的影响而发生变化，购买意向就可能改变。例如，服装的折扣程度并非自己的预期，或喜欢的款式没有合适的尺码，或在购买时导购员态度不好等。因此，即便消费者已经形成了偏好和购买意愿，但并不意味着就一定会发生实际购买行为。

购后反应

消费者已经做出了实际购买，但并不意味着购买过程的结束。消费者购买产品以后会通过自己的实际感受来检验购买决定的正确性，确认满意程度，作为以后类似购买活动的参考。消费者购买后一般有三种心理状态：购后满意、不满意和购后疑虑。消费者的满意度取决于其产品期望与产品实际绩效之间的对比，如果实际绩效能够达到消费者对产品的期望，则消费者会感觉满意；反之则不满。因此，企业对服装产品的广告宣传要尽量实事求是，否则消费者的期望不能实现，就会产生强烈不满，甚至会退货以及阻止他人购买。

事实证明，营销人员与消费者及时进行购后沟通可减少退货和取消购买的情况。随着人们生活水平的提高，服装流行周期的缩短，因着装的款式不合潮流而打算重新购买服装的消费者越来越多。服装企业迅速了解、掌握消费者购后感受是至关重要的，因为消费者购买服装后如何评价直接关系到其是否打算再次购买，也关系到企业的形象和利益。例如，有的服装企业定期对目标消费者进行产品和服务满意度的市场调查，鼓励消费者提出建设性意见，从而了解产品有待完善之处，并采取积极的措施加以改进，以便更好地满足消费者的需求，提高产品的重复购买率。

三　目标市场营销战略

购买者是一个庞大而复杂的整体，由于消费心理、购买习惯、收入水平、资源条件和地理位置等差别，不同消费者对同类商品的消费需求和消费行为具有很大的差异性。对于某一企业来说，没有能力也没有必要对消费者的需求全都予以满足，只能通过市场调研，将购买者细分为需求不同的若干群体，结合特定的市场营销环境和自身资源条件选择某些群体作为目标市场，并制订周密的市场营销战略满足目标市场的需求。因此，掌握市场细分的方法、选择目标市场、制订市场定位战略是正确制订市场营销战略的前提和基础。企业通常采用 STP 战略，又称为目标市场战略或者市场细分战略。STP 是市场细分（Segmenting）、目标市场选择（Targeting）和市场定位（Positioning）三个英文单词的缩写。

（一）市场细分战略

市场细分的概念与作用

市场细分是根据消费者的文化、区域、生理和心理、性格、需求程度、经济状况以及购买习惯和方式等特征将市场分成若干个细分市场，目的在于通过提供有差异的商品和采取不同的营销策略满足消费者的不同需求。

市场细分理论是 20 世纪 50 年代中期美国市场营销学家温德尔·史密斯（Wendell R. Smith）提出来的，使传统营销观念发生根本性变革，被西方学者称为“市场营销革命”。市场细分有利于企业发现市场机会，把握目标市场的特点，制订市场营销组合策略，提高市场竞争力，同时还有利于企业集中人力、财力、物力的投入，从而更有效地获得营销效益。

服装消费市场本质上是商品分类选购，由于构成服装产品的要素众多，而消费者的需求又各不相同，因此理论上的细分组合是无限的。但对于服装企业来说，细分的目的主要是选择有足够容量、有利可图并且是可操作（能为该细分市场设定可行的营销组合方案）的目标市场。因此企业在进行服装市场细分时，应广泛开展市场调研，收集消费者信息，听取生产、销售、店铺人员等从业人员的见解，分析竞争对手业绩，然后根据市场差异和发展趋势、竞争者的战略和策略以及企业自身的资源细分市场，确立企业的战略目标。

例如：Esprit 以时尚年轻人为目标进行商品策划，服装色彩鲜艳，款式活泼，材料以棉纤维为主；“雪豹”品牌以高收入者为目标市场，着力开发皮草服装高贵、庄重的特色；瑞典跨国服装企业品牌 H&M 在进入我国市场前，首先选定与欧洲文化具有较大兼容性的上海市场作为调研对象，不仅调查了主要国际服装品牌在上海的经营策略、模式、产品种类、价格档次和零售分布，还针对上海目标消费者对价格、面料、色彩、服装类型和款式的喜好进行分析，为最终确定细分市场和应对策略提供参考依据。

服装市场细分的标准

服装市场可分为：个人市场、团体市场（防尘工作服、抗高温劳保服等）和政府采购市场（政府机构制服、军服等）。有时将团体市场和政府采购市场称为集团消费市场，如防菌防臭服装以井下作业的矿工和野外战斗部队官兵内衣等作为细分团体消费市场。实践中，这类市场细分比较专一，本章不予重点讨论。

服装市场与一般消费市场相比，有共性的一面，但更具特殊性。通常消费市场的细分标准比较复杂，可归纳为四大类：地理环境因素、人口因素、消费心理因素和消费行为因素。

1. 地理细分。地理细分即按照消费者所处的地理位置、自然环境来细分市场。消费者所处地理位置不同，如不同的国家、地区、城市规模、人口密度、气候条件、风俗习惯等都会对服装产生不同的需求和影响。例如：中国北方注重对冬季室外服装御寒保暖功能的要求，色彩稳重，而南方的服装相对明艳亮丽；年轻人对时装需求量大，而成年人款式简洁、讲究品味和面料质地；大城市和沿海开放地区对流行时尚敏感；同为沿海地区，广东、福建的服装具有港台风格，而上海穿着方面比较开放，对各种文化具有兼容性，形成独特的海派服饰风格。但是，地理因素是一种相对静态的变数，处于同一地理位置的消费者对某一类产品的需求仍然会存在较大的差异，因此，还必须同时依据其他因素进行市场细分。

2. 人口细分。人口细分是按照性别、年龄、家庭生命周期、收入、职业、教育程度、国籍、民族、宗教、社会阶层等人口统计变量为基础来细分不同特征群体的方法。人口统计变量是区分消费者群体的最基础数据，因为消费者的欲望、偏好和购买率经常与人口统计变量有密切的联系。譬如，不同年龄、受教育程度不同的消费者在价值观念、生活情趣、审美习惯和消费方式等方面会有很大差异。由于这种变量比其他类型的变量更易衡量,因而也更利于决策时的定量分析。人口细分数据可通过查询二手资料获得,如中国统计年鉴等。

性别

男装或是女装是任何设计师首先要考虑的。拉夫·劳伦的 POLO 品牌主要以绅士为目标,而 DKNY 则以女士为服务对象;“培罗蒙”以定做男士西装盛名,而“朋街”则擅长缝制女装。尽管一段时期无性别服装流行,但实质上这是妇女借助服饰作为争取社会地位的一种手段,最终目的是表现女权主义。女装一直是服装界最为重视的主要商品,为企业家和设计师的表现与创作提供了无限商机。社会对女性服装比较宽容,女子穿背心、超短裙出入公共场合被认为是活泼而富有朝气的表现,而男子穿背心和短裤参加集会则被认为有失风雅。我国男装品牌中大中型服装企业的市场占有率高,分销渠道遍布全国;但女装品牌普遍规模偏小,扩大规模需要服装企业具有高超的策划、设计和分销能力。

年龄和生命周期

消费者年龄层处于不同生命周期阶段时,其面对服装会产生不同的追求和偏好。不同的年龄在体形上有很大差别,形成不同规格的服装分类需求。但其心理上的区别更大。表 4-1 所示为不同年龄层次女性的心理特征和服饰偏好,由此形成各自的细分市场。

表 4-1　城市女性对服饰零售店的偏好

年龄层	心理特征	服饰偏好	营销特征
少女:14~18 岁(花季期)	生理心理不稳定、好动、爱新奇、爱引人注目	款式活泼新奇、鲜艳夺目、见异思迁	注重款式、颜色跳跃、名牌效应、服饰配件;价格较低、对做工面料要求适中;运动装需求大
青年:19~27 岁(婚恋期)	生理心理趋于成熟、刻意装扮、执着爱美、对他人的评价和穿着反应敏感、表现欲强烈、有收入、负担轻	追求时髦、对服饰欣赏品位高、对服饰美有强烈要求且目的明确	款式颜色应符合潮流、面料考究;注重名店名牌名师效应;易受广告诱惑;价格高;售货员应懂行;高级套装、礼服、休闲装看好
少妇:28~34 岁(成熟期)	有生活、社会经验和较高的文化素养;稳重、收入稳定;打扮成为生活的一部分	欣赏水平高、对衣着有独特的见解	款式颜色应符合流行趋势、面料考究、做工精细;注重名牌名店名师效应;对广告较为关注,价格较高;正规套装、休闲装需求大
中年:35~50 岁(不惑期)	生活经验丰富,其中大部分为职业女性;有较高文化素养、稳重;对逝去的青春留恋与回忆	雅致、俏而不艳、对服饰的选择标准趋于稳定	颜色冷而凝重、款式设计线条简洁、庄重而不古板;对正装、休闲装需求量大;不受广告诱惑

不同的社会年代，生活观和服饰价值观大相径庭。例如，发达国家二战后有一段相对和平时期，此时出现世界范围内的生育高峰，不仅构成了随后人口数量最大的年龄团体，而且经历了社会大发展时期。到了20世纪90年代他们已成为社会中坚力量，希望摆脱传统服饰的束缚，但是过于强烈的责任感使他们的穿着趋于拘谨保守。他们的后代被称为未知一代（X-generation），经历的是冷战后世界旧结构的分崩离析和新秩序的混沌。这一群体烦于政治争斗，不信老一套的理想主义，有不同的信仰或思想。这一时期发达国家的年轻人在穿着上别出心裁但摇摆不定，今天穿缩手袖，明天又尝试露脐衫；本季内衣外穿，下一季外短内长。他们的购衣欲极强，但企业又难以把握他们的追求。

以年龄划分市场必须注意，人口分布在各个区段上并不均匀，应根据人口普查的数据做市场潜量的推算。

收入

收入是市场细分的重要因素。收入不仅涉及购买能力从而影响总的市场潜量，同时也影响服饰产品的市场结构。改革开放后，我国国民收入快速增加，但收入的差异形成了多层次消费现象。服装消费市场高、中、低档品种并存，目的是适应不同消费层次的需要。但我国与世界发达国家生活水平差距还相当大，即使考虑到一部分国民收入较高，有炫耀性消费因素存在，但能接受高价服装消费的人数毕竟有限。有的消费者认为专卖店一定高档，这是一种误解。国内市场销售的海外品牌如真维斯、C&A等专卖店的目标市场是收入尚不丰厚的青年或学生，款式新颖，产品在国内或其他发展中国家生产，成本较低，价格适中。这种策略显然符合国内民众的经济收入和收入层次分布现状。

职业

服装作为一种表达个人社会地位、角色和成就的载体，是职业表现的主题之一，凭借穿着往往可以判断此人的职业类型。艺术家对客观世界颇为敏感，穿着自由而有个性、热情而有创造力；教师则不宜在课堂内穿得过于花哨，须保持为人师表的穿着准则，因此色彩与款式的选择相对传统拘谨；白领女性为了体现公司形象和个人的自信以及成就感，穿着需新颖、选料做工考究、款式高雅稳重，为了表达个性，一般拥有较多套装，以满足各种社交与商务活动的需要；而大学生，大多数时间穿休闲装或休闲运动装。

社会阶层

社会阶层在服装市场细分中是一项重要变量。如拉夫·劳伦的POLO衬衫是为上层社会中消费意识稳重的男士设计的；而“佐丹奴”更多地在一般青年学生中流行；“布鲁克兄弟”品牌西服不仅价格高，店址也选择在如华尔街那样的繁华商业中心，店面装潢凝重，目标细分市场是商界人士或事业有成的男士。

3. 心理细分。即按照消费者的心理特征细分市场。心理因素包括个性、购买动机、价值观念、生活态度、利益追求等变量。

生活态度是指人们对消费、娱乐等特定习惯和方式的倾向性,追求不同生活方式的消费者对商品的偏好与需求有很大差异。在有关心理因素的作用下，人们的生活方式可以分为“传统型”“新潮型”“奢靡型”“活泼型”“社交型”等群体。消费者的着装,与他(她)的生活态度高度相关。休闲旅游和体育运动是青年人现代生活方式的一种趋向,相应的服饰商品开始流行;而女装制造商则为“甜纯女性”“时髦女郎”或“男性化女士”设计不同款式的时装。

服装具有表现个人社会地位和品位的作用,消费者个性对着装心理影响大。例如:性格开放的消费者往往选择新潮时装,而性格内向的消费者喜好穿着稳重、经典的服装款式;一些服装企业为“富有女性气质”的消费者设计服饰,而另一些则为职业女性设计强者形象;根据对上海市中学生服饰心理的调查,归纳出“顺从型”“享乐型”“疏离型”和“未定向型”等四类群体,他们的服饰标准、购买和穿着方式各有千秋。IBM 公司提倡硅谷企业中的 IT 人员在工作时间穿休闲装,意在培养自由而有创意的个性。在我国,服装邮购业务尚不完善,但调查发现,邮购顾客一般注重自我、喜欢变化、勇于尝试,希望以时尚者形象出现。

利益追求则是指消费者在购买过程中对产品不同效用的重视程度。

4. 行为细分。根据消费者对产品的购买行为、使用情况及反应划分市场是比较可行并有利于制订市场细分策略的,因此有专业人士认为这是市场细分的最佳开拓点。

消费时机

即根据消费者需求、购买和使用时机细分市场。如日常穿的袜子属于必需品,可在一般连锁超市或便利店出售;而名牌时装袜类,因在重要社交场合穿着,可在高档百货店或品牌专卖店出售。泳衣在夏季畅销,羽绒服则适宜秋冬市场。

利益诉求

消费者购买或使用商品时强调利益和效用。比如,农村女性选购服装时要求材料结实耐穿且价格低廉;都市女性讲究舒适和品质;年轻时尚女性则强调款式与色彩的表现力。

忠诚度

依据忠诚度可以把消费者市场划分为四个群体:绝对品牌忠诚者、多种品牌忠诚者、变换型忠诚者和非忠诚者。在“绝对品牌忠诚者”占很高比重的市场上,其他品牌难以进入;在变换型忠诚者占比重较高的市场上,企业应努力分析消费者品牌忠诚转移的原因,以调整营销组合,加强品牌忠诚程度;而对于那些非品牌忠诚者占较大比重的市场,企业应审查原来的品牌定位和目标市场的确立等是否准确,随市场环境和竞争环境变化加以调整和重新定位。

服装消费者中不少人是绝对品牌忠诚者,他们有自己明确的品牌倾向、定位。设计师品牌通常希望以明确定位和理念来培养忠诚的顾客群。

市场细分的原则

从企业市场营销的角度看,无论是消费者市场还是产业市场,并非所有的细分市场都有意义。企业所选择的细分市场必须具备一定的条件。

1. 可衡量性。表明该细分市场特征的有关数据资料必须能够加以衡量和推算。比如在服装市场上，在重视产品质量的前提下，有多少人更注重价格，有多少人更注重款式，有多少人更看重品牌，或兼顾几种特征。当然，将这些资料予以量化是比较复杂的过程，必须运用科学的市场调研方法。

2. 可操作性。即企业所选择的目标市场是否易于进入，根据企业目前的人、财、物和技术等资源条件能否通过适当的营销组合策略占领目标市场等。这些都是企业必须考虑的问题。

3. 可盈利性。即企业所选择的细分市场有足够的需求量且有一定的发展潜力，能使企业获得长期稳定的市场利润。这里应当注意的是，需求量是相对于本企业的产品而言，并不是泛指一般的人口和购买力。

4. 可区分性。指不同的细分市场的特征可清楚地加以区分。比如女性服装市场可依据年龄层次、职业背景等变量加以区分。

(二)市场选择战略

选择目标市场

目标市场是企业打算进入的细分市场，或打算满足的具有某一需求的顾客群体。市场细分是目标市场设定和定位的前提条件。目标市场设立后，要确定与该目标消费需求相吻合的市场营销组合。通过确立目标市场和市场营销组合，才能制订合适的市场营销战略。

服装企业设立目标市场是一项战略性工作，一旦确定以后，需要长期投入，以树立与目标市场相一致的声誉与形象，而且一般不宜多变，以免造成目标市场的模糊不定而前功尽弃。

企业在选择目标市场时有五种可供考虑的市场覆盖模式：

1. 市场集中化。这是一种最简单的目标市场模式。即企业只选择一个细分市场，只生产一类产品，供应某一单一的顾客群，进行集中营销。例如某服装企业只生产童装。选择市场集中化模式一般基于以下考虑：企业具备在该细分市场从事专业化经营或取胜的优势条件；限于资金能力，只能经营一个细分市场；该细分市场中没有竞争者；准备以此为出发点，取得成功后向更多的细分市场扩展业务。

2. 选择专业化。是指企业选取若干个具有良好的盈利潜力和结构吸引力，且符合企业的目标和资源的细分市场作为目标市场，其中每个细分市场与其他细分市场之间较少联系。其优点是可以有效地分散经营风险，即使某个细分市场盈利不佳，仍可在其他细分市场取得盈利。采用选择专业化模式的企业应具有较强的资源和营销实力。

3. 产品专业化。是指企业集中生产一种产品，并向各类顾客销售这种产品。产品专业化模式的优点是企业专注于某一种或一类产品的生产，有利于形成和发展生产和技术上的优势，在该领域树立形象。其局限性是当该领域被一种全新的技术和产品代替时，产品销售量有大幅度下降的危险。

4. 市场专业化。是企业专门经营满足某一顾客群体需要的各种产品。市场专业化经营的产品类型众多，能有效地分散经营风险。但由于集中于某一类顾客，当这一类顾客的需求下降时，企业也会遭遇收益下降的风险。

5. 市场全面化。是企业生产多种产品以满足各种顾客群体的需要。实力雄厚的大型企业选用这种模式，才能收到良好效果。

目标市场战略

1. 集中性营销战略。企业针对各细分市场的消费需求层次差异，选择若干具有较大发展潜力而企业又有一定优势或开发能力的市场，设计、生产和销售目标顾客需求的系列产品，并制订相应的营销策略。

案例

D´URBAN公司的目标市场及营销策略

通常，男士流行服装几乎以20~30岁的年轻男子为对象，当许多企业把眼光集中在这一目标上时，D´URBAN公司却以30~40岁的男子为对象，实现了设立目标的差异化。而在这一年龄层的男子中，又集中选择以城市中具有大中专文化水平的人群为对象，目标性格鲜明。由此，该公司在竞争中占据了两个有利条件：第一，对象差别化，目标鲜明；第二，由于目标市场设立明确，使得市场营销战略方案切实可行。

D´URBAN公司市场渗透策略：

a. 品牌取名为D´URBAN(具有城市味)。

b. 目标为30~40岁男士，大中专文化水平，企业职员。

c. 确定这一成年人目标顾客的流行风格。既要排除过去那种藏青、鼠灰色外观，也不采用年轻人流行的风格，而是将流行要素巧妙地融入款式设计中，形成成熟、干练、潇洒的风格，在成年人时装领域拓展。

d. 商品配套有西服套装、夹克衫、单西服、长裤、衬衫、大衣、礼服、休闲服、领带等，以“成年人时装”为目标。

e. 价格高于一般服装，推行高档服饰商品。

f. 收集市场和流行信息，企业决策不局限于地区观念，推行全球意识。

g. 以策划、设计、生产、销售、促销一体化为宗旨，建立完善的市场营销体系。

h. 第一年的销售额目标为4.8千万元。

确立了目标市场和营销战略后，为实现这一目标，D´URBAN公司对企业的生产体制进行了合理调整，在主要零售店广泛开展促销活动，同时利用阿兰·德龙的名人效应做广告宣传，取得了预期效果。

2. 差异性营销战略。目标市场集中，市场营销活动性格鲜明，特别是服装商品，容易被消费者辨识、认知，对消费者的吸引力大。但要注意若目标市场过于集中，则市场面小、品牌单调、销售额增长容易受到限制。因此，服装企业可针对市场和顾客需要，确立多个目标市场和品牌，这样既扩大了经营领域和销售潜量，又不会造成目标市场混乱和市场定位的错位。通常，一个品牌有专一的品牌经理负责设计、生产、销售和促销的管理工作，必要时成立品牌事业部门，其中包括品牌策划师、设计师、样板师、生产工艺师等。例如：

目标市场 A……A 品牌……A 品牌部门

目标市场 B……B 品牌……B 品牌部门

目标市场 C……C 品牌……C 品牌部门

服装企业根据目标市场开发的多元服饰商品，由此形成多品牌共存和品牌经理制度，能充分发挥品牌及品牌部门的特长和积极性，经营得当，企业将获得全方位、平衡的发展，避免单一目标市场竞争的风险。这种策略适用于大型服装企业。

3. 无差异性营销策略。当目标市场的个体差异较小，并且这种差异性对营销激励不产生有意义的反应时，则可采用无差异性市场营销策略。即企业把整体市场看作是一个大的目标市场，不进行细分，以相同的市场营销组合对待整个市场。

采用无差异性市场营销策略的最大优点是成本的经济性。大批量的生产销售必然降低单位产品成本；无差异的广告宣传可以减少促销费用；不进行市场细分，也相应地减少了市场调研、产品研制与开发以及制订多种市场营销战略、战术方案等带来的成本开支。然而，在多样化的服装市场领域中，这种策略的应用十分有限。但也有不少企业在经营大众基本产品如中低档的袜类、牛仔裤、内衣裤等或休闲品牌服装时，应用这种策略获得成功。

4. 选择目标市场营销战略的条件。①企业能力。企业能力是指企业在生产、技术、销售、管理和资金等方面力量的总和。如果企业力量雄厚，且市场营销管理能力较强，即可选择差异性营销战略或无差异性营销战略；如果企业能力有限，则宜选择集中性营销战略。②产品同质性。同质性产品竞争主要表现在价格和提供的服务条件上。该类产品适于采用无差异战略。而对服装等异质性需求产品，可根据企业资源力量，采用差异性营销战略或集中性营销战略。③产品所处的生命周期阶段。新产品上市往往以较单一的产品探测市场需求，产品价格和销售渠道基本单一化。因此，新产品在引入阶段可采用无差异性营销战略。而待产品进入成长或成熟阶段，市场竞争加剧，同类产品增加，再用无差异经营就难以奏效，所以成长阶段改为差异性或集中性营销战略效果更好。④市场的雷同性。如果顾客的需求、偏好较为接近，对市场营销刺激的反应差异不大，可采用无差异性营销战略；否则，应采用差异性或集中性营销战略。⑤视竞争者战略而定。如果竞争对手采用无差异性营销战略，企业选择差异性或集中性营销战略有利于开拓市场，提高产品竞争能力；如果竞争者已采用差异性战略，则不应以无差异战略与其竞争，可以选择对等的或更深层次的细分或集中化营销战略。

（三）市场定位战略

一旦确定了目标市场，服装企业决策者必须决定在这些细分市场中应占据何种地位。依据可供选择的商品归类，服装企业将产品、服务和公司形象等与其他公司做比较，由此形成一种能使消费者确认的综合品牌形象。因为服装商品最终定位的认可是由顾客确定的，因此企业决策人员和设计师所做的一切是完成消费者需求的服装商品形态，企业必须有意识地塑造认知的形象定位，使自己的服装商品在竞争中占据有利位置。

市场定位，也被称为产品定位或竞争性定位，是根据竞争者现有产品在细分市场上所处的地位和顾客对产品某些属性的重视程度，塑造出本企业产品与众不同的鲜明个性或形象并传递给目标顾客，使该产品在细分市场上占据强有力的竞争位置。亦即市场定位是塑造一种产品在细分市场的位置。由此看来，市场定位是一个很抽象的概念。然而对于服装消费者来说，选择服装非常实际，许多消费者喜欢穿着某种款式或者某种品牌的服装，就是因为它适合"我"。成熟的消费者这种倾向明显，并且定位清晰。对于服装企业或设计师来说，只有使自己和自己的服装商品定位明确，才能明显区别于竞争者和竞争产品，方能吸引目标顾客，由此形成忠诚的顾客群。因此，就这一意义来说，市场定位是任何服装企业和设计师走向成功的必由之路。

市场定位的方式主要有以下五种。

品牌定位

品牌是商品的名称、图案，或某种设计，或它们的组合，以区别竞争商品的一种标志。品牌定位是表达品牌流行、风格、文化价值、个人理想、社会角色的标志象征，并能被消费者认知或认可。品牌定位首先要确认品牌属性，然后分析在同一类品牌中竞争者的定位，最后根据目标顾客的特点、流行趋势以及竞争者与企业的优势比较，对企业品牌进行定位。

由于服装本身的组合要素（款式、面料、色彩等）易被模仿，区别困难，因此品牌具有强化服装作为一种标志象征的作用，能区别其他与之竞争的服装商品，使之容易被顾客认知。因此，服装品牌自然成为市场定位的最佳载体，或者说借助品牌，才能更有效地进行服装市场定位。综上所述，品牌定位是服装企业首先要实施的，且需要持之以恒的重要决策因素之一。

别外，如果说盲目追求品牌是不成熟的服装消费现象的话，那么具有明确定位的品牌意识则是构成消费者市场与服装业繁荣的基础。因此，品牌的形成并不是简单的语言或符号，它依赖于对整个市场的深思熟虑，取决于服装营销者持久的努力。

品牌定位要点：

品牌属性——品牌可分为：设计师品牌，如 DKNY，Chanel 等；服装制造商品牌，如 Levi's、雅戈尔、三枪等；零售商品牌，如 JCPenney、GAP、开开、优衣库（UNIQLO）等。通常设计师品牌出售高档服装，但并不是所有的设计师品牌都会被顾客认可。由于市场细分和目标消费者的不同，服装制造商往往集中开发某一大类服装。例如 Levi's 以牛仔产品为特色；Benetton 以针织休闲系列服饰为主；Liz Claiborne 则以职业女装为目标。零售商品牌服装商品线更宽一些，如优衣库品牌的休闲服装男女老少均适宜。

同类品牌的产品定位——服装目标市场可以与竞争者相同，但必须以定位与之区别。同为休闲系列的 Benetton，以意大利的浪漫、强烈对比色彩为显著特征；Esprit 以成熟都市人的冷静、自由、宽容和向往纯真为宗旨。Esprit 之所以能在上海市场获得成功，是因为它的定位与海派文化较为相近。图 4-4 所示为服装品牌的流行定位。

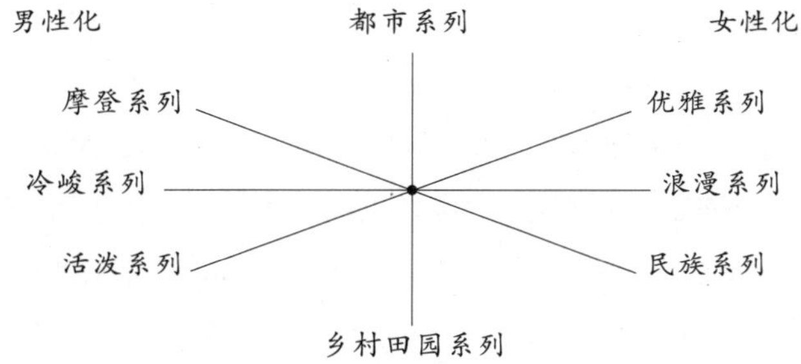

图 4-4 服装品牌流行定位

进行品牌市场定位时，还应分析目标顾客对服装的不同需求因素。例如一段时间内，国内男士高档衬衫热销，这一方面可归因于职业白领男士阶层的增长以及其参与社交活动机会的增多；另一方面说明男性顾客追求高品质与独特品味，在没有很多品类选择的情况下往往以高价作为判断标准。

企业品牌定位——根据目标顾客的特点和趋势以及企业与竞争者的优势比较，进行企业品牌定位。

设计师定位

设计师同样有自己的目标市场和借以赢得目标消费者的风格和特色，如娜玛·卡玛利(Norma Kamali)为像她那样的妇女设计时装，每件新衣都要亲自试穿，以自己穿着满意为准；香奈尔(Chanel)设计的时装半个世纪以来年年推陈出新，虽然本人已不在世，但香奈尔品牌的服饰风格依旧，高雅、雍容、线条勾勒清晰，后继的香奈尔品牌设计师执着地维持着她的定位。同其他艺术一样，名家一定有独特的理念和风格，时装设计师必须有鲜明的形象和定位，他的作品才能从千万种服装款式中被顾客选中使用。

时装设计师是流行趋势的归纳者，从生活中获得灵感，选择符合消费者评价准则的时装式样；时装设计师又是流行的引导者，他(她)以在时装界中独特的地位居高临下地影响着流行；而作为营销者，他(她)又必须从市场中获得利益。这种角色的转化使设计师定位和市场定位既要统一又要有自己的特色。例如：香港设计师邓达智在进行定位时，十分重视吸纳中国文化与世界文化精髓，努力提高设计品位，同时，又要考虑他的目标市场是中低层的大众消费者；高田贤三和三宅一生通过时装发布会展示的作品，从材料、颜色到款式设计，均非常前卫，甚至怪诞，通常离生活甚远，但使人感到奇特新鲜，印象深刻，他们的零售店里也保持着这种独特而富有创造性的氛围，但是实际出售的是可以被社会接受的服装款式。

季节定位

季节定位与品牌及设计师定位必须统一和协调。季节定位的目标市场应保持稳定，但时装季节的更替、时装周期的轮回，既给消费者带来新的期盼，也给企业家和设计师带来新的创造契机。季节定位实际上并不是新的定位，只不过是在新的时间点上以新的形式对原有定位的充实和再创造，为服装企业、品牌服装或设计师提供了一次超越自我和超越他人的机会。季节定位是季节商品策划的起始点。

零售价格定位

价格定位应与目标市场的顾客期望值和购买力相一致，以及与品牌定位相一致，但可以与设计师定位有不同的呼应。例如我国大多数民众收入水平属于小康，其中包括一些文化素养高的时尚潮流领导者，考虑到这种国情，一些高质量、高品位的时装以中档的价格投入市场可能更易被目标顾客接受，而高价厚利的策略只适用于少数设计师品牌和与之相对应的目标市场。切忌因一时利益而随意变动价格，如削价处理或服装畅销时提价获取暴利，这样会从根本上动摇企业、设计师形象以及品牌在目标顾客心目中的地位。

定位的扩展和重定位

由于服装定位策略的最后确定和成功需要长久的努力，因此只要定位与趋势基本相符，企业就不应该做过于频繁和过大的变动，以免造成混乱。

当企业在经营过程中发现实际运作比原有定位偏高，甚至已造成负面影响时，就需要修正定位。如由于店铺销售管理方法不恰当对商店或品牌形象造成伤害，或者商店的新装潢与原有定位不一致，这时就必须采取补救措施以重塑形象。

当营销者发现有新的市场机会或扩大新的目标市场时，应考虑定位的扩展。若新的目标市场与原目标市场有较多的共同处，则可利用原有的定位优势进行扩展或略加修正，这样代价较低；若新的目标市场与原有市场有较大区别，如原来以女装为主的品牌向男装市场拓展时，则应非常谨慎地选择定位扩展策略。对拥有较多品牌资源的企业，利用新品牌做新的定位是较安全的做法。

如果企业原有的定位与时代发展不相适应，则需要重新定位。这种情况下，企业投入的成本大，所以在重视流行趋势变化的同时应注意定位的相应变化。例如，上海有许多经典名牌以选料讲究、做工精湛为特色，但在一段时间内未能与现代技术和流行趋势相适应，从而出现市场定位的错移。因此，这些品牌只有重新定位，才能发扬光大。

思考与练习

1. 简析消费者行为的“三阶段”。
2. 如何理解消费者的“黑箱”？
3. 简述消费者对服装产品的购买决策过程。
4. 简述服装企业的 STP 战略。

第五章 服装市场竞争性营销策略

竞争是市场经济的基本特征之一。在发达的市场经济条件下,任何企业都处于竞争者的重重包围之中,竞争者的一举一动对企业的营销活动和效果具有决定性的影响。消费者对服装产品的需求决定了服装产品具有独特的流行性、多样性和需求普遍性等特质,这就形成了服装加工和经营企业众多、水平和规模复杂多样的特点。在激烈的市场竞争中,企业不仅要关注顾客的需求,还必须关注竞争对手的战略。企业必须准确地识别自己的竞争对手,分析竞争对手的优势和劣势,明确自己在竞争中的位置,有针对性地制订竞争战略,才能确保在激烈竞争中得以生存和发展。正确的市场竞争策略,是企业成功地实现其市场营销目标的关键。

一　竞争者分析

(一)竞争者类型

识别竞争者似乎是一件很容易的事,但是,企业竞争者的范围极其广泛,既包括现实竞争者,也包括潜在竞争者,企业被潜在竞争者击败的可能性往往大于现实竞争者。所以,对服装企业而言,在参与市场竞争的过程中,首要的问题便是如何正确识别竞争者。对于一个服装企业来讲,不仅需要识别目前的、现实的竞争对手,还需要鉴别将来的、潜在的竞争者,要关注传统意义上的“同行”,还要注意能满足消费者需要的替代产品出现。

现实竞争者

现实竞争者也称行业竞争者,是指与本企业提供的产品或服务类似,并具有相似的目标市场和相似价格的企业,特别是指处于同一战略集团内的竞争者。例如,中国知名的服装品牌雅戈尔、杉杉、庄吉、罗蒙、报喜鸟等生产企业就互为现实的竞争者;香奈尔(Chanel)与迪奥(Dior)的时装,都是国际名牌,它们分别向不同的目标消费市场提供档次和价值相近的同类服装产品,因此,行业内的竞争是最直接而现实的。各企业为了自身的生存和发展,在激烈的竞争中会施展各种竞争手段,它们在产品档次、产品价位、附加服务、广告策略、渠道选择、公关方式等具体的营销策略和战术上展开针锋相对的市场争夺战, 因此这些竞争对手是企业最关心的竞争力量。

潜在竞争者

潜在竞争者是指行业内新建企业或其他行业的老企业转产后加入本行业而形成的竞争者。它可能是本国的另一地区或海外的某家服装公司,寻找扩张的时机;也可能是某一相关领域的某家企业。服装属于生活必需品,又是时尚消费品,所以其消费量大,更新频率高。服装企业通过品牌延伸进入一个新的市场或从事多元化经营的企业投资到服装的生产和经营中来,是司空见惯的事,其结果加剧了服装市场的竞争,使新加入者从进入服装行业伊始就面临竞争的威胁。如杉杉通过收购意丹奴、洛兹推出法雷德进入休闲服市场,范思哲派生出“韦尚时”进入青年时装市场,这种潜在竞争者的出现往往是防不胜防的。

替代品竞争力量

替代品竞争力量是指那些生产的产品在功能上能替代原有产品的企业。替代产品的面世,会直接影响原有产品的销量、价格和生命周期。如化学纤维的问世,改变了纤维市场的供求结构,化学纤维以天然纤维所不具备的特性,逐渐成为服装原料市场的主角。如果面料生产企业仅着眼于现在的竞争对手,就可能忽视顾客的根本需要。替代品生产者的进入将会影响整个行业，与替代品竞争的最好方式是全行业一起采取行动，调整价格，调整经营策略。今后，高技术纤维的不断涌现，将不可避免地替代部分传统纤维，使服装原料市场更为色彩斑斓。因此，企业在识别竞争对手时，不能忽略替代品的生产企业也是自己的竞争者之一。

(二)竞争者的层次

通常一个企业的竞争对手包括下面四个层次。

1. 品牌竞争者。以雅戈尔为例，它会将杉杉、庄吉、罗蒙等国内知名服装企业作为自己的竞争对手，因为这些品牌为相同的顾客群提供类似价格的产品和服务。

2. 行业竞争者。所谓行业竞争者是指提供类似的或易于相互替代的产品的企业。在这个层面上，某男西服企业把所有的服装(包括西服、夹克、衬衫、针织衫等)企业看作是它的竞争对手。

3. 形式竞争者。这里的形式指满足消费者某种需要或欲望的产品形式。例如，消费者购买名牌西服，是为了满足其对自身社会地位追求的需要，那么，购买名牌的箱包、手表、化妆品等也是如此。因此，在这个层面上，该服装企业的竞争对手不仅是西服企业，还应包括箱包、手表、化妆品等产品的生产企业。

4. 一般竞争者。在这个层面上，竞争对手指所有竞争相同目标顾客的一切企业。对服装企业来说，它将与所有销售和提供日用消费品、住宅开发、房屋装修等公司竞争。例如，从目标消费者的有效需求中获得一定的收益。

可以发现，上述这四个层次构成的整体完整地定义了一家服装企业的竞争对手。通常情况下，服装企业的主要竞争对手是以品牌竞争者为主的。

(三)业务范围导向与竞争者识别

每个企业都要根据内部和外部条件，确定自身的业务范围，并随着实力的增加而扩大业务范围。在这一过程中，企业都自觉或不自觉地受一定导向支配，导向不同，竞争者的识别策略也就不同。

1. 产品导向。实行产品导向的企业是把生产同一品种或规格产品的企业视为竞争者。产品导向的适用条件是：①市场产品供不应求，现有产品不愁销路；②企业实力薄弱，无力从事产品更新。主要营销策略是市场渗透和市场开发。市场渗透是设法增加现有产品在现有市场的销售量，提高市场占有率。市场开发是寻找新的目标市场，用现有产品满足新市场的需求。

2. 技术导向。技术导向是把所有使用同一技术、生产同类产品的企业视为竞争对手。技术导向的适用条件是某具体品种已供过于求，但不同花色品种的同类产品仍然有良好前景。主要营销战略是产品改革和一体化发展，即对产品的质量、样式、功能和用途加以改革，并利用原有技术生产与原产品处于同一领域的不同阶段的产品。技术导向未把满足同一需求的其他行业的生产企业视为竞争对手，容易引发“竞争者近视症”。

3. 需要导向。需要导向是把满足顾客同一需求的企业视为竞争者。根据需要导向确定业务范围时，应考虑市场需求和企业实力，避免过窄或过宽。过窄则市场太小，无利可图；过宽则力不能及。需要导向的适用条件是市场商品供过于求，企业具有强大的投资能力、运用多种不同技术的能力和经营促销各类产品的能力。如果企业受到自身实力的限制而无法按照需要导向确定业务范围，也要在需要导向指导下密切注视需求变化和来自其他行业的可能的竞争者。需要导向的竞争战略是新产业开发，进入与现有产品和技术无关但满足顾客同一需要的行业。

4. 顾客导向。顾客导向是把满足既定顾客群所有需要的企业都视为竞争对手。顾客导向的适用条件是企业在某类顾客群体中享有声誉和销售网络等优势，并能够转移到企业的新增业务上。顾客导向的优点是能够充分利用企业在原顾客群体的信誉、业务关系或渠道销售其他类型产品，减少进入市场的障碍，增加企业销售和利润总量。缺点是企业要有丰厚的资金和运用多种技术的能力，并且新增业务若未能获得顾客信任和满意，将损害原有产品的声誉和销售。

5. 多元导向。多元导向是指企业通过对各类产品市场需求趋势和获利状况的动态分析确定业务范围，新发展业务可能与原有产品、技术、需要和顾客群体都没有关系。适用条件是企业有雄厚的实力、敏锐的市场洞察力和强大的跨行业经营的能力。多元导向的优点是可以最大限度地发掘和抓住市场机会，抛开原有产品、技术、需要和顾客群体对企业业务发展的束缚；缺点是新增业务若未能获得市场承认，将损害原成名产品的声誉。

二　竞争性营销策略分析

(一)企业市场竞争的战略原则

企业的市场竞争战略会随着时间、地点、竞争者状况、自身条件和市场环境等因素的不同而不同。然而，万变不离其宗，某些基本战略是不会改变的，企业领导者必须把握这些不变的战略去适应变化的环境。

创新制胜

即企业应根据市场需求不断开发出适销对路的新产品，以赢得市场竞争的胜利。现代社会的生产能力大于市场需求，众多企业为了维持生存，争先恐后地开发出不胜枚举的新花色、新品种、新款式投放市场，力图得到顾客青睐。顾客需求则随着收入增加和可挑选商品的增多而水涨船高，可谓日新月异，变化万千。创新是活力的源泉，企业应当加强市场调查和预测，争取最先洞察消费需求的变化，领先研制出适合消费者需求的新产品，从而掌握市场竞争的主动权。

优质制胜

即企业向市场提供的产品在质量上应当优于竞争对手，掌握市场顾客需求的满足程度。质量优劣表现为同类产品在价格和其他销售条件相同时被顾客选中的概率，选中的概率大，质量就好，反之则差。产品质量是企业竞争力的核心，企业应从自身利益和顾客利益出发，千方百计地创造出优质产品。

廉价制胜

即企业对于同类同档次产品应当比竞争对手更便宜。在质量和其他条件相同或相近时，价格低廉的商品会更受到顾客欢迎。价格降低虽然使单位产品的利润降低，但是会增加总销售量，扩大总利润。企业应在保证产品质量的前提下提高生产效率，降低生产成本和营销成本，为低价竞争奠定基础。

技术制胜

即企业应致力于发展高新技术，实现技术领先，以赢得市场竞争的胜利。科学技术决定着企业的生产效率、产品成本、管理水平、经济效益和顾客需求的满足程度。现代科学技术的发展一日千里，谁落在后面，谁就将被市场淘汰。有能力的企业和有远见的企业家都不惜代价地研制或引进高新技术和先进设备，力争走在技术进步的前列，开发科技含量高、附加价值高的新产品，在市场竞争中占领制高点。

服务制胜

即企业提供比竞争者更完善的售前、售中和售后服务，以赢得市场竞争的胜利。销售服务决定着产品的性能能否良好发挥和顾客需求能否充分满足。在其他条件相同时，谁能提供更周到的服务，谁就能赢得顾客。

速度制胜

即企业应当以比竞争对手更快的速度推出新产品和新的营销战略，抢先占领市场。“时间就是金钱”，谁对市场需求的反应快、技术开发快、新产品投放快，谁就能在一段时间内形成独家供应的局面，集中吸纳顾客购买力，迅速扩大市场，不但壮大了实力，还能在顾客中形成先入为主的“正宗”“正牌”概念。

宣传制胜

即企业运用广告、公共关系、人员推销、销售促进等方式大力宣传企业和产品，提高知名度和美誉度，树立良好形象，以赢得市场竞争的胜利。

(二)服装企业的竞争性营销策略

成本导向策略

成本导向策略是指企业通过降低自己的生产和经营成本，以低于竞争对手的产品价格，获得市场占有率，并获得同行业平均水平以上的利润。改革开放初期，我国沿海地区许多服装企业，以来料、来样加工的方式争取业务，它们往往是这种策略的重要执行者。

实现成本导向策略的企业必须建立起高效、规模化的生产设施以期降低成本，严格控制成本、管理费用及研发、服务、推销、广告等方面的成本费用，积极设计合理的产品结构和提高劳动生产率，同时不能忽视质量、服务及其他领域的工作。为了达到这些目标，企业必须使自己的经营成本低于竞争对手的成本。主要途径就是在生产经营的各个环节提高效率并有效控制支出。企业可以选择的具体措施包括以下几点。

①采购活动中设法保持和供应商的良好关系，提高供货质量或降低进价。

②在生产环节通过技术创新提高工艺水平，或通过规模经济降低生产成本。

③在销售活动中，更有效率地运用服务、推销、广告等各方面的成本费用。

④严格控制各项管理费用。

当具备下列条件时，采用成本导向策略会更有效。

①市场需求具有价格弹性。价格弹性反映需求量大小对价格变化的敏感程度。价格弹性越大，成本导向战略效果越好。

②所处行业中各企业提供的是一种标准化的产品，产品品质方面的差异小，任何企业很难通过差异化的途径赢得竞争优势。

③顾客以相同的方式使用产品。此时，价格成为竞争的主要因素，质量和其他因素退居次位。

④购买者可以很容易地从一个卖方转移到另一个卖方，重新选择产品供应者不会发生转换成本，有可能以最佳的价格购买产品。

采用成本导向策略也会有一定风险。例如，企业将注意力放在低成本上，而忽视了产品和需求的变化；较低的成本可能导致在服务和技术开发上的投入力量不够；竞争对手可能通过模仿，同样做到低成本，这时企业的优势将丧失；如果行业中几家主要企业都采取成本导向策略，有可能出现竞相比价，引起行业平均利润率急剧下降。总之，采取这一策略的企业必须在采购、工艺、制造和分销方面全面占有优势，通常只有行业中的大企业才具备实施此策略的实力。

差异化策略

差异化策略的重点是创造被全行业和消费者认可的独特产品或服务以及企业形象，使顾客接受较高价格。实现差异化策略可以有许多方式，如设计名牌形象，保持技术、性能特点、顾客服务、商业网络及其他方面的独特性等等。绝大多数的服装企业，为了吸引不同审美观念的消费者，每个季度都要开发出若干款新式服装，其目的就是为了与竞争对手的产品区分开来。但这一策略与提高市场份额的目标不可兼顾，在实施公司的差异化策略的活动中总是伴随着很高的成本代价。有时即便全产业范围的顾客都了解公司内的独特优点，也并不是所有顾客都愿意或有能力支付高价格。

差异化策略在以下情况中更为适用：①用户需求多样化，不同顾客群有不同的需求，并且可以识别；②企业自身的实力适合在顾客的某个兴趣点上实行差异化，追求个性；③只有极少数竞争者采取与本企业类似的差异化行动。

差异化策略的风险主要有：①可能丧失对企业特色不感兴趣的顾客；②在不了解顾客需求的情况下盲目差异化，可能不被顾客接受；③产品差异程度过高，导致价格大大超过竞争对手，无形中增强了竞争对手的价格优势。

有的企业可能会选择成本导向策略，它们认为只要将价格控制在产业平均或接近平均的水平，就能获取优于平均水平的业绩。然而，即便如此，成本领先者也不能无视差异化竞争策略。如果注意力只集中于成本，忽视了不同的产品需求与变化，而使其产品被消费者认为与其竞争对手的产品不能相比或无法接受，在这种情况下，为了增加销售量，成本领先者将被迫削价，甚至远低于竞争者的价格水平，结果反而抵消了其原本作为成本领先者的优势。价格战容易产生于无明显差异的市场中，因为多数消费者都会向价格低的公司购买产品，而其他的公司也将被迫寻求降低其成本与价格的方法，不同程度地挑战成本领先者，最终导致企业及行业利润水平共同下降的恶性循环。另外，接连不断的成本膨胀，也会增加公司保持成本领先地位的压力。

因此，总体来说，差异化竞争策略不仅与成本导向策略相并列，而且在一定程度上高于成本导向策略。差异化策略选择被产业内许多消费者视为重要的一种或多种特质，并为其选择一种独特的地位以满足客户的要求，它以其独特的地位而获得溢价的报酬。其实，产品差异化不仅能使产品保持较高的价格，而且在竞争激烈的市场，差异化的产品能使企业保持相对数量的忠诚顾客和一定的市场占有率。

目标集中策略

目标集中策略是指企业把经营的重点目标放在主攻某个特殊的顾客群、某产品线的一个细分区域或某一地区市场，以此建立企业的竞争优势及市场地位。低成本策略与差异化策略都是要在全产业范围内实现其目标，而目标集中策略的前提思想则是：公司业务的专一化能够以较高的效率、更好的效果为某一狭窄的战略对象服务，从而在较广阔的范围内超过竞争对手。例如，一些服装店专门提供影视及舞台道具服装或专门做婚庆服装，在服装市场的空隙中找到自己的生存空间。

目标集中策略的适用条件是：①行业内存在不同的细分市场；②在相同的目标细分市场中，其他竞争对手不准备实施集中战略；③企业资源有限，不允许追求更广泛的市场；④企业在某个规模、成长率、获利水平有吸引力的市场中，有能力赢得竞争优势。

就服装企业而言，要成功地实施上述三种竞争策略，需要不同的资源和技巧、不同的组织安排和控制程序、不同的研究开发系统。服装企业如果专门采取某一种策略，则效果较好，实施得越彻底，获益越大；相反，服装企业如果不专门采取某一种策略，而采取模棱两可的中间策略，则效果肯定不佳。因此，服装企业必须考虑自己的优势和劣势，根据经营能力选择可行的战略。

三　市场地位与竞争策略选择

企业在竞争中所处的市场地位会决定企业的获利能力是高出还是低于产业的平均水平。根据服装企业自身的目标、经营资源和所处环境的特点，企业在行业中的竞争地位可以分为市场领导者、市场挑战者、市场追随者和市场利基者。

(一)市场领导者竞争策略

市场领导者是指占有最大的市场份额，在价格变化、新产品开发、分销渠道建设和促销策略等方面对本行业其他公司起着领导作用的公司。通常服装企业的市场领导者在服装设计的理念、时尚信息的发行、新工艺、新面料的运用、价格变化和促销强度上，对其他同行业公司起着领导作用。市场领导者所具备的优势包括：消费者对品牌的忠诚度高，营销渠道的建立及其高效运行，以及营销经验的迅速积累等。对于服装企业来说，生产技术和工艺的革新、流行趋势的变化，往往会动摇领先者的地位。

占据着市场领导者地位的公司往往成为众矢之的。要击退其他公司的挑战，保持第一位的优势，必须做到以下三个方面。

扩大总需求

市场领导者占有的市场份额最大，在市场总需求扩大时受益也最多。扩大总需求的途径有开发产品的新用户、寻找产品的新用途和增加顾客消费量。

1. 开发新用户

转变非顾客。即说服那些非顾客，把潜在顾客转变为现实顾客。例如香水企业可设法说服不用香水的妇女使用香水。

进入新的细分市场。“新的细分市场”指该细分市场的顾客使用本行业产品，但是不使用其他细分市场的同类产品或品牌。例如香水企业说服男性使用香水。

地理扩展。指寻找尚未使用本产品的地区，开发新的地理市场。例如香水企业向其他国家推销香水。

2. 寻找产品的新用途

为产品开辟新的用途。可扩大需求量并使产品销路久畅不衰。近年来，通过服装消费趋势的引导，内衣消费日趋高档化，而且内衣外穿成为时尚，结果，过去仅少量消费内衣或仅消费传统内衣的女性消费者的内衣消费量剧增。

3. 增加顾客消费量

促使顾客增加消费量是扩大需求的一种重要手段。例如，一些在国内已取得领先地位的服装企业，可以通过产品出口、海外建厂、特许经营等方式，向海外扩张，以取得更大的市场。专注于开发年轻人市场的服装公司可以通过营销宣传说服中年人购买年轻人的服装，满足其心理上渴望年轻的需要，从而增加产品销量。

杜邦公司在发明尼龙纤维后，就不断地开发这种纤维的新用途。尼龙先是用于制作降落伞绳，然后是织制女袜，接着用于服装和装饰面料，随后又成为汽车轮胎骨架的重要原料。尼龙纤维每一项新用途的研制和开发都使其开始了一个新的生命周期。又如，杜邦公司最初发明的新材料莱卡，由于使用的范围比较窄，所以影响不大，公司通过不断研究，又重演开辟尼龙纤维新用途的历史，发现莱卡在服装领域的新用途，从而扩大了市场，使杜邦在市场中保持了长久的市场领先地位，莱卡的需求量急剧增长。

提高购买频率也是扩大消费量的一种常用办法。比如，时装制造商每年、每季都不断推出新的流行款式，消费者就会不断购买新装，流行款式的变化愈快，消费者购买新装的频率也愈高。

保护现有市场份额

处于市场领先地位的企业，必须时刻防备竞争者的挑战，保卫自己的市场阵地。最好的防御方法是发动最有效的进攻，不断创新，掌握主动，在新产品开发、成本控制、分销渠道建设和顾客服务等方面成为本行业的先驱，持续增加竞争效益和顾客让渡价值。即使不主动进攻，至少也要加强防御，不给挑战者可乘之机。市场领导者不可能防守所有的阵地，必须认真地探查哪些阵地应不惜代价严防死守，哪些阵地可以放弃而不会带来太大损失，将资源集中用于关键之处。防御策略的基本目标是减少受到攻击的可能性，或将进攻目标引到威胁较小的区域并设法减弱进攻的强度。主要的防御策略有以下几点。

1. 阵地防御。阵地防御就是根据竞争者在产品、价格、渠道和促销方面可能采取的进攻战略而制订自己的预防性营销战略，即在现有阵地周围建立防线，并在竞争者发起进攻时坚守原有的产品和业务阵地。阵地防御是防御的基本形式，是静态的防御，在许多情况下是有效的、必要的，但是单纯依赖这种防御方法则是一种“市场营销近视症”。企业更重要的任务是技术更新、新产品开发和扩展业务领域。

2. 侧翼防御。侧翼防御是指市场领导者除保卫自己的阵地外，还应建立某些辅助性的基地作为防御阵地，或必要时作为反攻基地。对侧翼的防御不可掉以轻心，要时刻防止对手乘虚而入。例如，改革开放后中国纺织服装市场的结构发生了急剧变化，过去主要市场被大型纺织服装生产厂家垄断的格局逐步瓦解，小企业凭借其“船小好掉头”、交货及时、低价格和较好的服务等优势，很快适应小批量多变的市场需求，逐渐蚕食大企业的市场。欧美一些知名品牌的服装生产企业，瞄准中国服装市场缺少名牌服装和中国消费者崇尚名牌的消费心理，极力将其品牌打入中国市场，它们利用各种销售和宣传方式不仅在中国赢得了市场，还使其品牌形象得到提升。

3. 以攻为守。这是一种“先发制人”式的防御，即在竞争者尚未进攻之前，抢先发起攻击以削弱或挫败竞争对手。这种策略主张预防胜于治疗，公司应正确判断何时发起进攻效果最佳以免贻误战机。比如领先者可以先于竞争对手发布最新的服装款式，可以率先采用新的面料以防对手抢先。企业以攻为守、先发制人的方式多种多样。例如，企业可以运用“游击战”，逐一打击对手，使各个对手疲于奔命，忙于招架；可以展开全面进攻，覆盖各个细分市场；也可以持续性地打价格战，使未取得规模效益的竞争者陷于困境；还可以开展心理战，警告对手自己将采取某种打击措施而实际上并未付诸实施。GAP 公司是美国著名的服装零售企业，以销售休闲服闻名于世。GAP 成功的营销策略之一是将该企业的产品覆盖包括高、中、低档在内的整个服装市场。清新、古朴、时尚的设计风格和以南美风情为诉求的新奇专卖店装潢，吸引着全美顾客的兴致。GAP 不仅以服装的色彩和款式冲在潮流之前，引导服装消费，而且其密集的广告宣传攻势提高了其品牌知名度，成为年轻化服饰的新宠。成功的 GAP 从未懈怠，始终在不同的市场范围、不同的时期主动推出新产品，并配合价格、促销等策略，以主动的防御保持自己的领先地位。

4. 反击防御。当市场领导者遭到对手发动降价或促销攻势，或改进产品、占领市场阵地等进攻时，不能只是被动应战，应主动反攻入侵者的主要市场阵地。如果竞争者的攻击行动并未造成本公司市场份额迅速下降，可采取延迟反击，弄清竞争者发动攻击的意图、战略、效果和其薄弱环节后再实施反击，不打无把握之仗。反击战略主要有以下几个方面。

正面反击。即与对手采取相同的竞争措施，迎击对方的正面进攻。如果对手开展大幅度降价和大规模促销等活动，市场领导者凭借雄厚的资金实力和卓著的品牌声誉也开展降价和促销活动，则可以有效地击退对手。

攻击侧翼。即选择对手的薄弱环节加以攻击。

钳形攻势。即同时实施正面攻击和侧翼攻击。

退却反击。即在竞争者发动进攻时我方先从市场退却，避免正面交锋的损失，待竞争者放松进攻或麻痹大意时再发动进攻，收复市场，以较小的代价取得较大的战果。

围魏救赵。即在竞争对手攻击我方主要市场区域时攻击对方的主要市场区域，迫使对方撤销进攻以保卫自己的大本营。

5. 机动防御。指市场领导者不仅要固守现有的产品和业务，还要扩展到一些有潜力的新领域，以作为将来防御和进攻的中心。市场扩展可通过两种方法实现：①市场扩大化。就是企业将注意力从目前的产品上转到有关该产品的基本需要上，并全面研究与开发有关该项需要的科学技术。例如，非织造布（无纺布）的开发和应用，将纺织产品渗透到工业、农业、医疗、国防和工程等服装以外的众多领域，非织造布的需求量也随其市场的不断增大而增加。②经营多元化。即向无关的其他市场扩展，实行多元化经营。市场领导者凭借自己强大的资金优势和先进的经营管理手段及经验，投资其他行业，以获取更高的利润并有效地分担风险。

6. 收缩防御。指企业主动从实力较弱的领域撤出，将力量集中于实力较强的领域。当企业无法坚守所有的市场领域，并且由于力量过于分散而降低资源效益的时候，可采取这种策略。其优点是在关键领域集中优势力量，增强竞争力。收缩防御策略不是单纯的放弃，而是力量的重新合理分配。例如，有些服装企业开始经营时盲目追求拥有品牌的数量，结果造成有些品牌的经营效果不佳，给企业造成沉重负担。企业应果断放弃这些经济效益不好的品牌，将资金和精力集中到优势品牌产品领域，切实增强自身的抵抗能力。

扩大市场份额

一般而言，如果单位产品价格不降低且经营成本不增加，企业利润会随着市场份额的扩大而提高。但是，切不可认为市场份额提高就会自动增加利润，还应考虑以下因素。

1. 经营成本。许多产品往往有这种现象：当市场份额持续增加而未超出某一限度的时候，企业利润会随着市场份额的提高而提高；当市场份额超过某一限度仍然继续增加时，经营成本的增加速度就大于利润的增加速度，企业利润会随着市场份额的提高而降低，主要原因是用于提高市场份额的费用增加。如果出现这种情况，则市场份额应保持在该限度以内，市场领导者的战略目标应是扩大市场份额而不是提高市场占有率。

2. 市场营销组合。如果企业实行了错误的营销组合战略，比如过分地降低商品价格，过高地支出公关费、广告费、渠道拓展费、销售员和营业员奖励费等促销费用，承诺过多的服务项目而导致服务费大量增加等，则市场份额的提高反而会造成利润下降。

3. 引起反垄断活动的可能性。为了保护自由竞争，防止出现市场垄断，许多国家的法律规定，当某一公司的市场份额超出某一限度时，就要强行地分解为若干个相互竞争的小公司。西方国家的许多著名公司都曾经因为触犯这条法律而被分解。如果占据市场领导者地位的公司不想被分解，就要在自己的市场份额接近于临界点时主动加以控制。

总之，市场领导者必须善于扩大市场需求总量，保卫自己的市场阵地，防御挑战者的进攻，并在保证收益增加的前提下，提高市场占有率。这样，企业才能持久地占据市场领先地位。

（二）市场挑战者竞争策略

市场挑战者指在行业中占据第二位及以后位次，有能力对市场领导者和其他竞争者采取攻击行为，希望夺取市场领导者地位的公司。

确定战略目标与竞争对手

战略目标与进攻对象密切相关，必须是一个明确的、决定性的和可以达到的目标。大多数市场挑战者的目标是增加自己的市场份额和利润，减少对手的市场份额。

1. 攻击市场领导者。这一战略风险大，潜在利益也大。当市场领导者在其目标市场的服务效果较差而令顾客不满或对某个较大的细分市场未给予足够关注的时候，采用这一策略带来的利益更为显著。

2. 攻击规模相同但经营不佳、资金不足的公司。公司应当仔细调查竞争者是否满足了消费者的需求，是否具有产品创新的能力，如果竞争者在这些方面有缺陷，就可作为攻击对象。

3. 攻击规模较小、经营不善、资金缺乏的公司。这种情况在我国也比较普遍，许多实力雄厚、管理有方的外国独资和合资企业一进入市场，就击败了当地资金不足、管理混乱的弱小企业。

选择性进攻策略

选择性进攻策略应遵循“密集原则”，即把优势兵力集中在关键的时刻和地点，以达到决定性的目的。

1. 正面进攻。正面进攻就是集中全力向对手的主要市场阵地发动进攻，即进攻对手的强项而不是弱点。在这种情况下，进攻者必须在产品、广告、价格等主要方面大大超过对手，才有可能成功，否则不可采取这种进攻战略。正面进攻的胜负取决于双方力量的对比，即享有较大资源（人力、财力和物力）的一方将取得胜利。当进攻者比对手拥有更大的实力和持久力时才能采取这种策略。如果防守者具有某些防守优势，比如在某市场上有较高的声誉、广泛的销售网络、牢固的客户关系等，则实力原则不一定奏效，资源上略占优势的一方不一定取得胜利。在服装行业，正面进攻的另一种措施是投入大量研究与开发经费，聘请最优秀的服装设计师，开发引领时尚潮流的新款服装，同时配合使用广告宣传、营业推广等促销策略，这是实施正面进攻最可靠的基础之一。

2. 侧翼进攻。侧翼进攻就是集中优势力量攻击对手的弱点，主要有两种方法：一种是分析地理市场，选择对手忽略或绩效较差的产品和区域加以攻击。享誉世界的服装大师皮尔·卡丹在 1978 年开始向中国投资时，不少法国朋友认为其投资不会带来任何回报。皮尔·卡丹凭借自己企业家的坚定、艺术家的直觉说道："一个拥有十多亿人口的国家，就是给每个人衣服上钉十个扣子，就是一百多亿个，那是个多么大的市场啊！"另一种是分析细分市场，按照收入水平、年龄、性别、购买动机、产品用途和使用率等因素辨认细分市场并认真研究，选择对手尚未重视或尚未覆盖的细分市场作为攻占的目标，并在这些小市场上迅速填补空缺。侧翼进攻符合现代市场营销观念，即发现消费者的需要并设法满足它。侧翼进攻也是一种最有效和最经济的战略形式，成功机会更多。

3. 包围进攻。包围进攻是在多个领域同时发动进攻以夺取对手的市场。比如向市场提供竞争对手所能提供的一切产品和服务，并且更加质优价廉，配合大规模促销。其适用条件是：①通过市场细分未能发现对手忽视或尚未覆盖的细分市场，无法补缺空隙，无法采用侧翼进攻；②与对手相比拥有绝对的资源优势，制订了周密可行的作战方案，相信包围进攻能够摧毁对手的防线和抵抗意志，这种策略多用于挑战者进攻弱势企业。

4. 迂回进攻。这是一种最间接的进攻战略，即避开对手的现有市场阵地，进攻对手尚未涉足的业务领域和市场，以壮大自己的实力。具体策略有三种：①发展与竞争对手现有业务无关联的产品，实行多元化经营。如有些企业先开发面料，待做到一定知名度以后再进军服装市场。②以现有产品进入新的地区市场。③发展新技术、新材料、新产品，取代现有产品。在服装行业，技术、面料的更新非常快，这给挑战者更多机会，企业如果能抓住这些机会，挑战成功的可能性还是比较大的。

5. 游击进攻。即向对手的有关领域发动小规模的、断断续续的进攻，逐渐削弱对手，使自己最终夺取永久性的市场领域，适用于小公司打击大公司。主要方法是在某一局部市场上有选择地降价、开展短促的密集促销、向对方采取相应的法律行动等，适用条件是对方的损耗将不成比例地大于己方。通常认为，一连串的小型进攻能够形成累积性的冲击，效果更好。

（三）市场追随者竞争策略

市场追随者指那些在产品、技术、价格、渠道和促销等大多数营销战略上模仿或跟随市场领导者的公司。市场追随者既不像市场领导者那样有较大的市场份额，也不像市场挑战者那样有较强的进攻意识。市场追随者的目标是保持现有的市场份额，随着市场的发展稳定获利。在很多情况下，追随者可让市场领导者和挑战者承担新产品开发、信息收集和市场开发所需的大量经费，自己坐享其成，减少支出和风险，避免向市场领导者挑战可能带来的损失。许多居于第二位及以后位次的公司往往选择追随而不是挑战。绝大多数小规模的服装企业在市场上处于跟随者地位。

追随策略一般有以下三种。

1. 紧密跟随。即在各个细分市场和产品、价格、广告等营销组合策略方面模仿市场领导者，完全不进行任何创新的公司。雅戈尔在发展初期的一段时间里，曾经采取紧密追随杉杉的策略，雅戈尔与杉杉的路牌广告隔路相望，雅戈尔的专卖店(厅)经常开在杉杉专卖店(厅)的旁边或对面，这在许多城市成为一道独特的风景线。由于当时两家企业的主要产品不完全一致，所以并没有形成直接的冲突，反而有相互促进的积极意义。

2. 距离跟随。距离跟随者是在基本方面，如目标市场、产品创新、价格水平和分销渠道等方面都追随主导者，但是在包装、广告和价格上又保持一定差异的公司。如果模仿者不对领导者发起挑战，领导者不会介意。这种跟随者可通过兼并小企业而使自己发展壮大。

3. 选择跟随。即在某些方面紧跟领导者，而在另一些方面又自行其是。也就是说，它不是盲目跟随，而是择优跟随，有选择地改进领导者的产品、服务和营销策略，避免与领导者正面交锋，选择其他市场销售产品。这种跟随者通过改进并在别的市场壮大实力后有可能成长为挑战者。

此外，还有一种“跟随者”在国际市场上十分猖獗，即名牌货的伪造者或仿制者，它们的存在对许多国际驰名的大公司是一个巨大的威胁。

(四)市场利基者竞争策略

市场利基者指专门为规模较小的或大公司不感兴趣的细分市场提供产品和服务的公司。市场利基者的作用是拾遗补缺、见缝插针，虽然在整体市场上仅占有很少的份额，但是比其他公司更充分地了解和满足某一细分市场的需求，能够通过提供高附加值而得到高利润和快速增长。规模较小且大公司不感兴趣的细分市场称为利基市场。

理想的利基市场具备以下特征：具有一定的市场容量和购买力，能够赢利；具备发展潜力；实力较强的竞争者对这一市场不感兴趣或放弃对其经营；企业自身具备向这一市场提供优质产品和服务的技术、资源和能力；企业自身在顾客中建立起良好的信誉，能够抵御竞争者的进攻，保护自己的竞争地位。

市场利基者发展的关键是实现专业化，主要途径有以下几个方面。

1. 最终用户专业化。即专门致力于为某一类型的最终用户提供服务。例如儿童服装专卖店、户外运动服装专卖店、特体服装专卖店等，不同的服装零售店其服务对象也各不相同。

2. 垂直专业化。即专门为处于生产与分销循环周期的某些垂直层次提供专门的产品和服务。例如专门生产纽扣、缝纫线和各种服装配饰的企业，生产各种服装辅料的企业等，其产品都是服装加工所必需的。

3. 顾客规模专业化。即专门为某一规模(大、中、小)的顾客群服务。市场利基者专门为大公司不重视的小企业、小客户或个体消费者提供产品和服务。

4. 特殊顾客专业化。即公司可以专门向一个或几个大客户销售产品。许多小公司只向一家大公司提供其全部产品。

5. 地理市场专业化。即专为某一地点、地区或范围内的消费者提供产品和服务。例如为偏远地区的消费者提供产品。

6. 产品或产品线专业化。即专门生产、经营某一种产品或某一类产品线。比如，某制袜公司专门生产不同花色品种的尼龙丝袜。

7. 产品特色专业化。即专门生产或经营某一种类型的产品或者提供独具特色的服务。例如专门生产劳动防护服装、医用服装、保健服装等。

8. 客户订单专业化。即专门按客户订单要求进行产品的加工生产。我国众多服装企业都从事来样、来料加工业务，它们为国内外客户定制、加工各种服装产品。

9. 质量一价格专业化。即选择在市场的底层（低质低价）或顶层（高质高价）经营。例如杰尼亚在中国的目标市场就是顶级消费阶层。

10. 服务专业化。即向消费者专门提供一种或几种其他公司所没有的产品或服务。例如，专门为工作繁忙的消费者提供上门量体裁衣或上门销售服务。

11. 销售渠道专业化。即专门为某一类分销渠道提供产品和服务。例如专门为网络或邮寄销售方式生产的服装。

市场利基者是弱小者，面临的主要风险是当竞争者入侵或目标市场的消费习惯变化时其有可能陷入困境。因此，它的主要任务是：创造利基市场，扩大利基市场，保护利基市场。

企业在密切注意竞争者的同时不应忽视对顾客的关注，不能单纯强调以竞争者为中心而损害更为重要的以顾客为中心。以竞争者为中心指企业行为完全受竞争者行为支配，逐个跟踪竞争者的行动并迅速做出反应。这种模式的优点是使营销人员保持警惕，注意竞争者的动向；缺点是被竞争者牵着走，缺乏事先规划和明确的目标。以顾客为中心指企业以顾客需求为依据制订营销战略。其优点是能够更好地辨别市场机会，确定目标市场，根据自身条件建立具有长远意义的战略规划；缺点是有可能忽视竞争者的动向和对竞争者的分析。在现代市场中，企业在营销战略的制订过程中既要关注竞争者，也要关注顾客。

思考与练习

1. 服装企业如何根据自身的业务范围导向制订竞争者识别策略？
2. 服装企业的竞争性营销策略有哪些？
3. 服装企业如何根据自身的市场地位选择竞争策略？

高等院校服装专业教程

服装市场营销学

第六章 服装品牌、商标与包装策略

品牌、商标与包装都是产品整体概念下"形式产品"或"有形产品"的重要组成部分。品牌策略和包装策略也是服装企业产品策略的重要内容。品牌、商标与包装的作用，对于服装生产经营者（营销者）和消费者都是不可或缺的。了解品牌与包装的含义及其在市场营销中的作用，掌握制订和实施服装产品品牌（商标）与包装策略的原理与方法，有利于优化产品组合，也有利于优化营销组合，进而提高市场营销效益。

一　服装产品组合与产品生命周期

（一）服装产品组合

服装产品

服装产品是指通过交换而满足人们穿着、审美欲望和需要的因素或手段。它包括物品（如西服、领带）、服务（如产品咨询、保养、洗涤说明）、人员（如服装技师）、组织（如服装协会）、地点（如巴黎、东京）和观念构造（如流行趋势预测、服装设计概念）等。这是现代市场营销学意义上的产品概念。

现代意义上的产品整体观念包含多层次的内容，一般认为，产品整体=产品实体+服务。理解服装产品整体概念时，主要考虑产品的五个层次。

第一层次是核心产品，也是核心利益，是消费者真正要购买的服务或利益。核心产品是产品整体概念最基本的层次，它表现的是顾客需求的中心内容，即产品为顾客所提供的最基本的效用和利益，也是顾客真正要购买的服务或者利益。

第二层次是形式产品，即产品的基本形式，如轻松明快的运动服、飘逸轻盈的连衣裙等。

第三层次是期望产品，也就是消费者购买产品期望的一系列属性和条件，如对于西服，人们期望的是挺拔流畅的造型、舒适耐穿的材料等。

第四层次是附加产品，也就是产品包含的附加服务和利益，从而把一个公司的产品与其他公司的产品区分开来。服装产品可以通过洗涤说明、广告介绍等附加手段增加产品内涵。

第五层次是潜在产品，也就是目前这种服装产品最终可能的所有演变。一般来说，附加产品表明了产品现在的内容，而潜在产品则指出了产品可能的演变。如目前男西服可以不配套穿着，未来的西服产品将改变以往工整严谨的感觉，而加入更多轻松、休闲、运动的设计元素。

服装产品组合

一个企业提供给目标市场的产品不是单一的产品，而是由许多条产品线组成，每条产品线包含若干产品项目，每个产品项目又包含若干品牌、包装和服务等。

1. 产品组合。产品组合是指一个企业提供给目标市场的全部产品线和产品项目的组合或搭配，即经营范围和结构，也叫产品搭配。每个产品组合包含四个参数：宽度（广度）、长度、深度和关联度（相关性）。

产品线是指相互关联或类似的一组产品，即通常所说的产品大类。

产品项目是指产品大类中各种不同档次、品种、质量和规格的特定产品。

产品组合宽度说明企业经营产品类别的多少，有多少条产品线，也叫广度。产品组合长度是指企业所有产品项目的总和。产品组合的深度是指一种产品组合项目中不同的品种、规格和式样。产品组合的关联度也称为相关性或粘黏度，是指一个企业的产品大类在生产条件、销售方式、最终用途或其他方面的密切程度。实行多元化经营的企业，其产品组合的相关性小。

2. 服装产品组合。服装产品组合也叫服装产品花色品种配合，是指某服装企业提供给市场的一组产品，包括所有产品线和产品项目，也就是这个企业生产经营的全部产品的结构。

服装产品组合策略

服装产品组合由各种各样的服装产品线构成。服装产品线是指密切相关的一组服装产品。服装产品组合策略就是调整服装产品及产品线的策略。

1. 服装产品差别化策略。服装产品差别化是指服装企业为了使自己的服装产品区别于竞争者而改变产品的某些特征，使之与竞争对手之间有明显的差异，从而使消费者产生新颖感，满足个性化需求，形成独特的品牌风格，树立鲜明的企业形象。服装产品中的女装差异化最为明显。

2. 扩大服装产品组合策略。扩大服装产品组合策略包括服装产品广度和深度的加强，即增加或延长产品线。例如可以增加领带类产品线、内衣类产品线、皮鞋类产品线、箱包类产品线等；又如青年装还可生产毛衫类产品、棉服类产品；再如男裤中不仅有男西裤、休闲裤，还可以增加牛仔裤系列。

3. 缩减产品组合策略。缩减产品组合策略就是剔除一些盈利微小或亏损的产品线、产品品目，以便集中企业优势力量用于有发展前景和盈利的产品线或产品品目上。这种策略的应用往往与原料和能源供应紧张或产品市场饱和、价格竞争激烈有关。缩减产品组合策略可以集中企业资源和技术，扩大主要产品的生产规模并提高质量，产生规模效益并提高竞争力；还可以减少资金占用，加快资金周转；同时，使市场促销、销售目标集中，提高效率。然而，一旦产品销售不畅，企业可能损失惨重。

4. 改进现有产品策略。改进现有产品策略，这是服装产品常常采用的策略。如男装公司的产品类型相对稳定，一般情况下，不像时装公司产品那样具有很强的品种及款式变化节奏，而只需改变某些细节来改进现有产品，或者进行设计包装和重新陈列来使人感觉产品更新换代，促进销售。因为不是全新的产品，所以企业能节约大量技术改造资金，风险较小。

5. 产品线延伸策略。服装公司的产品线只是该行业整个范围的一部分。如范思哲品牌在整个时装市场上属于高档产品和高价范围，后来又推出了韦尚时系列，超过原有范围来增加其产品线的长度，这就叫产品线延伸。产品线延伸可以向上、向下或双向延伸。

向上延伸。也叫高档产品策略。即在市场上定位于低档产品的企业受到高档产品市场较高利润率和发展潜力的诱惑，在原有产品线内增加高档产品项目，旨在进入高档产品市场。这种决策有些风险，必须具备相当的技术设备和营销能力。

向下延伸。也叫低档产品策略。即最初定位于高档市场，然后在高档产品线内增加低档产品项目。这是由于高档产品销售增长缓慢，为了充分利用企业现有资源、设备和生产能力，赢得更大的市场占有率而将产品线向下延伸。增加廉价产品项目，目的在于利用高档名牌产品的声誉去吸引购买力较低的顾客，但要注意不要损害原有企业和名牌产品的市场形象。

双向延伸。即定位于市场中段的生产中档产品的公司，同时从向上、向下两个方向延伸其产品线。如某西服公司为了进一步扩大市场份额，完善产品结构，根据市场细分化原则，决定拉长男西服生产线，在原有1000~3000元中档西服的基础上向上推出5000元以上羊绒、纯麻产品和向下推出1000元以下涤毛及化纤产品，在短期内市场占有率明显提高。

6. 产品线现代化策略。这一策略指的是把现代化的科学技术应用到生产过程中去，这对于那些产品组合仍合理、市场销售仍有潜力，但是产品线的生产形式已经落后、过时的企业较为适用。这一策略对我国很多企业尤其是大中型企业具有一定的现实意义。如我国的服装行业，有些主要机械设备还停留在几十年前的水平，技术性能和操作方式都比较落后，这必然使产品在市场上缺乏竞争力。现在，其他行业的技术进步给服装业注入了强大的活力，使服装设计、裁剪、生产自动化和科学管理等出现了革命性的变化。主要体现在服装设计、生产周期缩短，生产效率大幅度提高，服装质量档次明显提高，服装款式、规格丰富多彩，服装的流行速度加快。

(二)服装产品生命周期

产品的市场生命周期理论

产品生命周期是营销学中一个十分重要的概念。任何一种产品在市场上的销售地位和获利能力都处于变动之中，都有一个发生、发展和衰退的过程，这就类似于生物的生命历程。因此，产品的市场生命周期就是指产品从进入市场到退出市场的周期性变化过程。产品生命周期一般分为以下四个阶段。

1. 产品导入期。新产品刚刚进入市场，产品销售呈缓慢增长状态。由于销售量小，产品的开发成本高，所以新产品在导入期只是一个成本回收的过程，利润一般是负的。

2. 市场成长期。产品在市场上迅速被顾客所接受，产品销售额迅速增长。由于销售量的上升和扩大，规模效应开始显现，产品的单位成本下降，于是新产品的销售利润也就开始不断增加。

3. 市场成熟期。在成熟期，由于该产品的市场已趋于饱和或已出现强有力的替代产品的竞争，销售量增速开始趋缓，并逐步趋于下降。由于此时产品为维持市场而投放的销售费用开始上升，产品的利润也开始随之下降。

4. 市场衰退期。在衰退期，由于消费者的兴趣转移或替代产品已开始逐步占领市场，产品的销售量开始迅速下降，直至最终退出市场。

从一个相当长的时期来看，产品的市场生命周期理论对任何产品都是适用的，只是在不同产品上表现的形式不同。服装产品也不例外，也具有自身的生命周期，也包括导入期、成长期、成熟期、衰退期四个阶段。但是服装产品市场生命周期理论中还有自身的特点，即某些产品存在流行的周期性。所谓流行的周期性，是指产品在市场上的流行存在着某种规律性的变化，许多年后可以发现今日的流行居然是若干年前的翻版。例如20世纪70年代，纯棉服装产品在化纤产品面料刚刚进入市场之时被许多人抛弃。现在随着人们服装理念的变化，纯棉产品再次被世人所推崇。服装产品流行的变化是渐进性的，影响流行变化的因素既有社会因素又有心理因素，既微妙又复杂，需要服装企业经营者认真研究。

服装产品生命周期与消费者接受过程

服装产品生命周期的四个阶段，实际上表明了消费者对一件新产品推出市场后的接受过程。这一接受过程包括以下两个方面。

1. 消费者接受服装新产品的模式。消费者在接受服装新产品的过程中，往往需要经过以下五个阶段。

认识阶段。消费者从不同的渠道得知市场上有新产品存在。在这一阶段，消费者即使知道了新产品的存在，也并不意味着立刻会产生购买欲望。消费者还缺乏对新产品的全面认识，所以不会贸然做出购买的决定。

兴趣阶段。消费者继续不断地受到刺激，逐渐对新产品产生兴趣。这时候，消费者会努力寻找有关新产品的资料，希望进一步了解它，购买新产品的欲望随着兴趣的逐步增强而产生。

评价阶段。购买欲望产生后，并不一定立刻去购买，消费者要对是否值得购买予以评价。这个阶段对消费者来说是一个关键的阶段，他会对新产品进行反复比较，从产品的质量、价格一直到满足需求的程度进行慎重的考虑。在这一阶段，如果对新产品的评价是否定的，那么消费者接受新产品的过程就此中止；反之，则进入实际购买阶段。

试用阶段。消费者在决定购买以后，为了验证对新产品效益的评价，在可能的情况下，先要体验一下或者尝试一下，才能最终确定接受还是拒绝新产品。试用的结果是肯定的，消费者则会进行第二次购买；否则的话，就结束重复购买。

常用阶段。这表示消费者完全接受新产品，并进行重复购买。完全接受新产品的消费者可能成为新的产品信息扩散源。

2. 服装新产品消费者的类型。不同的消费者对服装新产品的态度存在着很大的差别，因而接受该新产品的时间先后也有很大的不同。据此，可将服装新产品的接受者划分为五种类型。

创新者。即少数喜欢冒险、敢于接受新事物的人。

早期接受者。这一类型的人最重要的特征是受自尊所支配，富于自豪感。这部分人在社会中被同一阶层的其他人所尊重，所以往往可以成为意见领袖，他们能在经过考虑后较快地接受新产品。

早期多数接受者。这类人比一般人更早接受新产品，因为这部分人既慎重又不想落伍。

晚期多数接受者。这是一些谨慎又固执的人，他们要在大部分人接受后，才会尝试。

落后者。这部分人传统思想严重，对新事物疑心大，反应迟钝，因而是最后接受新产品的人，他们往往在创新已经变成传统后才开始接受。

应该指出，产品市场生命周期理论只是反映变化趋势的基本模式，实际上，很多产品的生命周期可能呈现多种多样的状态。例如，有些产品可在很长时间里处于某一个阶段，持续着“平台型”的生命周期；另一些产品刚进入市场就马上走向衰退，形成“夭折型”生命周期；还有一些产品在市场发展中销售量时起时伏，呈现出“波浪形”生命周期。

服装产品的流行与传播

1. 流行服装的特点

新奇性。这是流行最为显著的特点。“新”表示与以往不同，与传统不同；“奇”表示与他人不同，与众不同，即所谓“标新立异”。服装流行的新奇性往往表现在色彩、花纹、材料、样式等设计的变化上，这种不断的变化满足了人们求新求异的心理。

短暂性。服装流行的第二特征是时间的相对短暂性，这是由流行的新奇性决定的。一种新的样式或行为方式出现后，当被人们广泛接受，流行形成一定规模时，便失去了新奇性。这时一部分人会舍弃，另一部分人也可能逐渐放弃，也可能继续采用，从而演变为日常服装。流行持续时间的长短，受多种因素的影响，如样式的可接受性、满足人们真实需要的程度以及与社会风尚的一致程度等。

普及性。这是现代社会流行的一个显著特征，也是流行的外部特征之一，表现为在特定的环境中，某一社会阶层或群体成员对某种样式或行为方式的普遍接受或追求。这种接受和追求是通过人们之间的相互模仿和感染形成的。接受和追求意味着社会阶层或群体的大多数成员的认可、赞同的态度，并不意味着立即去采用。特别是在一种新样式的流行初期，通常只有少数人去模仿或追随，追随者的多少将影响到新样式的流行规模、时间长短和普及程度。

周期性。流行随着时间变化，呈现周期性的特点。服装的流行周期有两层含义：一是流行服装具有类似于一般产品的生命周期，即从投入市场，经历从引入、成长、成熟到衰退的过程；二是服装流行具有循环交替反复出现的特征。从历史上看，全新的服装样式很少，大多数新样式的服装只是对已有样式进行局部的改变，如裙子的长度、上装肩部的宽度、裤腿肥瘦等的循环变化。另外，服装色彩、外观轮廓也具有循环变化的周期性特点。

2. 服装流行的传播方式

服装流行反映在时间和空间两个层次上。在空间层次上，首先是从流行发源地向其他区域的传播，从经济发达的大城市向经济相对落后的中小城市的传播。其次是流行的群体传播过程。流行的群体传播过程是指在特定环境下，流行样式从一些人向另一些人的传播过程。通常认为流行的群体传播有三种基本模式，即上传下模式、下传上模式和水平传播模式。

上传下模式。这是关于服装流行传播的早期学说。这种学说认为，在等级社会中，流行样式首先产生于社会上层，并通过社会下层的模仿逐渐流行。这种模式至今仍有一定的适用性。一些流行样式首先出现于社会上有影响的名人之中，而敏感的生产经营者不失时机地大量生产价格较低、能为大多数消费者所接受的仿制品，配合宣传鼓动，推波助澜，从而在社会上形成一定的流行规模。

下传上模式。这是关于流行传播的一种较新的理论。20 世纪 60~70 年代，出现了与传统模式完全相反的服装流行过程，即新的服装样式首先由年轻人，特别是那些并不富有的年轻人所创造和采用，并逐渐被社会高收入阶层及年长者接受而流行。如今已被人们普遍接受的牛仔装、猎装、运动装等，都起源于普通的年轻人，之后逐渐被富有者、年长者所接受。

水平传播模式。水平传播模式是现代社会流行传播的主要方式。水平传播是一种多向、交叉的传播过程，引起流行不是在社会阶层之间的垂直传播，而是在同一阶层的群体内部或之间的横向扩散过程。这种传播模式对企业产品的销售计划有着极其重要的意义，也就是说，传统意义上的时尚形成模式已发生变化，社会上层的生活方式对普通大众的影响力正在减弱，而在流行观念和需求等方面存在差异的各种群体中，时尚流行的特征也不相同。因此，对于服装企业来说，应将主要精力用于仔细观察自己的目标顾客，努力发现不同收入、年龄以及受教育程度、生活方式的顾客群体，应对顾客群体中时装“领导者”的人口、地理位置和媒体特征等进行调查研究，通过适当的广告宣传和其他营销策略影响时装“领导者”的偏好，扩大市场规模。

服装产品的生命周期与营销策略的运用

1. 导入期的营销策略。新产品在刚刚推出市场时，销售量增长缓慢，往往无利甚至亏损。其原因是：生产能力尚未全部形成，工人操作尚未熟练，次品、废品率高，增加了成本，加上消费者对新产品有一个认识过程，不会立刻都接受它。该阶段企业的基本策略应当是突出一个“快”字，以促使产品尽快进入成长期。总体营销策略为：控制生产成本、减少亏损、增加利润；进行合理的定位，有效地开拓目标市场；建立一定的销售渠道销售产品和反馈消费者信息；善用品牌策略，推出新产品，传播产品性能、用途信息，刺激需求。

具体策略有以下几个方面。

高价撇脂战略。这一策略的特点是以高价格和高促销的方式推出服装新产品。该阶段采取这种策略的市场环境是：大部分潜在消费者、目标市场的顾客还没有意识到该新产品；一部分消费者对服装求新的心理强烈，愿意出高价；公司面临潜在竞争者的威胁，急需建立品牌。实行高价格是为了迅速收回成本，从单位销售额中获取最大的利润；实行高促销是为了尽快引起目标市场的注意，引起流行，占领市场。

缓慢撇脂战略。这一策略的特点是以高价格和低促销方式将服装新产品推入市场。制订高价格，支出少量促销费用，公司可以减少营销成本，获取更多利润。采用这种策略的市场环境是：市场容量很大，消费者对这种服装新产品有所了解；购买者对价格不是很敏感，愿意出高价购买；潜在竞争的威胁不大。

低价快速渗透策略。这一策略的特点是以低价格和高促销方式推出服装新产品，其目的在于先发制人，迅速打入服装市场，取得最大的市场占有率。采用这种策略的市场环境是：市场规模大，消费者对这种服装新产品不了解且对价格十分敏感；潜在竞争对手多且竞争激烈；服装新产品单价成本可因大批量生产而降低。

逐步渗透市场策略。这一策略的特点是以低价格和低促销方式推出服装新产品，目的是鼓励消费者尽快接受新产品；较低的促销费用使企业有效降低经营成本，确保企业的利润。采用这种策略的市场环境是：市场需求大；产品知名度高；消费者对价格比较敏感，市场需求价格弹性高而促销弹性小；潜在竞争压力大。这是众多中小服装企业常用的策略。

2. 成长期的营销策略。此时期服装产品基本成型，技术、工艺和设备均成熟，废品、次品率大大降低，销售渠道也已疏通，产品经营成本急剧下降，服装市场价格趋于下降，公司销售量直线上升，利润迅速增加。竞争者受到服装新产品丰厚利润的吸引，大量加入，开始仿制，同类服装商品投入市场，竞争加剧。

在这一阶段，企业往往会面临高市场占有率和高利润的抉择。因为两者似乎是矛盾的，要获取高的市场占有率势必要改良产品、降低价格、增加营销费用，这会使企业的利润减少。但是如果企业能够维持较高的市场占有率，在竞争中处于有利的地位，将会有利于今后的发展。所以，这一阶段企业的基本策略应当是突出一个“稳”字，稳扎稳打，即使暂时放弃了眼前的利润，也可望在成熟期阶段得到补偿。

在服装产品的成长期主要采用以下营销策略。

提高服装产品质量，增加服装产品特色，发展服装产品的新型号、新款式，并开发新用途，以对抗竞争产品，巩固自己的竞争地位。

从以建立服装产品知名度为中心转移到以树立服装产品形象为中心，争取创立名牌，争取新顾客。

积极寻求新的细分市场，在分析销售业绩的基础上，挖掘产品尚未到达的领域做重点努力。同时，扩大销售网点，方便消费者购买。

在大量生产的基础上，选择适当时机降低价格或实施价格优惠策略，以吸引较低层次的、对价格敏感的潜在消费者。

3. 成熟期的营销策略。产品的销售增长速度在达到了顶点后，将逐渐放慢，并进入一个相对的稳定时期。这一阶段的特点是产品的销量大、利润大、时间长。在成熟期的后半期，销量达到顶峰后开始下跌，利润也逐渐下滑。这一阶段的基本策略是突出一个“优”字，应避免消极防御，而要采取积极的进攻策略，建立和宣传产品的特定优势，以增加或稳定产品的销售。具体策略有以下几个方面。

扩大市场。公司可用组成销售量的两个因素，为它的成熟品牌扩大市场。

销售量=品牌使用者数量×每个用户的使用率

增加品牌使用者数量的方法有三种，即转变非用户、进入新的细分市场、争取竞争对手的顾客。增加品牌使用率的策略有：提高使用频率、增加各个场合的产品使用量以及新的、更广泛的用途。如风衣除了其特有的功能外，在各种场合下，还可以当大衣和外套便服；休闲西服可以兼有西服和休闲功能等。

改进产品。服装企业应努力在质量、性能、特色、式样等方面改进产品的特性，使其能吸引新用户和增加现行用户的使用量，以改善销售情况。

改进市场营销组合。产品的生命周期到了成熟阶段，各种内外部条件发生了重大的变化，因而市场营销组合也需要有一个大的调整。服装企业应努力通过改进营销组合的一个或几个要素刺激销售，这也是为了延长产品的成熟期，避免衰退期的到来。

4. 衰退期的营销策略。此时服装销售会出现持续的负增长态势。由于销售量锐减，利润丧失，很多竞争厂商纷纷倒闭或另谋生路。在这个阶段，企业的策略应突出一个“新”字，因为产品的衰退已是不可避免的，所以企业这时就应积极地开发新产品，有计划地使新、老产品的市场过渡自然顺利；同时，针对市场形势，既保持适当的生产量以维护一部分市场占有率，又要做好撤出产品的准备，以尽量使利润不会跌得太厉害。这时，企业的具体营销策略有以下几点。

减少衰退产品的营销费用，只进行适度的提示性广告和营业推广，刺激消费者重复购买。

减少促销费用的投入，采取措施降低经营成本。

调整经营范围或集中经营少数相对有优势的产品，实施集中营销策略。

撤出全部资金、技术，转而开发其他产品。

二　服装品牌和商标策略

(一)品牌与商标的基本概念

品牌与商标是用以识别不同生产经营者的不同种类、不同品质产品的商业名称及其标志。但在企业的营销实践中，品牌和商标并不完全等同。品牌是市场概念，是生产经营者给自己的产品所规定的商业名称，是产品的一种标志，也叫厂牌。而商标则是法律概念，是经过政府有关部门注册的品牌，是受法律保护的品牌，有专门的使用权，具有排他性，是品牌的一部分。可以说所有的商标都是品牌，但不是所有的品牌都是商标。

品牌的含义

品牌是一个集合概念，它是名称、文字、标记、符号、颜色和图案、包装、价格、历史声誉、广告风格等要素的组合构成。美国市场营销协会对品牌的定义是：品牌是一个名称、术语、标记、符号或图案设计，或是它们的组合，其目的是识别某个销售者的产品或服务，并使之与竞争对手的产品或服务区别开来。品牌在本质上代表着企业对提供给市场的产品特性、利益和服务的一贯性的承诺。最佳品牌就是质量的保证。

品牌包括品牌名称和品牌标志两部分。品牌名称是指品牌中可以用语言、文字表达的部分，也称“品名”；品牌标志是指品牌中以符号、图案或颜色等形式显示出来的部分，是一个可以被识别、辨认但不能用语言称谓的部分，也称“品标”。有的服装品牌只有品牌名称，有的只有品牌标志，大部分服装品牌两者兼有。

品牌的含义包含六个层次的内容。

1. 属性。品牌代表着特定的商品属性，这是品牌最基本的含义。不同的属性是消费者购买这个品牌的基本出发点。例如贝纳通就意味着随意、舒适、融合等属性，企业的广告都是以这些属性为诉求重点。一直以来，贝纳通都是以“United Colors of Benetton”这样的广告语进行推广，强调了这个品牌的融合的属性。

2. 利益。顾客购买商品的实质是购买某种利益，这个利益包括服装本身的使用价值所带来的利益，也包括心理满足的情感性利益。情感利益是很多消费者购买品牌服装的重要原因，尤其是世界顶尖级品牌带给消费者的心理满足感，已成为购买的重要利益表现。

3. 价值。品牌体现了生产者的某些价值观。品牌的价值观要求企业营销者必须分辨出对这些价值感兴趣的购买者群体。例如 Zara 这个品牌就代表了服装界中快速反应和紧跟流行的价值，如果消费者对这个价值认可，就会对这个品牌产生购买行为。

4. 文化。品牌还附着着特定的文化。消费者会接受和自己相同的文化，并且肯定代表这种文化的服装品牌。例如路易威登就代表了一种经典、高贵的法国文化，这是其他品牌不可仿效的，有同样文化共鸣的消费者会产生重复性的购买，建立对这个品牌的忠诚度。

5. 个性。品牌也反映了一定的个性。如果品牌是一个人、一种动物或一个物体，那么，不同的品牌会使人们产生不同的品牌个性联想。这是消费者对品牌产生长时间记忆的保证。

6. 使用者的特征。品牌暗示了购买或使用产品的消费者类型，包括消费者的年龄范围、收入水平、社会阶层，甚至职业范围等特征。因此，品牌定位应当和消费者的这些特征相符合，更好地满足细分市场消费者的需求。

品牌资产

品牌资产是一种超过产品或服务本身利益以外的价值，它通过为消费者和企业提供附加利益来体现其价值。作为企业财产的重要组成部分，品牌资产具有以下三个基本特征。

1. 无形性。品牌资产是一种无形资产，人们难以对它有直观的把握。正是由于品牌资产的不易感知性，目前我国相当一部分企业还未能对品牌资产给予足够的重视，甚至没有把品牌资产提升到与有形资产同样重要的高度。由无形性所决定的品牌资产的所有权获得和所有权转移也与有形资产存在着差异。有形资产通常是通过市场交换的方式取得其所有权，而品牌资产则一般是经由品牌或商标使用者申请注册，由注册机关依照法定程序确立其所有权。品牌资产的无形性也决定了品牌资产难以准确计量。

2. 品牌资产在利用中增值。就一般有形资产而言，投资会增加资产存量，利用就会减少资产存量。而品牌资产则不同，其被利用的过程并不必然是品牌资产减少的过程，而且，如果品牌管理利用得当，品牌资产非但不会因利用而减少，反而会在利用中增值。例如，某企业对已成功的品牌不失时机地扩展到其他产品上，品牌的影响力即会扩大，如此，品牌资产不但没有因此下降，反而会有所增加。

3. 品牌资产是营销绩效的主要衡量指标。由于品牌资产的实质是销售者对交付给买者的产品特征、利益和服务等方面的一贯性承诺，所以，为了维系和发展企业与消费者之间互惠互利的长期交换关系，企业需要积极开展营销活动，履行各种承诺。可以说，品牌资产是企业不断进行营销投入或营销活动的结果，每一种营销投入或营销活动都或多或少地会对品牌资产存量的增减变化产生影响。正因如此，分散的、单一的营销手段难以保证品牌资产获得增值，企业必须综合运用各种营销手段，并使之有机协调与配合。如此说来，品牌资产的大小是各种营销技术与手段综合作用的结果，它在很大程度上反映了企业营销的总体水平。

商标专用权与商标侵权

1. 商标专用权。商标专用权也称商标独占使用权，是指品牌经政府有关主管部门核准后独立享有其商标使用权。这种经核准的品牌名称和品牌标志受法律保护，其他任何未经许可的企业不得使用。因此，企业欲使自己的产品品牌长久延续，必须通过国家许可的方式获得商标专用权，以求得法律的保护。

国际上对商标权的认定有两个并行的原则，即“注册优先”和“使用优先”。注册优先是指商标专用权归属于依法首先申请注册并获准的企业。使用优先则是指商标专用权归属于该品牌的首先使用者。当然，在具体的商标权认定实践中，有时会对以上两种原则进行主次搭配、混合使用。

使用优先辅以注册优先。即是指在采用“使用优先”原则的国家也可以办理品牌注册，但这种注册在一定期限内只起一种声明作用，如有首先使用人在此期限内提出首先使用的证明，则这种注册即被撤销。过了这一期限，任何人都不能再以首先使用人名义要求撤销这种注册。可见，在采用使用优先原则的国家里，品牌注册同样具有不可忽视的重要意义。因为这些国家大都有“仅限于使用所达到的范围内有效”的规定，他人可以在其未使用的地区抢先注册。

注册优先辅以使用优先。即是指采用“注册优先”原则的国家一般也都规定在一定的期限内，其商标连续不使用又无正当理由者将被撤销，这就客观要求经注册获得商标专用权的企业要坚持不间断地使用已注册的品牌或商标，否则，亦会失掉商标专用权。

2. 商标侵权。即是指在同一种商品或类似商品上使用与某商标雷同或近似的品牌，可能引起欺诈、混淆或讹误，损害原商标声誉的行为。凡不拥有商标使用权，而是假冒他人商标（盗用一个已有的商标并将其贴在劣质的同类产品上出售）、仿冒他人商标（用鱼目混珠的方法模仿他人商标，造出近似的品牌，贴在次质的同类产品上出售）、恶意抢注他人商标（非真正的商标所有者钻法律的空子，抢先注册他人商标，取得商标所有权，然后再高价出售或勒索商标真正所有者）等行为，均构成商标侵权。

(二)服装品牌的确立

品牌名称的类型与确立原则

品牌名称是形成品牌概念的基础,是树立服装品牌的核心要素。常用的服装品牌主要有以下四种类型。

1. 企业式名称。即借用公司名称作为服装产品的品牌名称。如阿迪达斯等服装品牌都是采用公司的名称。

2. 人物式名称。即直接以人物名作为产品品牌名。如香奈尔、范思哲等服装品牌。

3. 动物式名称。即以动物名作为品牌名称。如海螺衬衫、雪豹皮衣、彪马(美洲豹)体育服饰用品、鳄鱼牌服装、七匹狼男装等。

4. 植物式名称。即以植物名作为品牌名称。如杉杉西服、红豆西服、苹果牛仔等。

经营者在为服装选择品牌名称时,应注意遵循以下原则。

1. 易读易记原则。易读易记是对品牌名称最根本的要求,品牌名称只有易读易记,才能高效地发挥它的识别功能和传播功能。因此,为达到易读易记的效果,必须做到:①简洁,名字单纯、简洁、明快,易于与消费者进行信息交流,这些名称多为2~3个音节;②独特,名称应具备独特的个性,避免雷同,避免与其他品牌混淆;③新颖,服装是时代感很强的商品,品牌名称要有新鲜感,创造新概念,符合时代要求;④响亮,易于上口,难发音或音韵不好的字不宜作名称。

2. 启发良好联想。服装名称还应暗示服装的某种面料或风格。比如,白领女性服装暗示该服装的目标消费者及该产品的品质档次。金利来最初叫金狮,在粤语中"狮"与"输"同音,香港人热衷赌马,自然没人理睬这个品牌。曾宪梓将金狮改为金利来后,从此打开销路。淑女屋这个女装品牌的名称使人们清楚感受到这种服装产品的个性特征和适合的消费群体。

3. 构思新颖独特。与众不同、超乎想象的品牌名称是易被消费者记忆并产生好感的。由法国克里斯汀·迪奥公司推出的世界十大著名香水品牌之一的Poison品牌,其中文译名是百爱,而这个单词的英文原意则是"毒药、毒液",这种奇特的品牌名称构思吸引了众多好奇型的消费者尝试该产品,使Poison香水迅速在市场扩展。

4. 适应不同的文化环境。服装是文化的载体,服装命名应对不同的文化有所适应,充分考虑文化的差异,在不同文化背景下获得认同。不同的国家有不同的文化禁忌,对出口商品的品牌尤其要全面考虑,最好能针对目标市场的特点专门命名和设计,一般不要将国内品牌直接变为汉语拼音文字,因为这涉及发音是否符合国外语言习惯的问题。如果用意译或音译,则要注意品牌名称在外语中的含义是否妥当。例如国际知名的运动品牌Nike,译为"耐克",其中"耐"字寓意非常深刻,深受中国人的喜爱;我国男装名牌雅戈尔英文译成Youngor,能够很好地表达出其品牌的青春定位。

品牌标志的设计

品牌标志是产品信息的外在表现,通常由文字单独构成或与图形结合构成,可以划分为文字表示和图形表示两种。标志能极大地影响消费者和潜在消费者对品牌的第一印象。品牌标志设计的基本原则有以下四点。

1. 独特醒目、易于识别。品牌的基本作用是便于消费者区别一个企业的产品与另一个企业的同类产品，因此品牌标志就要有与众不同的独特性和可区分性，造型独特，有鲜明的个性，易于被消费者识别。为适应这个要求，企业不宜把过长的和拗口的字符串作为品牌名称，也不宜将呆板、缺乏特色感的符号、颜色、图案用作品标。

2. 简洁明了、易于记忆。要让消费者对品牌留下印象，简洁明了的标志符合人们记忆规律和特点，而且简明的标志可超越国家民族语言文化的限制，便于大众理解和记忆。

3. 具有深厚的文化内涵。深厚的文化内涵能够赋予产品长久的生命力和较高的审美价值。例如江苏红豆集团的服装品牌和企业名称使人们想起唐代大诗人王维的千古绝句。“红豆”是一种植物，是人们常用的镶嵌饰物，也是美好情感的象征物（又称“相思子”或“相思豆”）。红豆作为品牌，表达了企业对消费者的关爱。年轻的情侣通过互赠红豆服装表示爱慕之意，离家的游子以红豆服装寄托其思乡之情。红豆服装正是借“红豆”这一富于中国传统文化内涵、情意浓重的品牌“红”起来的。

4. 品牌设计要适应国际化趋势。世界各国品牌标志设计在不同的社会文化影响下，逐渐形成了各自的风格：德国品牌标志设计风格严谨，以高度概括的视觉图形传递信息；法国强调优雅与自由的表现；美国倾向于活泼自由的空间组合；日本将东方传统的直觉设计方式与欧洲结构主义的形式集为一体。但无论各国艺术特色如何，品牌标志都体现了共同的趋势——从原始的标志性符号转向繁复的绘画图案，再趋向现代单纯简明的几何图案，从具体形象转为文字或抽象几何图案。

品牌价值的确立与提升的途径

1. 品牌价值的确立。服装品牌价值基于消费者对于某品牌的接受、认可或喜爱，而使品牌产生溢价，然后把这个溢价通过技术手段折算成货币，就是品牌的价值。这个溢价是超出行业平均利润率的利润，所以说，品牌价值是超额利润部分的反映。

服装品牌价值体现在以下几个方面。

服装价格。服装品牌的价值是对品牌进行的量化分析，作为品牌的影子价格，构成了服装产品价格的一个部分，同时也直接体现为企业的无形资产。

超额利润。品牌价值是由服装价格中超出平均利润的超额利润体现的，同时在市场竞争中进行价值实现。超额利润意味着同样的成本下品牌价值高的商品可以获得更多的利润，这是企业努力提升品牌价值的重要原因。

科技水平。品牌价值是服装产品科技含量的体现，那些不可仿效的因素体现着服装生产科技水平，是吸引消费者产生购买行为的催化剂。

企业美誉度。服装企业的经营业绩也是构成品牌价值的重要内容，一个只有知名度而没有美誉度的品牌，因为没有优良的经营业绩支撑，其品牌价值相对而言较低。所以，在提升品牌价值的努力中，提升企业的美誉度成为重要的内容。

品牌价值的构成元素主要有以下几个方面。

品牌忠诚度。品牌忠诚度是品牌价值的基础，它由消费者使用经验、认知及品牌辨识和产品质量所构成。品牌忠诚度的产生，主要是来自消费者对曾经购买的服装是否满意的体验。如果某品牌服装的消费者满意度及忠诚度高，就说明该产品消费者不仅在现阶段会购买该品牌产品，还很可能在未来继续重复购买该品牌产品，同时还很可能推荐其他消费者购买该品牌产品。

品牌名称认知。服装品牌在营销上最大的作用，在于它能在消费者心中成为代表品牌所有信息的一种速记符号。所以，确定消费者对品牌名称的认知体现了品牌潜在价值的大小。

品牌质量认知。品牌质量认知则是消费者对产品或服务质量优劣的判断比较，这是维持消费者对品牌忠诚度和满意度的基础。

品牌识别系统。品牌识别系统是一种企业概念的传播，在于构建和传递关于品牌有形或无形的印象。这种印象有利于消费者从各方面区别不同的品牌，并对品牌产生恒定和长久的记忆。

品牌的其他相关资产。品牌的其他相关资产包括专利、销售渠道等方面的优势，这些优势具有其他品牌不可仿效的特点，为提升企业的销售业绩做出贡献。

2. 提升品牌价值的途径。提升品牌价值的方法有很多，总体上都是从增加服装销售和获得消费者对品牌认可的角度上进行的，主要有以下几种方法。

向消费者售卖一种体验。体验强调的是品牌能给消费者带来的和自我形象相关的联想。一个成功的服装品牌通过向消费者提供一种体验，获得他们对品牌文化的认可。体验成为消费者购买的一种重要动力。所以企业要深刻认识到卖场不仅在售卖服装，更重要的是售卖一种梦想或者体验，让消费者产生共鸣，这样消费者才可能产生一种忠诚度。

全方位信息的一致。企业需在经营理念、视觉系统、组织系统、品牌定位、品牌传播等方面进行全方位和深度的整合，做到给消费者传递出的信息具有统一的特性。这样在消费者的记忆中就会形成关于企业的整体和系统的信息，有助于消费者建立对品牌的认知。

塑造品牌形象。品牌形象是一种连接产品和消费者的纽带，是企业的一种资产。从外部来讲，具有独特个性形象的企业可以获得更多消费者的注意，为企业带来更多的销售机会，为商品增加价值。从内部来讲，以企业核心价值观为核心的企业文化的建设，更是可以到达企业制度所不可及之处，有效地增加企业凝聚力，提高工作效率。

调整企业的经营重心。服装企业需对自身的经营重心进行调整，从交易转向关系的建立。良好关系的建立是消费者产生重复性购买行为的重要原因，这为企业品牌价值的提升提供了有力的保证。要将经营重心很好地调整过来，就要求企业在经营过程中，除了要信守基本的诚信原则以外，还需要在交易过程中提供一些超出服装产品本身的额外价值，如舒适的服装卖场、营销人员的良好态度等。

利用公关手段。良好的公关手段是提升企业品牌知名度和美誉度的有效方法。例如，社会公益活动是以赞助社会福利事业为中心开展的公关促销活动，选择社会公益活动会达到事半功倍的效果。常见的公益活动包括赞助体育盛会、赞助灾区活动、资助社会福利事业、赞助文化教育事业等，尤其是影响力比较大的体育盛会，是服装企业提升品牌价值的重要方法。

(三)服装品牌策略

品牌归属策略

企业在品牌归属方面有三种选择，即产品以制造商品牌推入市场，也可以使用分销商品牌(又叫零售商品牌或商店品牌)，或者制造商对部分产品使用自己的品牌，而对另一部分产品使用分销商品牌。

1. 制造商品牌。生产企业有较高的信誉，希望通过自己的品牌来控制市场，同时由于消费者往往通过制造商品牌来判断质量，所以制造商品牌占支配地位。一般有规模的服装企业均以企业自己的品牌推出产品。

2. 零售商品牌。零售企业规模越来越大，遍布全球，对产品销售有很强的控制力，大型零售商自己已陆续树立起自己的品牌。新加坡的麦特劳百货商店，创立了几个品牌，如玛丽莎、安娜贝拉、索菲斯和富特维；美国西尔斯公司器具类产品品牌为 Kenmore，妇女服装类名称为 Kerrybrook，家庭设备类又称为 Homart。这些品牌已博得消费者的品牌偏爱和品牌忠诚。

品牌究竟归属制造商还是分销商，这就需要企业全面考虑各种相关因素，综合分析得益损失，最关键的问题要看谁在这个产品分销链上居主导地位，拥有更好的市场信誉和拓展市场的潜能。一般来说，在制造商的市场信誉良好、企业实力较强、产品市场占有率较高的情况下，宜采用制造商品牌；相反，在制造商资金拮据、市场营销薄弱的情况下，不宜选用制造商品牌，而应以分销商品牌为主，或全部采用分销商品牌。必须指出，若分销商在某目标市场拥有较好的品牌忠诚度及庞大而完善的销售网络，即使制造商有自营品牌的能力，也应考虑采用分销商品牌。这是企业在进占海外市场的实践中常用的品牌策略。

品牌统分策略

1. 统一品牌。即企业将自己生产的全部产品都用统一的品牌，或以一定品牌为基础，采用各种相关的文字或符号，使其成为一个统一的品牌系列。统一品牌一般运用在产品特点、价格和目标市场大致相同的产品上。例如国际顶尖服饰品牌香奈尔就有服装、珠宝饰品、配件、化妆品、香水等类别，每一种产品都闻名遐迩。

企业采用统一品牌策略，能够降低新产品宣传费用；可在企业的品牌已赢得良好市场信誉的情况下实现顺利推出新产品的愿望；同时也有助于显示企业实力，塑造企业形象。不过，不可忽视的是，若某一种产品因某种原因（如质量）出现问题，就可能导致其他种类产品受牵连进而影响全部产品和整个企业的信誉。当然，统一品牌策略也存在着易相互混淆、难以区分产品质量档次等令消费者不便的缺点。

2. 个别品牌。即每种产品一种品牌，或同种产品不同质量标准而采用多种品牌。耐克公司推出乔丹鞋就是个别品牌策略。采用个别品牌策略能避免将公司的声誉与某一产品品牌的成败相联系，一个品牌的产品失败，不会损及制造商的声誉；公司可以为每一种新产品寻找最佳名称，一个新的品牌可以造成新的刺激，建立新的品牌偏好和品牌忠诚度。但是，个别品牌策略为建立品牌认知，必须为每种产品制订新品牌名称标志，增加了企业的促销费用，给企业带来一定的负担。

3. 分类品牌。即对不同类别的产品或不同目标市场的产品使用不同的名称。Hugo Boss 公司把男装市场分为三类——商界经理、年轻人、有品位的高层次人士，分别使用 Boss、Hugo、Baldessarini 三个品牌；杉杉集团男装使用杉杉品牌，女装使用法涵诗品牌，青年休闲装使用意丹奴品牌，童装使用小杉哥品牌。这样，不同的品牌定位确立各自形象，在各自的细分市场上更好地满足顾客需求。

4. 企业名称加个别品牌。即在不同产品的品牌名称前冠以企业名称。这种做法可以使新产品与老产品统一化，进而享受企业的整体信誉。与此同时，各种不同的新产品分别使用不同的品牌名称，又可以使不同的新产品各具特色。

品牌扩展策略

以现有成功品牌名称推出改良产品或新产品就是品牌扩展。利用已经获得成功的品牌推出新产品，消费者对新产品会产生良好的品牌联想，有利于新产品进入目标市场；还可节约新品牌名称的设计以及调查工作，并不需为建立品牌名称认知和偏好而花费大量的广告费。

但品牌扩展策略也有一定的风险。假如新产品不能令人满意，这就可能影响消费者对品牌的态度。有的品牌名称对新产品未必适用。品牌过度扩展将导致品牌名称失去其在消费者心目中的特定位置，品牌不再使消费者联想到特定的产品或类似产品，这种情况叫品牌淡化。因此，企业将现有品牌用于新的产品类别需格外注意。

品牌延伸策略

既可以利用现有品牌的知名度，又不会带来风险的做法就是品牌延伸。品牌延伸是将单一的品牌发展为相互有联系的品牌家族。产品组合扩展的同时，品牌名称加以一定的改变，就构成一组类似的品牌，各品牌之间相互有联系。这样，可以充分利用主品牌的知名度与信誉度，迅速拓展市场，而且还回避了不恰当的扩展以及定位的改变对主品牌的负面影响。

品牌重新定位策略

品牌重新定位策略即是指全部或部分调整或改变品牌原有市场定位的做法。当竞争环境和消费者偏好发生变化时，企业必须适时、适势地做好品牌重新定位工作，目的是使现有产品具有与竞争者产品不同的特点，与竞争产品拉开距离，满足消费者的新需求。企业进行品牌重新定位时，既要考虑再定位成本，包括改变产品品质费用、包装费用和广告费用等；同时也要考虑再定位收入问题，权衡之下再做决策。

(四)互联网域名商标策略

域名作为互联网的单位名称和在 Internet 网络上使用的网页所有者的身份标识，它不仅能给人传达很多重要信息(如单位属性、业务特征等)，而且还具有商标属性。域名之所以具有商标属性，是因为域名的所有权属于注册者。若某企业的商标由另一不同行业的企业抢先注册，那么，该企业就可能永远失去了注册与自己产品的商标名称相一致的域名了。然而，域名的传播和使用范围却是全社会的。一个域名用得久了，人们就对它有了特殊的感觉与记忆。企业一旦有了域名，就表明企业在互联网上拥有自己的门牌号码，有了通往网络世界、把握商机的一把钥匙。正因如此，许多企业都把知名商标注册成域名。许多人所知道的驰名商标，几乎都成了互联网上的域名。

由于域名系统(DNS)是国际共有资源，可较好地实现信息传播，这就决定了它有巨大的商业价值。近年来，随着互联网的广泛普及和大量应用，注册域名的企业越来越多，致使原有的三个通用顶级域名.com(公司)、.org(事业单位)、.net(网络单位)已不够用，于是，由互联网协会(ISCO)、互联网数字分配机构(IANA)、因特网架构委员会(IAB)、国际电信联盟(ITU)、国际商标协会(INTA)和世界知识产权组织(WIPO)共同发起成立的 11 人委员会(简称 IAHC)发表了《通用顶级域名管理操作最终方案》。由此，使得顶级域名增加了 7 个，即.firm(企业或公司域名)、.store(销售货物的企业域名)、.web(与 www 活动有关单位的域名)、.arts(文化和娱乐单位的域名)、.rec(消遣和娱乐活动单位的域名)、.info(提供信息服务的单位的域名)、.nom(个体或个人域名)。

需要说明的是,办理域名注册获得域名使用权的规则采用注册优先的原则,谁先注册,谁就拥有了域名的使用权。从目前来看,注册域名有两种做法:其一是在国内注册二级域名,其二是在国际上注册一级域名。随着世界经济一体化进程的加快,拟进占海外市场的发达国家企业争先恐后地注册国际域名,例如,美国99%以上的企业都在互联网上注册一级域名。一级域名不是美国域名,而是国际域名。企业进占国际市场就应注册国际域名。此外,还应注意相关法规对此的禁用规定。如《中国互联网域名注册暂行管理办法》中规定,未经国家有关部门的正式批准,不得使用含有"CHINA""CHINESE""CN"和"NATIONAL"等字样的域名;不得使用公众知晓的其他国家或者地区名称、外国地名、国际组织名称;未经各级地方政府批准,不得使用县级以上(含县级)行政区划名称的全称或者缩写;不得使用对国家、社会或者公共利益有损害的名称。如此等等,都是企业在注册互联网域名时应予以注意的。

三　服装包装策略

(一)包装的含义、种类和作用

包装的含义

包装有两方面的含义:其一,包装是指为产品设计、制作包装物的活动过程;其二,包装即是指包扎物。一般来说,包装应该包括品牌或商标、形状、颜色、图案、材料和标签等要素。品牌或商标是包装中最重要的构成因素,应在包装整体上占突出位置。适宜的包装形状有利于储运和陈列,也有利于产品销售,因此,形状是包装中不可缺少的组合要素。颜色是包装中最具刺激销售作用的构成要素,突出商品特性的色调组合,不仅能够加强品牌特征,而且对顾客有强烈的感召力。图案在包装中如同广告中的画面,其重要性、不可或缺性不言而喻。包装材料的选择,不仅影响包装成本,而且也影响着商品的市场竞争力。开发和选用新型材料是包装设计中的一项重要工作。此外,在产品包装上还有标签。在标签上一般都印有包装内容和产品所包含的主要成分、品牌标志、产品质量等级、生产厂家、生产日期和有效期、使用方法等。有些标签上还印有彩色图案或实物照片,以促进销售。

包装的种类

由于包装在流通中出现的阶段不同,包装具有不同的形态和作用,可以将其分为两类:工业包装和销售包装。

1. 工业包装,又称物流包装,通常将个体商品或散装商品用箱、桶、袋、包、坛、罐等容器进行包装,达到成组化。成组化还可以组成更大的包装单元,也就是集合包装。集合包装是为了便于装卸、搬运、储存和运输等物流作业,将若干包装件或商品包装在一起,形成一个合适的搬运单元。常见的集合包装有集装箱、托盘和集装包(袋)等。

2. 销售包装,又称内包装或小包装,它随同产品进入零售环节,与消费者直接接触。因此,销售包装不仅要保护商品,更为重要的是要传递商品信息,吸引顾客,方便消费者认识、选购、携带和使用。现在,越来越多的产品在超级市场上以自我服务的形式出售,产品的包装就有可能而且有必要执行许多促销任务。同时,日益增长的消费者购买力使得消费者愿意而且能够为良好包装的方便、美观、可靠性付钱。

包装的作用

包装作为商品的重要组成部分,其作用主要表现在以下五个方面。

1. 保护商品。包装的主要作用是保护商品,避免在装卸、搬运、储存和运输等物流作业中以及在外界自然环境中发生损害,价值降低。在流通过程中,商品要处于不同的情形之下,四个因素易引起商品损坏:振动、碰撞、刺穿、挤压。致使商品损坏的自然因素有温度、湿度、光照、微生物等。通过设计良好的包装可以将商品与不良的环境分隔,保证商品的价值不发生变化。

2. 提高作业效率。重要的物流作业,包括储存、运输、配送、装卸、搬运的效率都与包装的形式有关。通过包装的集合化,也将有关的重复作业集合化了,因此效率大为提高,同时包装上有些辅助设施,有助于装卸机械、搬运机械操作,使作业更为方便。

3. 质量的甄别。现在的产品越来越复杂,消费者缺乏判断产品质量的能力和手段,总是收集一些外在的线索来判断内在的质量,产品包装是消费者甄别质量的一个重要的方面。包装上面的认证标志(纯羊毛标志、澳洲羊毛标志、真皮标志以及方圆标志、环境标志等)更是可以充分信任的质量良好的依据。

4. 增加盈利。包装美观醒目,便于消费者识别,引起注意,并且能够激发消费者购买的热情。据美国杜邦公司研究发现,63%的消费者会根据包装做出购买决策。包装是"无声推销员",同时又是塑造品牌和企业形象的重要手段。

5. 创新的手段。包装的创新有助于消费者携带或者使用,可以扩大消费者的选购量,可以为创新的生产者带来利润与声誉。另外,产品更新换代,包装也要做一定的局部调整,以区别于老产品。

(二)包装标签

包装标签是指附着或系挂在商品销售包装上的文字、图形、雕刻及印制的说明。标签中载有许多信息,可以用来识别、检验内装商品,同时也可以起到促销作用。通常,商品标签主要包括:制造者或销售者的名称和地址、商品名称、商标、成分、品质特点、包装内商品数量、使用方法及用量、编号、贮藏应注意的事项、质检号、生产日期和有效期等内容。值得提及的是,印有彩色图案或实物照片的标签有明显的促销功效。

法律始终在关注标签的内容。以前,标签会使消费者产生误解,或者没有说明产品重要的成分,或者没有能够包括足够的安全告诫。现在,许多国家都制定了规范标签内容的法律或法规,来保证商品包装上包含消费者所需的必要信息。

(三)包装的设计原则

1. 安全。安全是产品包装(包括工业包装和销售包装)最核心的作用之一,也是最基本的设计原则之一。在包装活动过程中,包装材料的选择及包装物的制作必须适合产品的物理、化学、生物性能,以保证产品不损坏、不变质、不变形等。一方面,保证商品质量完好、数量完整;另一方面,保护环境安全。

2. 适于运输，便于保管、陈列、携带和使用。在保证产品安全的前提下，应尽可能缩小包装体积，以利于节省包装材料和运输、储存费用。销售包装的造型结构，一方面应与运输包装的要求相吻合，以适应运输和储存的要求；另一方面要注意货架陈列的要求。此外，为方便顾客和满足消费者的不同需要，包装的体积、容量和形式应多种多样；包装的大小、轻重要适当，便于携带和使用，如在保证包装封口严密的条件下，要达到易打开的目的；为适应不同需要，还可采用单件、多件和配套包装等多种不同的包装形式。

3. 美观大方，突出特色。包装具有促销作用，主要是因为销售包装具有美感。美观大方的包装给人以美的感受，有艺术感染力，进而使其成为激发顾客购买欲望的主要诱因。这客观上要求包装设计要注重艺术性。与此同时，包装还应突出产品个性。这是因为，包装是产品的组成部分，追求不同产品之间的差异化是市场竞争的客观要求，而包装是实现产品差异化的重要手段。富有个性、新颖别致的包装更易满足消费者的某种心理要求。

4. 包装与商品价值和质量水平相匹配。包装作为商品的包扎物，尽管有促销作用，但也不可能成为商品价值的主要部分。因此，包装应有一个定位。一般说来，包装应与所包装的商品的价值和质量水平相匹配。经验数字告诉我们，包装不宜超过商品本身价值的 13%–15%。若包装在商品价值中所占的比重过高，即会因易产生名不副实之感而使消费者难以接受；相反，价高质优的商品自然也需要高档包装来衬托商品的高雅、贵重。

5. 包装设计的色彩、图案及造型要符合目标市场消费者的心理。包装设计时要调查分析消费者的心理需求，以免造成因包装不当使产品滞销的现象。如成人服装类产品包装可采用成熟、简约的风格，儿童服装的包装就可以用造型夸张、色彩明快、卡通图案的包装形式。

6. 尊重消费者的宗教信仰和风俗习惯。由于社会文化环境直接影响着消费者对包装的认可程度，所以，为使包装收到促销效果，在包装设计中，必须尊重不同国家和地区的宗教信仰和风俗习惯等社会文化环境下消费者对包装的不同要求，切忌出现有损消费者宗教情感、容易引起消费者忌讳的颜色、图案和文字。应该深入了解、分析消费者特性，根据不同的宗教信仰和风俗习惯设计不同的包装，以适应目标市场的要求。

7. 符合法律规定，兼顾社会利益。法律是市场营销活动的边界。包装设计作为企业市场营销活动的重要环节，在实践中必须严格依法行事。例如，应按法律规定在包装上标明企业名称及地址；对食品、化妆品等与人们身体健康密切相关的产品，应标明生产日期和保质期等。不仅如此，包装设计还应兼顾社会利益，努力减轻消费者负担，节约社会资源，禁止使用有害包装材料，实施绿色包装战略。

此外，还应注意满足不同运输商、不同分销商的特殊要求。

(四)包装策略

根据不同的情况，服装包装可选择的策略一般有以下七种。

1. 类似包装策略。即企业将其所生产的各种产品在包装方面采用相同或相似的包装图案、色彩、外形等共同的特征，使消费者易于辨认同一企业的产品，借以提高企业的声誉，为新产品打开销路创造条件，同样还可以节省包装设计费用。皮尔·卡丹服装包装风格十分简洁、醒目，均以黑色为底色，上面标有品牌名称及标志。莱尔斯丹的包装以白色为底色，以黑色的英文标识出品牌名称。类似包装策略适用于质量水平相近的产品，但由于它容易对优质产品产生不良影响，所以，对于大多数不同种类、不同档次的产品，一般不宜采用这种包装策略。

2. 配套产品包装策略。即服装企业依据消费者生活消费的习惯，把几种相关的产品配套一起包装、一起销售，便于消费者购买使用。在服装产品中常见的是把一些服饰配件配套包装，也有将内衣裤配套包装的。金利来的领带、皮夹、皮带联合包装，精致而方便，定价低于三者之和，利于多销。这种策略能够节约交易时间，便于消费者购买、携带与使用，有利于扩大产品销售，还能够在将新旧产品组合在一起时，使新产品顺利进入市场。但在实践中，还需注意市场需求的具体特点、消费者的购买能力和产品本身的关联程度大小，切忌任意配套搭配。

3. 分类包装策略。分类包装策略是指根据消费者的不同购买目的，对同一种产品采用不同的包装。例如，购买商品作为礼品赠送亲友，可精致包装；若购买者自己使用，则简单包装。

4. 等级包装策略。该策略是指企业对自己生产经营的不同质量等级的产品分别设计和使用不同的包装。显然，这种依产品等级来配比设计包装的策略可使包装质量与产品品质等级相匹配，对高档产品采用精致包装，对低档产品采用简略包装，该做法适应不同需求层次消费者的购买心理，便于消费者识别、选购商品，从而有利于全面扩大销售。

5. 再使用包装策略。即指包装物在被包装的产品消费完毕后还能移作他用。很多服装包装可以做成购物袋。当顾客提着购物袋时，街上的行人或乘坐公交车的人就会看到购物袋，由于袋上有品牌标志，它们便构成了活动的广告。购物袋不仅仅是把所购的商品带回家，而且被消费者重复地使用，企业将因此而获得额外的广告效果。这种包装策略增加了包装的用途，可以刺激消费者的购买欲望，有利于扩大产品销售，同时也可使带有商品商标的包装物在再使用过程中起到延伸宣传的作用。

6. 附赠品包装策略。附赠品包装策略是指在包装物内附有赠品以诱发消费者重复购买的做法。在包装物中的附赠品可以是玩具、图片，也可以是奖券。该包装策略对儿童和青少年以及低收入者比较有效。但目前国家已出台相应法规，对此类包装加以限制。

7. 更新包装策略。更新包装就是改变原来的包装，是企业包装策略随着市场需求的变化而改变的做法。一种包装策略无效，依消费者的要求更换包装、实施新的包装策略，可以改变商品在消费者心目中的地位，进而收到迅速恢复企业声誉之效。

思考与练习

1. 如何根据服装产品所处的生命周期制订相应的营销策略？
2. 以某服装品牌为例，谈谈服装企业应如何塑造品牌形象、提升品牌价值。
3. 结合案例谈谈服装包装的设计原则及包装策略。

第七章 服装价格策略

一般来说，当企业要将新产品投入市场时，或者将某些产品通过新的途径投入市场或新的市场时，或者竞争投标时，都必须给其产品制订适当的价格。价格是市场营销组合因素中十分敏感而又难以控制的因素，直接关系着市场对产品的接受程度，涉及生产者、经营者、消费者等各方面的利益。在服装销售中，价格定位的恰当与否直接关系到产品销售业绩的好坏，与企业的成败息息相关。服装价格是服装价值的体现，而服装价值取向不仅具有有形价值，更具有无形价值，如艺术价值、时效价值、权力价值和名誉价值等，这使服装定价决策变得非常复杂。对服装企业而言，由于季节的更替、流行周期的变化以及新产品开发的频繁，产品定价已成为服装企业重要的营销活动之一。

一　服装定价的基本程序

影响服装企业定价的因素有很多，产品的价格既要体现产品的实现成本和利润，又要符合消费者的需求心理和市场竞争要求，因此，遵循一个科学的定价程序显得十分重要。服装定价程序如图 7−1 所示。

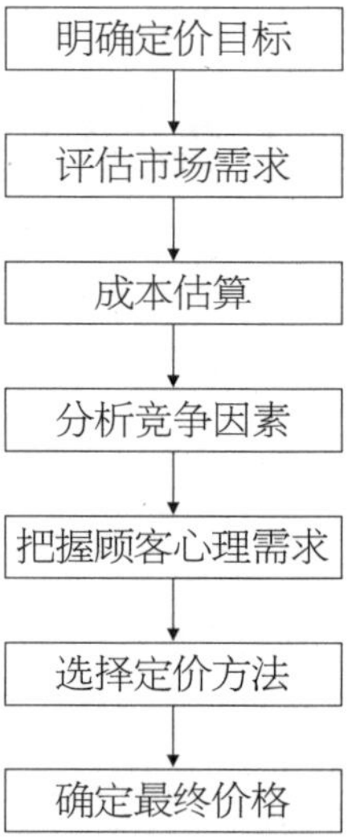

图 7−1 服装定价程序

（一）明确定价目标

价格制订定首先要符合企业的战略目标，与企业的目标市场相一致。比如，某服装企业决定为 18~25 岁的女性消费者设计和生产时装，目标市场的选择和定位就决定了其服装产品的价格水平应处于一个中低档次。一般来说，服装企业选择的定价目标有以下五种情形。

利润导向定价目标

获取利润是服装企业生存和发展的必要条件，也是企业经营的直接动力和最终目的。当服装企业在行业中具有较强的竞争优势时，往往会以利润最大化为目标，通过制订高价来提高单位产品的利润，从而实现企业利润最大化。在竞争中并非具有很强竞争实力的企业，则应当选择一个合理的、具体的利润目标，产品定价与同行业平均价位保持一致。

销售导向定价目标

即以增加销售量或扩大市场份额为目标对产品进行定价。服装企业通过制订较低的价格，增加产品的销售量，扩大市场占有率，产生一定的规模效应，从而降低成本，提高利润。很多休闲服品牌就是以销售导向作为定价目标的。

竞争导向定价目标

即企业在分析自身产品的竞争力和市场竞争地位之后，以对付竞争对手为目标来制订产品价格。当企业实力雄厚、居于市场领导地位时，其定价目标是为了阻止竞争对手进入自己的目标市场；当企业处于市场挑战者地位时，定价目标是攻击竞争对手，侵蚀竞争对手的市场占有率，因而会将价格制订得略低于对手；而竞争实力较弱的中小型服装企业，一般会尾随市场主导者的价格，采取随行就市的定价方法。

品牌形象定价目标

品牌形象是企业在经营中创造的无形资产，是企业联系消费者的重要纽带，对企业产品销量、市场占有率、利润的高低和竞争力的强弱影响很大。许多服装企业或品牌具有较高的品质和认知价值，将产品定以高价会产生强大的品牌增值效应。

生存导向定价目标

如果企业受到生产能力过剩、激烈的市场竞争和顾客需求不断变化等问题严重影响，产品滞销积压，开工不足，则企业应将求生存作为主要目标，这时需要降低产品的价格，甚至是低于产品成本的价格出售产品，以削减库存、回笼资金，维持企业经营。这种定价目标只能作为激烈竞争下的短期目标，服装企业要想获得长期的发展，还必须在市场定位、服装设计、成本压缩、销售通路等方面采取措施。

(二)评估市场需求

企业在定价以前，必须了解市场供求状况，既要从微观上弄清该服装在某个市场层面上的供求状况，也要从宏观上了解同类服装及相关服饰的整体市场乃至全球市场供求状况，既要摸清现在的情况，也要预测未来的供求变化趋势，为制订长期价格战略和短期价格策略提供准确依据。

供求关系是影响服装价格的重要因素。在其他条件不变的情况下，价格与需求量成反比，服装的市场价格越高，人们对它的需求量就越小；相反，服装的市场价格越低，人们对它的需求量就越大。价格的变动将会引起需求量的变动，这就是需求的价格弹性，需求价格弹性是衡量价格变动和需求量变动之间数量关系的一种尺度，是需求量对价格变动的反应程度，即：

$$需求弹性=\frac{需求量的相对变动}{价格的相对变动}$$

需求弹性的具体数值通常被称作价格需求弹性系数，由于该值是负值，所以要用绝对值进行比较。价格需求弹性系数值越大，说明价格稍有变动，需求量就变动很大，称为弹性需求；价格需求弹性系数值越小，说明价格虽有大的变动，但需求却变化很小，称为非弹性需求。根据这个原理，若价格需求弹性系数较小，可采取高价策略，因为不会因价高而使需求量下降；若价格需求弹性系数较大，应采取低价策略，因为只要价格稍微降低就会使销量大大增加。

服装弹性系数的大小取决于多种因素，如替代品的数量和相近程度，若有许多相近的替代品，则它的需求一般是弹性充足的。此外，服装在消费者支出预算中所占的比例很小，其需求往往是缺乏弹性的；相反，如果服装在消费者支出预算中所占的比例很大，其需求一般是富有弹性的。

(三)成本估算

服装成本是指服装从原材料采购、设计生产到上市销售的一系列过程中，企业所投入的费用。对于企业而言，产品的价格至少要能弥补生产、销售等产品成本，否则，企业无利可图。因此，成本估算是产品定价的基础和前提。

对于服装生产企业来说，服装的生产成本主要包括原材料费用(面料、缝纫线、纽扣、拉链等)、包装材料费用(胶袋、纸盒、纸箱、大头针等)、人工费用(工人的工资、管理人员的工资等)、间接费用(设备的折旧等)、管理费用、财务费用和销售费用等。另外，对于时装产品而言，尤其是高级时装，其成本还包括市场调查费用、设计费用和广告费用等。生产成本与工业利润一起构成了服装产品的出厂价格。

对于服装销售企业来说，成本估算需考虑服装商品的进价成本、经营费用(店铺租金、运输费、装卸费、保管费、包装费和商品损耗费等)、管理费用、财务费用、商业利润和税金。服装经营者要根据各自的经营条件来定出一个销售量盈亏平衡点，把利润目标和流通费用相加，摊加到每件服装上，再加上进货成本，才形成服装的销售价格。

(四)分析竞争因素

同类产品的竞争最直接的表现就是价格竞争。企业试图通过适当的价格和及时的价格调整来争取更多顾客，这就意味着其他同类企业将失去部分市场，或要付出更多的营销努力来维持原市场份额。因而在竞争激烈的服装市场上，企业必须认真分析竞争对手的价格策略，密切关注其价格动向并及时做出反应。企业在定价时，应注意以下三点。

在定价前深入了解竞争产品的价格及其可能的变化，了解竞争产品的品质、营销目标和策略。

将自己的服装与竞争者的进行比较，如产品品质相似，那定价也应相似或略低，以便扩大市场占有率；如品质比对手差，那么定价应较低；如果较对方优，则可高于竞争者，但必须让消费者认识到本企业服装产品的优良独特之处。

估计竞争者对本企业定价或调价的可能反应，并制订应对竞争者反应的策略。

(五)把握顾客心理需求

尽管服装定价是企业行为，但产品价格是否合理，顾客才是最终的评判者。因此，企业定价时务必要考虑目标顾客对服装价格的理解。顾客为了购买服装产品或服务，必须付出一定的成本。顾客的成本包括为得到产品所付出的货币、时间、体力以及精力。而企业所获得的利润主要来源于顾客对服装产生的感知价值。服装的感知价值一般包括功能性价值和表现性价值。功能性价值主要与消费者的生理生活需要有关，如保暖、舒适、易于保养等，这种功能性价值容易得到共识，易于把握；而表现性价值与消费者的心理社会性有关，如个性、审美、时尚、地位等，这种表现性价值比较复杂，难以理解与掌控，但这种价值是对消费者欲望的挖掘和满足，是企业获得高额利润的源泉。所以，服装企业通过改善服装面料性能、结构设计以及制作工艺来提供更多的功能性价值，更重要的是通过产品设计、品牌形象塑造、文化内涵的注入、服务水平的提升来打造服装表现性价值。

(六)选择定价方法

服装企业根据定价目标，对产品成本、市场需求、供给状况以及消费者心理等因素进行了分析之后，就要选择具体的定价方法对产品价格进行计算。定价方法的选择是一个较为复杂的问题，在选择过程中，应从企业自身或从其他企业身上参考成功的案例，从中吸取经验，先找出可控因素，再考虑不可控因素，由简到繁制订方案。定价方法一般有成本导向法、需求导向法和竞争导向法等。

(七)确定最终价格

企业通过以上程序制订的价格可称为基本价格。企业还要考虑其他有关情况，如政府的政策法令，经销商、供应商的意见以及竞争对手对此价格的反应等，结合具体的市场情况，采取各种灵活的技巧对基本价格进行调整和修正，制订出最终价格，以期最有效地实现企业目标。

二　影响服装定价的因素

影响定价的因素是多方面的，主要包括以下几方面。

(一)定价目标

企业必须按照其目标市场战略及市场定位战略的要求来制订价格。比如，针对收入水平较高、追求高品质的消费者群体设计生产的产品价格就要略高一些。此外，企业管理人员还要制订一些具体的经营目标，如利润率、销售额、市场占有率等，这些都对企业定价具有重要影响。企业的定价目标主要有以下四种。

维持生存

如果企业产量过剩，或面临激烈竞争，或试图改变消费者需求，则需要把维持生存作为主要目标。为了确保工厂继续开工和使存货出手，企业必须制订较低的价格，并希望市场是价格敏感型的。利润比起生存来要次要得多。许多企业通过大规模的价格折扣，来保持企业活力。只要其价格能弥补可变成本和一些固定成本，企业的生存便可以维持。

当期利润最大化

有些企业希望制订一个能使当期利润最大化的价格。它们估计需求和成本，并据此选择一种价格，使之能产生最大的当期利润、现金流量或投资报酬率。假定企业对其产品的需求函数和成本函数有充分的了解，则借助需求函数和成本函数便可制订确保当期利润最大化的价格。

市场占有率最大化

有些企业想通过定价来取得控制市场的地位，使市场占有率最大化。因为，企业确信赢得最高的市场占有率之后将享有最低的成本和最高的长期利润，所以，企业制订尽可能低的价格来追求市场占有率的领先地位。企业也可能追求某一特定的市场占有率。例如企业计划在一年内将其市场占有率从10%提高到15%。为实现这一目标，企业就要制订相应的市场营销计划和价格决策。当具备下述条件之一时，企业就可考虑通过低价来实现市场占有率的提高：①市场对价格高度敏感，因此低价能刺激需求的迅速增长；②生产与分销的单位成本会随着生产经验的积累而下降；③低价能吓退现有的和潜在的竞争者。

产品质量最优化

企业也可以考虑实现产品质量领先这样的目标，并在生产和市场营销过程中始终贯彻产品质量最优化的指导思想。这就要求用高价格来弥补高质量和研究开发的高成本。产品优质优价的同时，还应辅以相应的优质服务。

（二）产品成本

任何企业都不能随心所欲地制订价格。某种产品的最高价格取决于市场需求，最低价格取决于这种产品的成本费用。从长远看，任何产品的销售价格都必须高于成本费用，只有这样才能以销售收入来抵偿生产成本和经营费用，否则就无法经营。因此，企业制订价格时必须估算成本。企业的成本有两种形式：固定成本和可变成本。固定成本指那些不随生产或销售水平变化的成本。例如，企业必须支付的租金、财务费用、管理人员的薪水以及其他开支。可变成本随生产水平发生变化。总成本就是指在任何生产水平下固定成本和可变成本之和。企业所制订的价格至少能够补偿在既定生产水平下的生产总成本。

（三）市场需求

如果说成本决定价格的下限，那么，市场需求则决定价格的上限。在设定价格之前，营销人员必须理解产品价格和产品需求之间的关系。需求又受价格和收入变动的影响。因价格与收入等因素而引起的需求的相应的变动率，就叫作需求弹性。需求的价格弹性反映需求量对价格的敏感程度，以需求变动的百分比与价格变动的百分比之比值来计算，亦即价格变动百分之一会使需求变动百分之几。在以下条件下，需求可能缺乏弹性：市场上没有替代品或者没有竞争者；购买者对较高价格不在意；购买者改变购买习惯较慢，也不积极寻找较便宜的东西；购买者认为产品质量有所提高，或者认为存在通货膨胀等，价格较高是应该的。

企业定价的自由度随着不同市场类型发生变化。经济学家提出了四种市场类型，每一类型都提出了一种定价方式。

完全竞争

市场具有高度同质化的特征，没有哪个购买者或销售者有能力来影响现有的市场价格。

垄断竞争

市场由众多按照系列价格而不是单一市场价格进行交易的购买者和销售者组成。系列价格产生的原因是购买者看到销售者产品之间的差异，并且愿意为这些差异支付不同的价格。销售者应努力地开发不同的市场，以便适应不同细分市场的需要。

寡头竞争

市场由少数几个对彼此的定价和营销战略高度敏感的销售者组成，产品可能均质。市场中销售者很少，因为新的销售者很难进入。每个销售者对竞争对手的战略和行动都很警觉，例如，氨纶的生产就是这样。因为氨纶的基础资金投入量非常大，对技术的要求很高，因此很少有企业或销售者能够进入这个行业。寡头垄断者从来也不能确定通过减价能得到哪些永久性的东西；相反，当一个寡头垄断者抬高价格时，它的竞争者或许不会跟进，于是寡头不得不取消涨价，否则便会面临顾客流失的风险。

完全垄断

市场只存在一个销售者。该销售者可以是政府垄断者、私人受控垄断者或私人非控垄断者（杜邦公司在开发尼龙时期就是如此）。这三种情况的定价各有不同。政府垄断者可以有各种定价目标。定价可以低于成本价格，因为该产品对于无力支付整个成本的购买者来说很重要，也可以把设定的价格用于只能抵补成本，或者用来创造良好的收益，甚至还可以抬高价格来减少消费。对于受控的垄断者，政府允许企业设定“公平收益率”，并允许企业维持或在必要时扩展经营。非控垄断者可以自由设定价格，只要市场承受得住即可。但是它们并不总是设定最高限度的价格。其原因是多方面的，例如不想引来竞争者，想凭借低价尽快进入市场或害怕政府管制等。

（四）竞争者的产品和价格

企业必须采取适当方式，了解竞争者所提供的产品质量和价格。企业获得这方面的信息后，就可以与竞争产品比质比价，更准确地制订本企业产品价格。如果二者质量大体一致，则二者价格也应大体一样，否则本企业产品可能卖不出去；如果本企业产品质量较高，则产品价格也可以定得较高；如果本企业产品质量较低，那么，产品价格就应定得低一些。还应看到，竞争者也可能随机应变，针对企业的产品价格而调整其价格；也可能不调整价格，而调整市场营销组合的其他变量，与企业争夺顾客。当然，对竞争者价格的变动，企业也要及时掌握有关信息，并做出明智的反应。

（五）其他因素

服装企业的定价除受成本、需求以及竞争状况的影响外，还受到其他多种因素的影响。这些因素包括政府或行业组织的干预、消费者的习惯和心理、企业或产品的形象等。

国家政策法规对服装价格的影响

现代市场经济是有秩序的经济。政府可以通过政策手段对企业定价以及对社会整体物价水平进行调控。所以企业在制订价格时，总是要受到政府法律、政策法规的约束。国家总是密切地注视物价的波动，通过规定其所控制的产品或服务的价格，对价格水平施加影响。

消费者心理对服装价格的影响

消费者的心理行为是很难预测的，其随机性较大。这是服装市场营销中最不容易考察的因素。服装是每个人都消费的商品，而且每个人对服装的审美和认知各不相同，有些消费者注重质量，有些消费者看重款式，还有些消费者在意服装的色彩搭配。随着市场经济的发展和人们收入结构的变化，人们的消费观念也在发生变化，心理因素对定价的影响将越来越凸显。

差价和比价对服装价格的影响

商品差价是指同种商品因为购销环节、购销地区、购销季节以及商品质量不同而形成的价格差异。服装产品的差价是指服装生产企业所生产服装的出厂价格与商业零售价格之间的差别。从市场营销角度正确认识和掌握商品的差价体系，有利于搞活购销活动，提高经济效益。

一般商品差价可以分为以下六种：一是购销差价，购销差价是指商品流通环节中的差价，从广义上讲，任何经营单位的商品购进价格与销售价格之间的差额都称为购销差价；二是批零差价，批零差价是指同一商品在同一时间、同一市场上的批发价格与零售价格的差额，零售商通过这一差价来补偿流通费用，并得以向国家缴纳税金和获得合理的商业利润；三是地区差价，地区差价是同种商品因购销地区不同而形成的价格差额，有两种形式，一种是收购的地区差价，一种是销售的地区差价；四是季节差价，季节差价是指同种商品的销售价格在不同季节之间的差额，服装市场的季节性对服装企业的产品设计、生产安排和营销策略的制订有密切关系，应季服装一般会早于该季节销售，否则会降价甩卖，季节差价的幅度一般根据商品的市场特征、仓储费用的大小、易腐烂程度和资金占用情况等来确定，合理的差价既要有利于生产，又要有利于消费；五是质量差价，质量差价是指同种商品因质量不同而形成的价格差额，质量同成本成正比关系，高质量的商品，优质优价，例如，男士服装店可能会经营三种价格档次的西服——2000 元、1200 元、800 元，男士们会按照自己偏爱的价格档次来购买服装，销售商的任务就是确立认知质量差别，使价格差距合理化；六是批量差价，批量差价是指同种商品在同一市场和同一时间内，因购买批量不同而形成的销售价格之间的差额，批量差价存在于出厂、批发和零售各环节中。

比价指本商品与其他商品在价值上存在一定的比例关系，比价恰当与否直接影响到本商品的定价。比价有同种商品之间的比价和不同商品之间的比价两种。

服装商品的生命周期

服装商品最能体现产品生命周期特点，即服装的流行性。服装流行与价格的关系如表 7-1 所示。

表 7-1 服装流行与价格的关系

服装类别	流行周期	社会影响面	消费类型	价格
快潮式服装	短	小，但在某些团体或组织中影响大	崇尚流行的女性、青少年	初期价格高，中期价格不稳，后期价格暴跌
一般服装	较长	较大	社会各阶层	由高到低
古典式传统服装	长	大	社会大众	前期价格较高，后期价格趋于稳定

此外，还有许多其他因素影响服装定价，有些难以定量描述。这主要是因为服装在很大程度上属于社会文化范畴，与其他一般商品相比，有明显的人文特征。服装是大众文化，必然与社会文化、社会心理、时代潮流、大众需求等方向有着千丝万缕的联系，反映了人们的价值观念和生活方式。在时装与高档服装方面，有些因素，如设计思想的独特性、品牌知名度等无形资产，往往超过服装面辅料成本等有形资产对服装定价的影响。

三 服装定价的一般方法

定价方法是实现企业定价目标的手段之一，具有很强的科学性与稳定性，掌握适合企业状况和产品特性的定价方法是产品定价决策的主要任务。定价方法的选择取决于企业的定价目标和影响价格的主要因素。服装产品的最高价格取决于市场对该产品的需求，最低价格取决于企业投入产品的成本费用。产品成本为价格确定了下限，竞争者的价格和替代产品的价格是企业在定价时必须考虑的出发点，企业产品的独有特性所创造的需求可为其价格决定上限。

企业定价时一般会以产品成本、市场需求、竞争状况等某一指标为导向，再运用具体的方法计算出产品的具体价格。

(一)成本导向定价法

成本导向定价法是根据产品成本的高低来确定产品价格的定价方法。成本是企业生产经营过程中所发生的实际耗费，成本导向定价法侧重考虑成本费用的补偿。此法较为简便，是企业最基本和最常用的定价方法。

成本加成定价法

成本加成定价法是一种单位总成本加上预期利润的定价方法。定价时，首先确定单位变动成本，再加上平均分摊的固定成本，构成单位产品总成本，再加上预期的利润和税金。计算公式如下：

$$单位产品价格=单位产品总成本\times(1+预期利润率+应缴税率)$$

或：
$$单位产品价格=\frac{(固定成本+变动成本)}{产品产量}\times(1+预期利润率+应缴税率)$$

例如，某服装厂生产了一批新款T恤，试销期间生产10000件，固定成本为30000元，单位变动成本为60元，预期利润率为40%，应缴税率为6%，这批T恤的单价为：

$$单位产品价格=(\frac{30000}{10000}+60)\times(1+40\%+6\%)=91.98(元)$$

成本加成定价法能保证补偿全部成本，满足利润要求，计算简便易行；缺点是以企业利益为出发点，忽视市场竞争和供求状况影响，缺乏灵活性，难以适应市场复杂多变的形势。成本加成定价法适用于卖方市场下的服装产品定价，以及供求大致平衡、竞争不太激烈的服装商品。

成本倍积法

成本倍积法又称经验定价法，基于以往的经验，将成本乘以一定成本系数，即：

$$单位产品价格=单位产品成本\times成本系数$$

这种方法广泛运用于时装或品牌服装的定价。定价的关键是成本系数的确定，一般大众服装成本系数为4，高档服装成本系数大于6，低档服装成本系数小于3。这里所指的成本不包括流通环节发生的成本费用。

目标利润定价法

目标利润定价法是企业根据预计的总销售额和预计的销售量来制订产品价格的一种方法。计算公式如下：

$$总成本=固定成本+销量\times变动成本$$

$$目标利润=投资总额\times目标收益率$$

$$单位产品价格=\frac{总成本+目标利润}{预计销售量}$$

例如，某内衣企业投资100万元开发了一种新型保暖内衣，固定成本为10万元，每件保暖内衣的变动成本为50元，预计当年销售可达20000件，目标收益率为80%，则该内衣的单价应为：

$$总成本=10+50\times2=110(万元)$$

$$目标利润=100\times80\%=80(万元)$$

$$单位产品价格=\frac{1100000+800000}{20000}=95(元)$$

目标利润定价法需要确定合理的目标利润率以及对销售量的准确预估，否则企业所定的价格就不能实现目标利润。这种方法比较适合需求比较稳定或供不应求的服装产品。

损益平衡定价法

损益平衡定价法又称保本定价法，其出发点是弥补产品的全部成本，在此基础上测算销量，计算出产品的保本价格。其计算公式如下：

$$单位产品价格=总固定成本\div销量+单位变动成本$$

例如，某男装企业生产西服产品总的固定成本为 50 万元，每件西服变动成本为 300 元，根据以往经验预计当年可销售 2500 件，该西服损益平衡点的价格为：

$$500000\div2500+300=500(元)$$

企业一般会在保本价的基础上还要确定一定的利润目标，再最终确定销售价格。这种定价法适用于竞争激烈的市场。

边际成本定价法

边际成本定价法指企业撇开固定成本，只计算变动成本，按变动成本加预期的边际收益来定价的方法。边际收益是指企业每多出售一单位商品而使总收益增加的数量。只要产品售价高于变动成本，就能取得一定的边际收益，能为企业收回固定成本和获取利润做出贡献。其计算公式为：

$$单位产品价格=单位变动成本+单位边际收益$$

例如，某服装企业面临停工待产，这时接到一笔 1 万条裤子的订单，定价为每条 30 元。经核算，每条裤子变动成本是 23 元，投入的固定成本为 10 万元，这笔订单该企业是否应该接受？计算过程如下：

$$边际收益=30\times10000-23\times10000=70000(元)$$

$$企业盈亏=70000-100000=-30000(元)$$

从表面看，尽管这个价格使企业出现了 30000 元的亏损，但固定成本 10 万元在不生产的情况下也会发生。如果接了这笔订单，不仅补偿了全部变动成本，还减少了 70000 元的固定成本损失，所以企业可以接受这笔订单。

边际成本定价法一般适用于市场竞争激烈的情况。例如，服装企业生产能力过剩、产品过季或滞销等，或企业想要迅速开拓市场的特殊时期。但这种方法不能长期使用，否则企业固定成本长期得不到补偿，会导致企业经营陷入困境。

(二)竞争导向定价法

竞争导向定价是以市场上同类竞争产品的价格为定价依据，并随竞争状况的变化不断调整价格水平的定价方法。其特点是只要竞争者价格不变，即使成本或需求发生变动，价格也不动，反之亦然。

一般时尚型的服装都属于异质产品。在定位不同的服装市场上，产品差异化使购买者对价格差异不会太敏感，所以企业有较大的自由度决定价格。在同一定位市场上，尽管价格在市场已基本确定，但服装企业依然可以通过产品的差异化，相对于竞争者灵活地制订产品价格。

随行就市定价法

随行就市定价法也称流行水准定价法，是使企业制订的产品价格与竞争产品的平均价格保持一致的定价方法。其优点是：平均价格水平往往被消费者认为是"合理价格"，容易被市场接受；企业与竞争者能和平相处，避免价格竞争；简单易行，企业不必进行复杂的市场调研和定价过程；能为企业带来合理的利润。服装企业一般在下列情形下采用这种定价方法。

1. 当某服装品牌刚进入某一定位的服装市场时，对市场状况较难把握，根据市场竞争品牌的价格定位，可以避免价格不合理的风险。

2. 对于一些较小的服装企业，产品成本较难准确估算，而流行价格水准是同行业共同采用的，大体能够反映出企业生产该商品的消耗和应得报酬。

3. 对于某一服装定位的市场，通常会由在这个市场占领先和支配地位的品牌或企业率先制订价格，其他品牌或企业参照此价格定价。

4. 企业打算与同行和平相处，避免在价格战中两败俱伤。这种定价法主要适用于竞争激烈的同质产品，如定位相同的服装市场。

主动竞争定价法

与随行就市定价法相反，主动竞争定价法是根据企业产品的特征和其他营销手段，以高于或低于竞争者的产品价格进行产品定价。主动竞争定价法要求服装企业首先对本企业产品的性能、质量、功能、款式、成本及营销手段等与竞争者进行比较，分析形成价格差异的原因，然后结合本企业产品特点及其营销手段的优劣势，确定价格水平。

当企业确定其产品特征及其营销手段占优势时，就可以采用高于通行价的价格进入市场，使消费者感到物有所值，与竞争者市场拉开一定距离，以形成一种市场互补。

如果市场竞争激烈，企业的产品本身以及营销手段并没太多优势，企业可以通过减少单位产品的销售利润为代价，争取扩大销售量，即采用低于竞争者价格的薄利多销定价法。这种定价法应尽可能降低产品成本和服务成本，以体现服装商品的成本优势。

密封投标定价法

密封投标定价法是指买方引导卖方通过竞争取得最低商品价格的定价方法。其特点是通过预期竞争者的价格，卖方向买方申报价格，将报价单封闭递交买方，由买方审查选定卖方。一般来说，报价较低的卖方会被选中，价格也由此来确定。这种方法通常用于服装生产企业接单加工。值得关注的是，在服装加工竞争日益激烈的今天，很多服装企业为了接到订单，将价格定得很低，甚至无利可图。

投标定价法的另一种形式是拍卖定价。卖方用公开唱价的方式引导购买方报价，利用买方竞争求购的心理，从中选择最高价格成交。这种方法常用于高级服装、艺术价值高的服装以及名人服装等的出售。当前网上服装的价格也常采用这种拍卖方式。

（三）顾客需求导向定价法

顾客需求导向定价法是指按照顾客对商品的认知和需求程度制订价格，而不是根据卖方的成本定价。这类定价方法的出发点是顾客需求，认为企业生产产品是为满足顾客的需要，所以，产品的价格应以顾客对商品价值的理解为依据来确定。主要方法有感知价值定价法、价值定价法以及需求弹性定价法。

感知价值定价法

感知价值定价法是以消费者对服装商品价值的感知和理解程度作为定价依据。消费者对商品价值的感知和理解程度不同，会形成不同的定价上限，如果价格刚好定在这一限度内,消费者既能顺利购买,企业也更为有利可图。实施这一方法的要点在于提高消费者对商品的效用感知和价值理解度。

价值定价法

价值定价法的核心在于以较低的价格提供优质的产品和服务。这种定价方法能够吸引大量的理性消费者,在服装消费观念日益成熟的今天,采用这种定价法常可以使企业获得较高的市场占有率。其关键在于建立一定的产品质量和品牌声誉,通过对产品成本的控制,使顾客获得真正的实惠,同时还必须要顾客了解产品的真正价值,对其具有的高性价比做出判断。这就需要企业采取相应的营销措施,扩大宣传,强调产品的价值,使顾客成为本品牌的拥护者和推广者。

需求弹性定价法

需求弹性定价法要求企业根据需求价格弹性原理，分析产品在不同的需求状态下的产品价格。由于销售对象、销售地点、销售时间不同而产生的需求差异,其产品定价也相应不同。例如,生产羽绒服的服装企业在夏季销售其产品,就会将产品定以较低的价格,来补偿消费需求的不足;游乐场所的泳衣比超市的泳衣定价高,而人们为了满足娱乐需求,也会欣然购买。这种定价方法可以最大限度地符合市场需求,从而促进产品销售,使企业获得最佳的经济效益。

四　服装定价的基本策略

(一)折扣定价策略

企业为了鼓励顾客尽快付清货款、大量购买、淡季购买,还可以酌情降低其基本价格。这种价格调整叫作价格折扣。

价格折扣的主要类型

现金折扣。即企业给那些当场付清货款的顾客的一种减价行为。

数量折扣。即企业给那些大量购买某种产品的顾客的一种减价行为。

功能折扣。又称为贸易折扣,即制造商给某些批发商或零售商的一种额外折扣,促使批发商和零售商执行某种市场营销功能(如推销、服务等)。

季节折扣。即企业给那些购买过季商品或服务的顾客的一种减价行为,使企业的生产和销售在一年四季都能保持相对稳定。

价格折让。包括以旧换新折让和促销折让等。

影响折扣策略的主要因素

折扣被用在战术上和策略发展上会表现出不同特点,其原因主要有以下三个。

竞争对手以及联合竞争的实力。市场中同行业竞争对手的实力强弱会威胁到折扣的成效,一旦竞相折价,要么两败俱伤,要么一方被迫退出竞争市场。

折扣的成本均衡性。销售中的折价并不是简单地遵循单位价格随订购数量的上升而下降这一规律。对生产厂家来说有两种情况是例外的：一种是订单量大，很难看出连续订购的必然性，企业扩大再生产后，一旦下季度或下一年订单陡减，投资难以收回；另一种是订单达不到企业的开机指标，开工运转与分批送货的总成本有可能无法用增加的订单补偿。

市场总体价格水平下降。由于折扣策略有较稳定的长期性，当消费者利用折扣超需购买后，再转手将超需的那部分商品以低于折扣价卖给第三者，这样就会扰乱市场，导致市场总体价格水平下降，给采用折价策略的企业带来损失。

（二）地区定价策略

一般来说，一个企业的产品，不仅卖给当地顾客，而且同时卖给外地顾客。而卖给外地顾客，把产品从产地运到顾客所在地，需要花一些装运费。所谓地区性定价策略，就是企业要决定：对于卖给不同地区（包括当地和外地不同地区）顾客的某种产品，是分别制订不同的价格，还是制订相同的价格，也就是说，企业要决定是否制订地区差价。

地区性定价的形式有以下几种。

FOB 原产地定价

就是顾客（买方）按照厂价购买某种产品，企业（卖方）只负责将这种产品运到产地某种运输工具（如卡车、火车、船舶、飞机等）上交货。交货后，从产地到目的地的一切风险和费用概由顾客承担。如果按在产地某种运输工具上交货定价，那么每一个顾客都各自负担从产地到目的地的运费，这是很合理的。但是这样定价对企业也有不利之处，即较远地区的顾客有可能不愿购买这个企业的产品，而购买其附近企业的产品。

统一交货定价

和前者正好相反，统一交货定价就是企业对于卖给不同地区顾客的某种产品，都按照相同的厂价加相同的运费（按平均运费计算）定价。也就是说，对全国不同地区的顾客，不论远近，都实行一个价。因此，这种定价又叫邮资定价。

分区定价

这种形式介于前二者之间，是企业把全国（或某些地区）分为若干价格区，对于卖给不同价格区顾客的某种产品，分别制订不同的地区价格。距离企业远的价格区，价格定得较高；距离企业近的价格区，价格定得较低。在各个价格区范围内实行一个价。企业采用分区定价也存在问题：在同一价格区内，有些顾客距离企业较近，有些顾客距离企业较远，前者就不合算；处在两个相邻价格区界两边的顾客，他们相距不远，但是要按高低不同的价格购买同一种产品。

基点定价

企业选定某些城市作为基点，然后按一定的厂价加上从基点城市到顾客所在地的运费来定价，而不管货实际上是从哪个城市起运的。有些公司为了提高灵活性，选定许多个基点城市，按照顾客最近的基点计算运费。

运费免收定价

有些企业因为急于和某些地区做生意，负担全部或部分实际运费。这些卖主认为，如果生意扩大，其平均成本就会降低，因此足以抵偿这些费用开支。采取运费免收定价，可以使企业加深市场渗透，并且能在竞争日益激烈的市场上站得住脚。

（三）心理定价策略

声望定价

企业利用消费者仰慕名牌商品或名店的声望所产生的某种心理，制订商品价格，故意把价格定成整数或高价。质量不易鉴别的商品的定价最适宜采用此法，因为消费者有崇尚名牌的心理，往往以价格判断质量，认为高价代表高质量。但价格也不能高得离谱，使消费者不能接受。有报道称，在美国市场上，手工做的布鞋很受欢迎，但质量好、价格低的中国货却竞争不过质量相对差、价格却高的韩国货，其原因是在美国人眼里，低价就意味着低档次。

尾数定价

利用消费者数字认知的某种心理，尽可能在价格数字上不进位，而保留零头，使消费者产生价格低廉和卖主经过认真的成本核算才定价的感觉，从而使消费者对企业产品及其定价产生信任感。如衬衫定价为 198 元，而不是 200 元。

招徕定价

指零售商利用部分顾客求廉的心理，特意将某几种商品的价格定得较低以吸引顾客。某些商店随机推出降价商品，每天、每时都有一至两种商品降价出售，吸引顾客经常来采购廉价商品，同时也选购了其他正常价格的商品。

吉利数字定价

即根据顾客的宗教信仰或文化习俗，有意将价格定为吉利数字，以促使成交。例如，价格中含有“6”“8”“9”等数字，寓意“顺利”“发财”“长久”。

（四）差别定价策略

所谓差别定价，也叫价格歧视，是指企业按照两种或两种以上不反映成本费用的比例差异的价格销售某种产品或服务。

差别定价的主要形式

1. 顾客差别定价。即企业按照不同的价格把同一种产品或服务卖给不同的顾客。这种价格歧视表明，顾客的需求强度和对商品知识的了解有所不同。

2. 产品形式差别定价。即企业对不同型号或形式的产品分别制订不同的价格，但是，不同型号或形式产品的价格之间的差额和成本费用之间的差额并不成比例。

3. 产品部位差别定价。即企业对于处在不同位置的产品或服务分别制订不同的价格，即使这些产品或服务的成本费用没有任何差异。

4. 销售时间差别定价。即企业对于不同季节、不同时期的产品或服务分别制订不同的价格。

5. 地区差别定价。根据地区需求购买状况进行定价，如在高收入、高消费地区的市场制订较高价格，在低收入、低消费地区的市场制订较低的价格。

差别定价的适用条件

1. 市场必须是可以细分的，而且各个市场部分须表现出不同的需求程度。

2. 以较低价格购买某种产品的顾客没有可能以较高价格把这种产品倒卖给别人。

3. 竞争者没有可能在企业以较高价格销售产品的市场上以低价竞销。

4. 细分市场和控制市场的成本费用不得超过因实行价格歧视而得到的额外收入，这就是说，不能得不偿失。

5. 价格歧视不会引起顾客反感。

6. 采取的价格歧视形式不能违法。

(五)产品组合定价策略

企业为了满足不同细分市场的需求,往往不只经营一种服装,而是经营一系列服装或者多系列的服装产品组合。定价时,需要注重的是产品组合的整体最大利润,而不只考虑单个产品的利润。

产品组合定价策略主要有以下四种策略。

产品大类定价策略

通常企业开发出来的是产品大类,而不是单一产品。当企业生产的系列产品存在需求和成本的内在关联性时,为了充分发挥这种内在关联性的积极效应,需要采用产品大类定价策略。在定价时,首先,确定某种产品的最低价格,它在产品大类中充当领袖价格,以吸引消费者购买产品大类中的其他产品;其次,确定产品大类中某种商品的最高价格,它在产品大类中充当品牌质量和收回投资的角色;再者,产品大类中的其他产品也分别依据其在产品大类中的角色不同而制订不同的价格。例如,男士服装店可能经营三种价格档次的男士服装:150 元、250 元和 350 元。顾客会从三个价格点上联系到低、中、高三种质量水平的服装。即使这三种价格同时提高,男士们仍然会按照自己偏爱的价格点来购买服装。营销者的任务就是确立认知质量差别,来使价格差别合理化。

需注意的是,产品大类中的价差要适应顾客的心理要求。价差过大,会诱导顾客趋向于某一种产品;价差过小,会使顾客无法确定选购目标。

连带产品定价策略

即将具有连带关系的服装产品组合在一起定价,往往比单件产品制订的价格要低,以促进产品的销售。如某套服装定价 588 元,如果上衣和裤子分开卖则分别为 388 元和 238 元。

新老产品定价策略

在企业产品组合中,常常是新老产品并存,企业不按同样的利润率确定新老产品的价格,而是根据需求各异和生命周期的不同阶段确定价格。一般来说,如果产品的生命周期处于衰退阶段,应定价低一些。例如,去年流行的服装与刚上市的新装,前者定价较低。

产品不同层次的定价策略

企业可根据服装所具有的不同层次进行定价,对于只提供产品的基本效用或利益,不讲究包装、品牌等因素的服装,通常运用低价或平价方法,可使消费者感到经济实惠;服装款式、色彩、面料、做工及品牌等外观形式对销售具有重要作用,对于注重产品有形价值的服装,可以制订较高的价格;产品的附加值能给顾客更多的利益和满足,如免费修改、提供干洗、送货上门等服务,增加商品的效用理应在价格上得到反映。

(六)新产品定价策略

企业对新产品的定价以及制订价格策略的自由度取决于市场状况及市场营销策略组合的其他因素。例如,服装企业推出一种新产品服装,款式新颖、做工精细,而且在市场上没有类似的替代品,那么这种服装在刚上市时有较大的定价自由,宜采取新品新价策略。这种价格策略通常有三种方式:撇脂定价、渗透定价、满意定价。

撇脂定价

撇脂定价是指在产品生命周期的最初阶段,企业把新产品的价格定得远远高于成本,以获取最大利润,有如从鲜奶中撇取奶油。企业为那些具有独特优势的新产品定价时通常使用这种策略。由于新产品较市场上其他产品有明显的优势,顾客愿意以高于市场平均水平的价格购买这种新产品，因此撇脂定价是最合适的定价方法。

成功的撇脂定价策略能够使经营者在短期内迅速收回产品成本，并获得盈利。产品的销售对象主要是那些高收入阶层。产品在销售一段时间后，可以逐渐降低价格，以吸引更多顾客，渐渐扩大市场覆盖率。服装产品的款式容易被仿制，当市场上出现大量仿制品时，企业要及时更新策略，降低价格以保持优势，使竞争者处于不利地位。这种定价方法的优点是企业能迅速实现预期赢利目标，有利于企业回收资金，便于扩大生产规模。新产品的高质量、高价格的特点容易刺激需求，也有利于树立名牌产品的形象。缺点是由于价格过高，对消费者不利，容易影响产品市场的开拓。同时，高价厚利信号极易诱发激烈的竞争，从而缩短企业新产品的高额利润期。

从市场营销实践看，企业满足以下条件可以采取撇脂定价。

市场有足够的购买者，他们的需求缺乏弹性，即使把价格定得很高，市场需求也不会大量减少。

高价使需求减少一些，因而产量减少一些，单位成本增加一些，但这不致抵消高价所带来的利益。

在高价情况下，仍然独家经营，别无竞争者。有专利保护的产品即是如此。

某种产品的价格定得很高，使人们产生这种产品是高档产品的印象。

渗透定价

渗透定价是与撇脂定价相对的定价策略，是指企业对其新产品制订相对较低的价格，以吸引大量顾客，利用物美价廉迅速进入大众市场，取得大量的市场份额。这种定价方法可以使企业迅速打开新产品的销路，有利于提高市场占有率，降低生产成本，树立良好的企业形象。同时，低价薄利不易诱发市场竞争，便于企业长期占领市场。缺点是产品的投资回收期较长，价格变动余地小，使企业对市场随时变化的情况难以应付。

从市场营销实践来看，企业采取渗透定价需具备以下条件。

市场需求对价格极为敏感，因此，低价会刺激市场需求迅速增长。

企业的生产成本和经营费用会随着生产经营经验的增加而下降。

低价不会引起实际和潜在的竞争。

满意定价

满意定价是介于“撇脂”和“渗透”两种定价方法之间的定价方法。它的特点是企业制订的新产品价格水平适中，兼顾了买卖双方及中间商的利益，既避免了撇脂定价策略因价高而具有的市场风险，又避免了渗透定价策略因价低带来的困难，因而使各方面都能满意接受。它的优点是价格比较稳定，能够顺利实现企业制订的预期目标。缺点是相对比较保守，不适于需求多变或竞争激烈的市场环境。这种定价方法通常适用于规模较小的企业。

五　服装价格的调整

在服装品牌和产品的销售过程中，市场环境和竞争状况总是在不停地发生变化，所以，企业的定价策略也要及时做出调整和变更，以适应市场的竞争。为了在激烈的服装价格竞争中立于不败之地，企业必须要把握有利时机，灵活运用变价的策略和技巧。

(一)价格调整的原因及时机

服装企业进行价格调整的原因主要有两种：一是市场供求发生变化，企业主动对其产品价格进行调整；二是由于竞争者的价格发生变动，企业不得不做出相应反应，被动进行产品价格调整，以适应市场竞争需要。无论是主动还是被动，企业采取的价格调整策略无非就是降价和提价两种。

降价的原因及时机

当前，在服装市场上，我们所见的服装品牌或产品采用更多的是降价策略，究其原因，一般来说，在以下几种情况下，企业可能调低商品价格。

生产能力过剩。当企业生产能力大大提高，达到一定的规模效益，或管理水平提高，使得成本降低时，为挤占竞争对手的市场份额，扩大市场，企业往往会主动调低服装商品价格。当前，很多加工型服装企业购买先进的服装设备，引进科学的管理方式，就是要加强生产能力，降低产品成本，在价格竞争中获得优势。

企业市场占有率下降。这通常发生在新进入的或已有的竞争对手采取了更具进攻性的营销策略，以挤占本企业的市场份额时，企业为防止市场份额继续丧失，不得不采取降价竞争策略。这是一种被动降价，如果运用得当，会对竞争对手构成巨大的压力；但是，企业一味依赖这种价格竞争，则不利于企业以及行业的长远发展。

经济不景气。市场出现经济衰退，消费者实际收入和预期收入均下降，消费者的购买意愿也会下降，对于服装这种选择性商品，消费者会推迟购买或选择价格较低的商品，迫使企业必须降价，来获取市场份额，以维持企业的生存。

产品滞销。产品处于生命周期衰退期，或产品设计及做工不受欢迎，造成库存积压，企业可以通过降价以清理库存。

提价的原因及时机

虽然提高商品价格会令顾客或企业促销人员感到不满，但成功的提价却能使企业的利润大幅度增加，或至少是降低亏损。以下几种情况可能促使企业提价。

物价上涨。由于物价上涨，企业经营费用上升，迫使企业不得不提价以确保获取目标利润。但这时企业必须预估一下提价会对顾客需求产生什么影响，竞争对手会有什么反应。避免因提价过高，影响顾客需求下降过猛，以致不仅无法实现利润目标，甚至还丢失市场份额。

产品供不应求。产品供不应求，不能满足顾客的需要，在这种情况下，企业可以适度提价。提价方式包括：取消价格折扣，在产品大类中增加价格较高的项目，或者开始提价。为了减少顾客不满，企业提价时应当向顾客说明提价的原因，并帮助顾客寻找节约途径。

提升品牌形象。在激烈竞争的市场环境下，企业要想树立高于其他服装产品的优质品牌形象，就可以通过提价使消费者产生“优质高价”的感觉。

通货膨胀。宏观环境也是影响产品价格的重要因素。当通货膨胀时，产品原本的价格就会低于产品价值，这就迫使企业必须通过提价来弥补货币贬值造成的损失。

（二）价格调整的反应

企业产品或品牌价格变动后，消费者和竞争者会产生不同的反应，如果这种反应与企业预期不一样，就会影响企业的产品销售。所以，服装企业在进行价格调整时，应充分考虑消费者和竞争者的反应，以便在市场变化中掌握主动权。

顾客对价格调整的反应

顾客对企业产品价格的反应，无疑会直接影响价格调整的目的能否实现。在变动价格之前，企业需要确定价格在顾客决定购买本企业服装时，所起的作用有多大。如果顾客对价格很敏感，一般提价的阻力大而降价时的预期效果很容易达到；相反，如果顾客对价格敏感度低，降价时，必须防止顾客感知价值降低，才能达到降价目的。因此，弄清价格调整时，顾客对产品的感知价值的影响，是考虑顾客对价格调整会如何反应的最好方法。一般来说，消费者对服装商品的提价或降价会有如下反应。

消费者对降价的反应：服装式样过时，将被新款取代；服装产品质量有问题，企业在清理库存；服装市场竞争激烈，可以借此得到实惠；企业酬宾，降价机会难得，应迅速购买；价格可能还会下降，需观察一段时间。

消费者对提价的反应：一分钱一分货，服装品质提高，信赖感加强；服装畅销，应迅速购买，否则可能买不到了；感到气愤，转而购买其他品牌的服装。

通常，顾客对经常购买的尤其是基本性服装价格调整敏感度较高，而对不经常购买的特殊或不是自己风格的服装价格的调整不太在乎。

竞争者对价格调整的反应

企业在考虑改变价格时，不仅要考虑购买者的反应，而且必须考虑竞争对手的反应。当某一行业中企业数目很少，提供同质的产品，购买者颇具辨别力与知识时，竞争者的反应就愈显重要。

企业如何去估计竞争者的可能反应呢？首先，假设企业只面临一家大的竞争者，竞争者的可能反应可从两个不同的出发点加以理解。其一是假设竞争者有一组适应价格变化的政策，其二是竞争者把每一次价格变动都当作单一挑战。每一假设在研究上均有不同的含义。假设竞争者有一组价格反应政策，至少可以通过两种方法了解它们：通过内部资料和借助统计分析。取得内部情报的方法有好几种，有些是可接受的，有些则近乎刺探。有一种方法是从竞争者那里挖来经理，以获得竞争者决策程序及反应模式等重要情报。此外，还可以雇用竞争者以前的职员专门建立一个部门，其工作任务就是模仿竞争者的立场、观点、方法思考问题。类似的情报也可以从其他渠道如顾客、金融机构、供应商、代理商等获得。

一般来讲，竞争者对企业价格调整的反应可归结为以下三种情形。

1. 跟进。竞争者的跟进，是指它也出台同样的价格调整的措施，当企业发动降价可能对竞争者的市场份额有威胁时，或者企业提价，竞争者看到明显的好处时，都可能采取价格跟进的策略。

2. 不变。在下面一些情况下，竞争者面对企业价格调整，可能不会调整其现有的价格：当降价企业所占市场份额很小，声誉较低时，降价对于竞争者来说，不会存在多少威胁；竞争者拥有比较稳定的忠诚顾客群；竞争者为避免引发“价格战”；竞争者认为整个市场增长潜力太小，调整价格没有什么意义。

3. 战斗。战斗是指竞争者将针锋相对地进行价格调整，不惜与进行价格调整的企业打“价格战”。在下列情况下，竞争者可能做出这样的反应：竞争者认为企业的价格调整本身是针对自己来的，并且调整价格的企业将会对自己的市场地位产生威胁；竞争者市场中的领先企业不愿意放弃自己的领导地位；竞争者相当看好当前的市场，将通过包括价格竞争在内的方法排挤对手图谋长远利益。

无论竞争者会做出什么反应，企业应该事先掌握竞争对手的可能反应，并且能够估计竞争者的这种反应对于企业的营销活动有哪些不利的影响，以便采取应对措施，掌握价格调整的主动权。

（三）如何进行价格调整

如何进行提价

企业采用主动调高价格策略时，可采用直接和间接两种方式。

1. 直接提价。这种提价方式通常用于企业成本增加，如面辅料、人工费用增加，通货膨胀时期，企业直接提价以防止亏损，不太会引起消费者的不满。此外，企业要体现本品牌服装的独特性和价值感时，也可以采取直接提价方式，来提升企业的品牌形象。

2. 间接提价。间接提价就是企业采取一定方法使服装价格表面保持不变，但实际隐性上升的提价方式。比如，降低服装成本、使用便宜的面辅料或降低服装制作品质以减少加工费用，从而提高产品利润，但这种方法会影响品牌的形象，不宜长期使用。也可采用改变、减少服务项目或减少服务人员等策略。

对服装而言，一般降价容易提价难，调高产品价格往往会遭到消费者的反对。因此，企业在使用提价策略时必须慎重，尤其应掌握好提价幅度、提价时机，尽量采用不引人注意的提价策略，如小幅度多次提价，并注意与消费者及时进行沟通，提供涨价的正当理由。

如何进行降价

因企业产品所处的地位、环境以及引起降价原因的不同，企业选择降价的方式也会各不相同，具体有以下四种方式。

1. 直接降价。直接降低产品价格，其对价格敏感的消费者有极强的吸引力，能够被迅速感知，但也会引起竞争对手关注，容易引发价格战。

2. 间接降价。企业保持价格标牌上的价格不变，提供送货上门、免费改衣等服务，或通过赠送礼品、加大各种折扣和回扣力度，在保持名义价格不变的前提下，降低产品的实际价格。间接降价比较隐蔽，不易引起竞争对手的强烈反应，但对于消费者来说效果不如直接降价明显。

3. 选择性降价。企业选择具有代表性的服装产品或某一系列产品以强有力的形式进行降价，使降价服装发挥招徕作用，以带动其他服装产品的销售。

4. 进攻性降价。在市场竞争激烈的情况下，有些服装企业大幅度降价，以期在短期内迅速夺取对手的市场份额。

对大多数的服装企业而言，适时、适度的降价可以使企业获得市场份额，巩固市场地位，但一味依靠低价竞争会使企业丧失市场竞争力。

（四）如何应对竞争者的价格调整

如果改变价格的不是企业而是竞争者的话，那么企业应怎样应对呢？在对竞争对手调整价格做出反应之前，企业应该首先考虑以下几个问题：为什么竞争者会调整价格？调整价格的主要目的是什么？竞争者计划做出价格调整是临时的还是长期的措施？如果企业对此不做出反应，对企业的市场份额和利润会有什么影响？如果企业对价格调整采取措施，竞争者会再出现什么反应？

通常，在服装定位相同的同质市场上，如果竞争对手降价，企业一般应该跟进，否则顾客就会购买竞争者的产品，而不购买本企业的产品。如果某一个企业提价，且提价会使整个行业有利，其他企业也会随之提价，但是如果某一个企业不随之提价，那么最先发动提价的企业和其他企业也不得不取消提价。

对定位不同的异质市场而言，竞争对手价格发生变化时，企业不一定要跟进，因为目标顾客群不一样，对服装产品价值的理解认同也有所差异，价格缺乏可比性。服装企业在应对市场价格调整时，应根据自己在该市场中的地位，对竞争状况及竞争对手做充分的调查，然后采取反应措施。

在市场上，市场领导者往往遭到其他企业的进攻。这些企业的产品可与市场领导者的产品相媲美，它们往往通过进攻性的降价来争夺市场领导者的阵地。在这种情况下，市场领导者有以下四种策略可供选择。

维持原价

因为市场领导者认为，如果降价就会减少利润收入；而维持价格不变，尽管对市场占有率有一定的影响，但以后还能恢复市场阵地。当然，维持价格不变的同时，还要改进产品质量、提高服务水平、加强促销沟通等，运用非价格手段来反击竞争者。许多企业的市场营销实践证明，采取这种策略比降价和低利经营更合算。

降价

如果企业的成本本来就处于领先地位，面对的服装市场价格敏感度极高，如果不降价，将会丢失过大的市场份额，企业可以考虑降价应付进攻。降价会引起利润减少，有些企业采用降低质量、减少服务或减少营销沟通的做法来降低成本，这样又可能影响企业的长期市场。因此，企业在降价时，即便利润降低，也应努力维持自己产品的价值。

提价并提高产品的价值

对注重服装品质而对价格并不敏感的消费者而言，企业可以采取提价策略，但同时服装产品或服务的价值感须同步跟进。要使顾客相信，即便市场上有的品牌在降低价格，但是购买这类服装，首先应该选择的是质量而不是价格。企业提价，说明该服装品质优良、特色鲜明，是其他产品无法替代的。如果这些宣传能够奏效，则可能使目标顾客对降价产品不屑一顾，甚至将那些先行降价的企业看成是提供“劣质”产品的企业，用提价策略能够进行有效的反击。

推出新产品或新的品牌

企业也可以在原有产品线上开发新的产品，使之成为廉价产品或高端产品，来回击价格变更者的进攻。为了防止对当前产品产生影响，很多企业会推出新的品牌来进行产品的销售。如果企业面对的某个细分市场，其价格敏感度较高，则廉价产品策略是很容易见效的。

对企业来说，及时反应竞争者的价格调整至关重要。因此，企业需要建立价格反应机制，企业的市场信息系统应能就当前的市场竞争者的价格情况进行监控和分析。

受到竞争对手进攻的企业必须考虑：①产品在其生命周期中所处的阶段及其在企业产品投资组合中的重要程度；②竞争者的意图和资源；③市场对价格和价值的敏感性；④成本

费用随着销量和产量的变化而变化的情况。

面对竞争者的变价，企业不可能花很多时间来分析应采取的对策。事实上，竞争者很可能花了大量的时间来准备变价，而企业又必须在数小时或几天内明确果断地做出明智反应。缩短价格反应决策时间的唯一途径是：预料竞争者的可能价格变动，并预先准备适当的对策。

思考与练习

1. 简析服装定价的基本程序。
2. 影响服装定价的因素有哪些？
3. 如何为服装产品定价？
4. 简析服装定价的基本策略。
5. 服装企业应如何根据市场状况进行合理有效的价格调整？

高等院校服装专业教程

服装市场营销学

第八章　服装分销渠道策略

服装分销渠道即服装的流通渠道，是服装从生产者手中转移到消费者手中所必须经过的路线或中间环节。渠道的形成和运作受到多种因素的影响和制约。分销渠道畅通与否，直接关系到服装流通的速度与费用，从而影响服装企业的经济效益和服装产品的市场竞争能力。服装作为一种流行性和时尚性极强的商品，其分销渠道选择正确与否将直接影响到服装企业的经营业绩。服装企业必须根据自身的实际情况，建立合适的渠道体系才能保证企业销售目标的实现。

一　服装分销渠道的职能与类型

(一)服装分销渠道的含义与职能

服装分销渠道是指服装产品或相关服务在从生产者向消费者转移过程中，取得这种产品或服务的所有权或帮助所有权转移的所有企业和个人。分销渠道包括中间商(他们取得所有权)和代理中间商(他们帮助转移所有权)，以及处于渠道起点和终点的生产者和最终消费者或用户。但是，不包括供应商和辅助商。

分销渠道是服装企业最重要的资产之一，同时也是变数最大的资产。它包括服装企业自己设立的销售机构、代理商、经销商、零售店等。它不对服装产品本身进行增值，而是通过服务来提升产品的附加价值。不同产品、不同规模、不同发展阶段的服装企业其分销渠道的形态都不相同。

分销渠道的主要职能有以下几点。

收集和传播信息。即收集和传播制订计划和进行交换所必需的信息，以及营销环境中有关潜在顾客、现实顾客、竞争对手及其他影响者的营销信息。

促销。即进行关于所供应的物品的说服性沟通，以吸引消费者。

洽谈。即寻找可能的购买者并与之进行沟通，达成有关产品价格和其他条件的最终协议，以实现所有权或者持有权的转移。

订货。分销渠道成员向服装生产企业进行有购买意图的沟通行为。

融资。收集和分配资金，以补偿渠道工作的成本费用。

物流。服装产品实体从生产商到最终消费者的储运工作。

付款。买方通过银行和其他金融机构向卖方支付账款。

承担风险。在执行渠道任务的过程中承担有关风险(如库存风险、呆账风险等)。

服务支持。服务支持是指渠道成员提供的附加服务(如服装搭配咨询、清洗、保养等)。

(二)服装分销渠道的类型

按照分销渠道层次的数目划分

1. 直接渠道。直接渠道又称零级渠道，是指服装产品从服装生产企业流向终端消费者的过程中不经过任何中间商转手的分销通路。零级渠道的主要方式有：网络销售、邮购、电话营销、电视直销等。

直接渠道具有销售及时和节约费用的优点，适用于小批量或针对性强的服装产品。比如，酒店职业装的生产商直接面对某酒店服务人员。

2. 间接渠道。间接渠道又称多级通路，是指服装生产商借助于中间商将服装产品传递给消费者。它是被服装企业采用最多的一种分销模式。因为服装市场的特点是消费者分布极其分散、购买批量小、购买批次多，直销模式又要求制造商拥有强大的自有销售网络，而绝大多数服装企业并不具备这种条件，因此必须借助中间商来销售自己的产品。间接渠道又有以下四种类型。

服装生产商→零售商→消费者。服装企业直接向零售店（可能是特许经营加盟店）供货，或通过自己经营的专卖店将服装产品直接销售给消费者，它属于单环节的销售渠道。

服装生产商→批发商→零售商→消费者。这是一条双环节的销售渠道。批发商的出现，解决了开发远距离市场和零售商频繁、少量购货带来的不便，为服装企业所普遍采用。

服装生产商→代理商→零售商→消费者。这种销售渠道由代理商取代了批发商，代理商的主要职能是促成商品的交易，借此赚取佣金作为报酬，他们通常专注于个别服装品牌和特定消费群体。

服装生产商→代理商→批发商→零售商→消费者。这是三环节的销售渠道，主要是服装企业出口产品所采用的销售渠道。

在间接渠道模式中，由于服装生产商和中间商是两个或多个独立的利益主体，追求各自利益最大化是其基本目标，而各主体目标之间又往往是相互约束和相互冲突的，因此，如何处理好各主体间的关系显得尤为重要。

3. 垂直渠道。垂直渠道是由服装生产商与批发商、零售商等中间商所组成的一种统一联合体。可能某个渠道成员拥有其他成员的产权；或者彼此间是一种特约经销关系；或者某个渠道成员拥有相当的实力，其他成员愿意与之合作。这种模式既可以由服装生产商支配，也可以由中间商支配。服装垂直渠道主要有以下三种。

公司系统。指一家企业拥有和统一管理若干服装加工厂、批发机构、零售机构等，控制分销渠道的若干层次或是控制整个分销渠道，整合服装生产、批发和零售业务。

管理系统。由一家规模大、实力强的企业（如知名服装企业）出面组织形成的分销系统，该企业经常在销售促进、库存供应、定价、服装陈列等问题上与零售商协商或予以帮助和指导。

契约系统。由各自独立的企业以契约为基础而形成的一种服装分销系统，又可分为特许经营系统和批发商倡办的自愿连锁。

按照分销渠道的宽度划分

分销渠道的宽度指的是渠道的每个层次使用同种类型中间商数目的多少。具体分为以下三种。

1. 密集分销。指制造商尽可能地通过许多负责任的批发商、零售商推销其商品，使消费者能方便快捷地购买到产品。这种模式的主要缺点是服装生产商对中间商的控制能力差，中间商对生产商的服装推销不重视。对于无品牌服装或非选购服装，企业通常采用这种模式。如以普通的内衣、衬衫、外套便服等产品为主的生产商，可以采用广泛性分销策略。但如果是流行性强、季节性变化快的服装则不宜采用。

2. 选择分销。指制造商在某一地区仅仅通过少数几个精心挑选的、最合适的中间商推销产品。选择性分销一方面可提高中间商分销本企业产品的积极性，充分利用商业企业的声誉，扩大销路；另一方面，生产商容易对中间商实施控制，避免因中间商的经营行为不当而损害本企业的声誉。对于选购性服装，如那些具有一定品位、产品服务面较窄、销量有限的时装，或受季节影响较大、顾客选择性较强的服装可采用这种分销模式。在服装营销实务中，生产商通常是在广泛性分销取得一定经验和数据后，逐步淘汰一部分不理想的中间商，形成选择性分销。

3. 独家分销。指制造商在某一地区仅选择一家中间商推销其产品，通常双方协商签订独家经销合同，规定经销商不得经营竞争者的产品，以便控制经销商的经营业务。这种销售方式有助于提高服装公司及品牌形象，并增加利润。一些知名度高、形象定位突出的品牌，适合采取这种方式进行分销。但需要注意的是，如果企业对中间商的依赖性太强，市场覆盖面窄，一旦中间商不再为企业销售产品，企业的销售链条将中断，从而失去已占领的市场。独家分销的销售效果与品牌被认可的程度有关，如果品牌知名度不高，产品不被市场接受，将严重影响销售业绩。另外，从长远的观点来看，独家分销缺乏竞争，不利于促进中间商提高效率。对于价格昂贵的高级时装、名牌服装或具有独特功能的服装新产品，企业可以采用这种分销模式。

按服务对象以及在渠道中的角色划分

1. 服装零售商。服装零售商是将服装产品最终销售给消费者的销售组织。服装零售商在服装流通领域中分布最广、数量最多，与消费者接触最为紧密，在服装销售中发挥着重要作用。零售商不仅能将服装品牌的定位、产品的设计理念传递给消费者，进行产品销售和市场推广，还可以将消费者的购买信息反馈给服装企业。

2. 服装批发商。服装批发商是指将服装商品转售给零售商、生产企业等商业组织的中间商。它在渠道中的作用是：组织货源，存储货品，对商品进行分配，加快资金流转，为服装零售商与生产企业提供市场信息。批发商一般在批发市场、商贸中心等地以租赁的方式经营。批发价虽然较低，但通常要求服装数量要达到一定标准。传统的服装批发较少注重服装形象的塑造，因市场竞争日渐激烈，服装批发商也开始关注产品的设计、店面的装潢、品牌形象的树立。如在深圳南洋国际服装批发城、杭州的四季青服装批发市场以及上海七浦路服装批发市场，人们都可以深刻地感受到这种变化。

3. 服装代理商。服装代理商是指接受服装企业委托从事服装销售活动，在服装的流通过程中，并不拥有服装商品所有权的中间商。即委托人授予独立的代理商"销售代理权"，代理商在销售代理权限内代表委托人收集订单、销售商品及办理其他与销售有关的事务，如广告、售后服务、仓储等，代理商在销售完成后领取一定的佣金。代理商既可代表零售商、批发商，也可代表生产企业，服装业中的代理商更多的是品牌拥有者的代表。

二 服装分销渠道策略

(一)分销渠道的设计

影响分销渠道设计的因素

1. 顾客特性。渠道设计受到顾客人数、地理分布、购买频率、平均购买数量以及对不同促销方式的敏感性等因素的影响。当顾客人数众多时，生产者倾向于利用每一层次都有许多中间商的长渠道。但购买者人数的重要性又受到地理分布的修正。例如，生产者直接销售给集中于同一地区的 500 个顾客所花的费用，远比销售给分散在 500 个地区的 500 个顾客少。而购买者的购买方式又修正购买者人数及其地理分布的因素。如果顾客经常小批量购买，则需采用较长的分销渠道为其供货。同时，这些相同的制造商也可能越过批发商而直接向那些订货量大且订货次数少的大顾客供货。此外，购买者对不同促销方式的敏感性也会影响渠道选择。例如，追求时尚和品位的消费者购买服装一般会在专卖店、大商场；而注重服装价格和实用性的消费者多选择超市、街区小店的定制。

2. 产品特性。所涉及的内容主要包括以下几方面。

品牌定位及产品档次。作为企业的重要组成部分，营销网络是服装品牌进入消费市场的重要通道，企业要根据品牌定位选择营销渠道、决定网络终端服务目标，有效维护品牌形象。一般而言，服装品牌的定位及产品档次越高，销售线路就越短；反之，档次越低，销售线路越长。例如，高级时装通常在设计师自有的高级时装品牌专卖店里销售，而普通的大众服装则会经过较多的中间销售环节。这是因为高档服装品牌单件产品价值较高，更强调品牌形象的塑造和优质服务的提供，因此多选择短渠道；而低档服装生产商无法为成千上万个小额订货提供包装、开票和送货等琐碎服务，通过中间商则可以大大简化销售业务。

设计特点。一般而言，对式样多变、流行性强、时尚程度较高的服装产品，应尽可能缩短分销渠道，可直接向零售商供货或自设门店，以求快速销售；相反，对一些款式变化不大的服装产品，如劳保服、工作服，渠道长一些也无妨。

服装制作的标准化程度。对设计独特、制作精良、工序繁多的服装产品，如量身定制服装，往往需要提供如量体、试穿、修改等服务。这类产品就适合采取短渠道，一般由生产者直接提供给消费者。而标准化程度高的服装，因有一定的规格、式样和品质要求，就可选择较长的渠道。

服装的季节性。对季节性很强的服装，如大衣、羽绒服、T恤衫等，可尽量压缩分销渠道，或利用中间商力量拓宽渠道，加大销量，尽快将产品销售出去，降低服装过季积压的风险。

新开发的产品。如果企业开发了市场没有的新产品，如具有保暖、健身等功能性服装，为了很快地把新产品投入市场，往往需要采用强有力的促销手段，甚至组成推销队伍，直接向消费者推销，采用短渠道显然较为适宜。

服装成本高低。一般而言，产品成本越低，选择分销渠道的自由度越大；单位产品的成本越高，选择分销渠道的余地就越小。对于成本高、价格昂贵的服装，采用的分销渠道大多短而窄；而成本低、价格低廉的服装，可以选择短渠道或较长渠道。

销售服务要求。一般而言，服装产品的销售服务要求越多，销售线路就越短；反之，销售线路越长。例如，高级时装是为顾客立体裁剪、手工缝制、量身定做的，因此，通常是在兼具设计、制作、销售等功能的高级时装品牌专卖店里销售，在那里工作的人员要了解顾客需要，包括款式、颜色、材料等，并为顾客测量大小，然后设计、制作并进行必要的修改。

3. 中间商特性。中间商因素主要包括中间商的目标市场接近程度、运输和贮存能力、对本企业产品的销售政策、提供服务的能力、信誉、财力和管理能力等。设计渠道时，必须考虑执行不同中间商的优缺点。例如，由制造商代表与顾客接触，花在每位顾客身上的成本比较低，因为总成本由若干个顾客共同分摊。但制造商代表对顾客所付出的努力则不如中间商的推销员。一般来讲，中间商在执行运输、广告、储存及接纳顾客等职能方面，以及在信用条件、退货特权、人员训练和送货频率方面，都有不同的特点。

4. 竞争特性。生产者的渠道设计还受到竞争者所使用的渠道的影响。某些生产者希望在与竞争者相同或相近的经销处与竞争者的产品抗衡。例如，服装企业将自己的品牌和竞争品牌摆在一起销售。有时，竞争者所使用的分销渠道反倒成为生产者所避免使用的渠道。因此，服装企业可以与竞争对手在相同的渠道上竞争，也可以另辟渠道，但开辟新的渠道必须以充分掌握目标消费者的购买习惯为前提，否则就可能失去应有的消费群体。

5. 企业自身特性。企业在社会各界知名度越大、声誉越高、资金越雄厚，选择分销渠道的余地就越大，可以建立自己的销售网点，也可采取间接方式销售；反之，资金薄弱、影响小的企业，依赖中间商销售是较好的选择。有的服装企业虽然在产品开发、生产加工方面表现出了卓越的水平和技能,但在市场营销方面却表现得经验不足、能力较差,因而就有必要物色可靠的、专业的中间商、代理商,从事产品销售业务。服装企业对销售渠道的控制要求是不同的,大多数名牌服装希望对产品的价格、质量、服务、销售点的分布等加以严格控制,以维护品牌形象,一般会采用指定渠道、独家经销或自营,尽可能缩短销售渠道,以便于控制。

6. 环境特性。从大的方面看,市场环境无时无刻不在影响着分销渠道的选择,影响分销渠道的环境因素多而复杂,可概括为社会文化环境、经济环境和法律环境。首先,在选择渠道时,企业应考虑有关销售的政策和法律法规,如专卖制度、专控商品,对于这些专卖或专控商品,企业应当遵循指定的渠道和购销方式进行销售。其次,从整体社会经济发展来看,整个社会的经济形势良好,发展快,渠道的选择余地较大;而出现经济萧条或衰退时,市场需求下降,企业尽量减少不必要的流通环节,使用较短的渠道。再次,社会文化环境包括了一个国家或地区的意识形态、道德规范、生活方式、民族特性等许多因素,对消费者的时尚偏好以及企业营销行为的影响是间接而深远的。

分销渠道的设计步骤

从某种意义上说,任何渠道都可以把产品传递给顾客,但不同渠道所耗费的资源和销售效果可能存在很大差异。服装企业的分销渠道看起来并不复杂,所采用的渠道模式无外乎特许连锁加盟、批发市场批发、总代理、自营专柜或专卖店、直销等几种。但就是这些看似简单的渠道模式,却让众多服装企业困惑,更有一些成长中的中小服装企业因为渠道弊病而中途夭折。

服装分销渠道的设计受企业、产品、客户、环境、竞争者、中间商等因素影响,通过考虑上述各项影响因素,服装企业可规划一些可能的分销渠道方案。在选择最佳分销渠道时,企业必须对既有的分销渠道及竞争者目前使用的分销渠道进行比较评价, 评价时最好能拟订出评价目标,如分销渠道的营运成本、企业对分销渠道的控制能力、能获得多少竞争优势以及现有分销渠道的整合程度等。

1. 分析服务需求。首先必须了解顾客购买服装产品的种类、购买时间、购买原因、购买时所期望的服务水平等。比如,通常顾客希望购买等待的时间越短越好;在购买名牌服装时愿意去专卖店;对日常用品如袜、鞋等则习惯去百货店或超市购买。

2. 确定渠道目标。所谓渠道目标,是指企业预期达到的顾客服务水平以及中间商应执行的职能等。渠道目标应和企业目标以及市场目标保持一致。服装分销渠道目标有:提高产品的市场渗透率;针对新产品开辟新的分销渠道;设定各种分销渠道的销货比率组合,如百货商店 30%、专卖店 50%、大型超市 20%;提高销售点的销售周转率;设定物流成本及服务品质目标;设定企业及经销商保有存货的目标;设定不同分销渠道的投资报酬目标。

3. 评估各种可能的渠道交替方案。每一种渠道交替方案都是企业产品送达最后顾客的可能路线。生产者所要解决的问题,就是从那些看起来似乎很合理但又相互排斥的交替方案中选择最能满足企业长期目标的一种。因此，企业必须对各种可能的渠道交替方案进行评估。评估标准有三个，即经济性、控制性和适应性。

4. 确定渠道变量。包括确定渠道的层次数目和同一层次中的环节数目，这是分销渠道决策的重要内容。它主要有两个变量：渠道长度和渠道数目。企业可根据实际情况，决定采用直接渠道，还是采用间接渠道；是自设销售门市，还是利用中间商。企业选择的中间层次越多，则分销渠道就越长。但太长的分销渠道会使服装价格成本上升，企业对渠道的控制力减弱，这会影响企业的营销效果。

（二）服装分销渠道的模式

区域总经销模式

如果服装企业实行区域总经销模式，也就是说该企业在某规定区域内只选择一家经销商销售本企业的产品。此种情况下，服装企业在与经销商签订合同时必须包含以下条款。

1. 在划定的区域市场内进行销售，不得跨区销售。
2. 必须按照规定的价格销售，不得低价倾销，也不得高价销售。
3. 在规定期限内要完成销售目标，并要符合产品品种比例的要求。
4. 要按照合同规定进行回款，并采取规定的补款方式。
5. 要按照企业规定开展有效的促销活动，避免擅自促销而造成的不良后果。
6. 要负责辖区内的政府、媒体的公关事宜，处理突发事件并维护企业的利益。
7. 对于滞销产品要在规定时间内申报调货处理。
8. 当经销商变更交货地点时，需要提前通知企业，或者自行支付额外运费。
9. 要遵守并执行供销合同中的其他事项。

直营模式

如果服装企业实行直营模式，也就是说服装企业直接面向零售商铺货。此种情况下，服装企业在与零售商签订合同时必须包含以下条款。

1. 要按照规定进行产品陈列。
2. 要按照规定价格进行产品销售。
3. 要提供相关宣传场所。
4. 要按照规定进行产品陈列展示。
5. 要在规定期限内完成产品销售目标及回款作业。
6. 要按订单要求查收订货产品，不得拒收。
7. 要执行供货合同中的其他事宜。

区域经销模式

服装企业实行区域经销模式，也就是说在这个区域市场内由几家经销商来销售本企业的产品。区域经销模式中经销商的职责与区域总经销模式中经销商应当履行的职责绝大部分是相同的，不同之处在于，服装企业与经销商签订合同时还必须注意以下问题。

当一个区域市场内有多家经销商时，对价格制度的遵守是非常重要的，因此，企业在与经销商签订的合同中必须要有价格条款，必须确保经销商遵守企业的价格政策。

当一个地区的市场有多家经销商时，经销商漠不关心区域市场内的政府、媒体的公关事宜，企业应在与经销商签订合同时对此方面有所要求与约定。

为了提高各自的销售量，不同经销商经常采取不同的促销方式进行促销，对那些采用不正当促销手段进行竞争的经销商，企业必须密切关注。

混合模式

如果服装企业实行混合制，也就是说一方面企业寻找经销商来销售其产品，另一方面企业对那些重要的零售商去做直营。此种情况下，服装企业必须注意以下问题。

企业给予经销商和零售商的价格应有所不同，以此来确保经销商的利益，给经销商留有一定的利润空间。

在与经销商签订的合同中要明确规定：哪一些网点是企业要做直营的，即企业直接去铺货的；哪一些网点是经销商可以去开发的。

(三)分销渠道的管理

分销渠道成员承担着许多关键工作，如信息的收集与反馈、与消费者的交流与谈判、商品促销、实体分销、财务业务和承担风险等。一个成熟、高效的分销渠道必须是以上各项工作的有机结合。任何一个环节出现问题都会影响分销渠道的效率。因此服装企业必须对其分销渠道进行有效管理，慎重选择渠道成员，妥善处理渠道冲突与矛盾，并适时地对渠道进行调整和优化。

选择渠道成员

当服装生产商确定了其产品销售策略并决定以间接渠道进入市场后，下一步工作就是选择渠道成员。为了使中间商能够实现企业的渠道目标，在寻找中间商时，服装企业应坚持以下标准。

1. 中间商的经济实力。中间商的经济实力在很大程度上决定了其经营能力。服装企业可以通过查阅其资产负债表、注册资金、不动产情况等了解中间商的经济实力。

2. 中间商的经营与服务能力。中间商的经营能力不同，即使面对同样的服装产品，其经销效果也是不同的，所以服装企业考察中间商的经营能力是必要的。企业可以通过考察其资金情况、人员素质、过去营业状况、增长率、仓储和运输能力等因素来证实中间商的经营能力。中间商要有提供综合服务的能力，包括售后服务、技术指导、财务支持、储运服务等。合适的中间商所提供的综合服务项目应该与企业产品销售所需要的一致，如希望批发商有能力对零售商进行开店配货指导、促销指导等，以便促进产品的销售。

3. 中间商的专业条件。中间商的专业条件是指中间商对自己经营范围内的服装产品、市场、销售、促销等有关情况的了解程度和专业知识。专业条件越好,其销售服装的能力越强。

4. 中间商的信誉。没有信誉的中间商分销企业的产品会对企业本身的声誉产生不良的影响。服装企业可以通过银行、咨询机构或中间商的其他合作伙伴了解其信誉状况,不能急于求成,而是要慎重选择。

5. 中间商的影响区域。中间商的影响区域直接关系到产品分销的地区与预期销售地区是否一致。生产商应选择影响地区与自己目标市场一致的中间商,如目标市场在四川,就应该选择有能力覆盖西南地区的中间商。对于有能力的经销商,生产商还可以考虑鼓励其跨地区经营,弥补市场空白,待渠道结构成熟后,再重新划分区域。

6. 中间商的合作意愿和态度。中间商的合作态度很重要。良好的合作态度建立在双方各自利益的基础之上,也是双方不断沟通交流的结果。

激励渠道成员

服装企业对被选中的中间商,必须不断地加以激励,使其出色地完成任务。激励中间商的形式多种多样。但一般分为两种,即直接激励和间接激励。

1. 直接激励。即是指通过给中间商物质、金钱的奖励来激发中间商的积极性,从而实现企业的销售目标。在实际的运用中,企业常用销售返利的形式奖励中间商。所谓销售返利,就是为了直接刺激中间商进货力度而设立的一种奖励,有三种形式:采用竞赛形式对获得优胜的中间商给予金钱和实物以及精神上的奖励,等级进货奖励和定额返利。此外,还可采取价格折扣的形式刺激中间商进货和销货;也可采用售后付款或延期付款等形式帮助中间商度过资金不足或周转不灵的暂时困难期;或向中间商提供广告宣传、退换货服务等销售支持。

2. 间接激励。即是指通过帮助中间商获得更好的管理、销售方法,从而提高销售绩效和促进企业发展壮大的方式方法。如帮助中间商建立进、销、存报表,进行科学的库存管理,以减少服装积压;帮助零售商进行服装陈列、人员培训等零售终端管理。报喜鸟等许多服装品牌都帮助代理商、加盟商建立了全国统一的电脑询价及财务结算系统,并逐步完善 IT 系统,以预防和化解库存问题。如果企业要和中间商建立长久合作的关系,从激励的长效性看,应实施伙伴关系管理,建立经常性的沟通机制、利益共享机制,以加强和保持稳定的合作伙伴关系。

评估渠道成员

生产者除了选择和激励渠道成员外,还必须定期评估他们的绩效。如果某一渠道成员的绩效过分低于既定标准,则需找出主要原因,同时还应考虑可能的补救方法。当放弃或更换中间商将会导致更坏的结果时,生产者只好容忍这种令人不满的局面。当不致出现更坏的结果时,生产者应要求工作成绩欠佳的中间商在一定时期内有所改进;否则,就要取消其资格。

1. 契约约束与销售配额。如果一开始生产者与中间商就签订了有关绩效标准与奖惩条件的契约，就可避免种种不愉快。在契约中应明确经销商的责任，如销售强度、绩效与覆盖率、平均存货水平、送货时间、次品与遗失品的处理方法、对企业促销与训练方案的合作程度、中间商必须提供的顾客服务等。

除了针对中间商绩效责任签订契约外，生产者还应定期发布销售配额，以确定目前的预期绩效。生产者可以在一定时期内列出各中间商的销售额，并依销售额大小排出先后名次。这样可促使后进中间商为了自己的荣誉而奋力上进，也可促使先进的中间商努力保持已有的荣誉。

需要注意的是，在排列名次时，不仅要看各中间商销售水平的绝对值，而且要考虑其面临的各种不同的环境变化，考虑生产者的产品大类在各中间商的全部产品组合中的相对重要程度。

2. 测量中间商绩效的主要方法。测量中间商的绩效，主要有两种方法可供使用。

将每个中间商的销售绩效与上期的绩效进行比较，并以整个群体的升降百分比作为评价标准。对低于该群体平均水平的中间商，必须加强评估与激励措施。如果对后进中间商的环境因素加以调查，可能会发现一些可原谅因素，如当地经济衰退、某些顾客不可避免地失去、主力推销员的丧失或退休等。其中某些因素可在下一期弥补过来。这样，制造商就不应因这些因素而对经销商采取任何惩罚措施。

将各中间商的绩效与该地区基于销售潜量分析所设立的配额相比较。即在销售期过后，根据中间商的实际销售额与其潜在销售额的比率，将各中间商按先后名次进行排列。这样，企业的调整与激励措施可以集中用于那些未达既定比率的中间商。

渠道冲突及对策

在分销渠道建成以后，渠道冲突是不可避免的，这一点也被营销学者和企业所认可。在竞争日益激烈的今天，渠道冲突无论是从数量还是从激烈程度上来看，非但没有减轻，反而大有愈演愈烈之势。渠道冲突是摆在服装企业面前的一个严峻问题，这就要求服装企业分析各类渠道冲突的成因，并找出有效的解决措施。

1. 渠道冲突的类型。垂直渠道冲突。也称纵向冲突，是指同一渠道中不同层次渠道成员之间的冲突。如服装厂商与分销商之间、总代理与批发商之间的冲突等，表现形式多为信贷条件的不同、进货价格的差异、提供服务的差异等。如服装企业为了增进销售，而不定期进行打折降价，就会影响到经销商利益，从而引起不满。

水平渠道冲突。也称横向冲突，是指某渠道内同一层次渠道成员之间的冲突。如同级批发商或同级零售商之间的冲突等，表现形式多为跨区域销售、压价销售、不按规定提供售后服务或促销等。水平渠道冲突产生的重要原因是服装企业在目标市场上对中间商数量和分管区域没有做出合理规划和严格监控。例如，某服装品牌在 A 地区的中间商为了促进销售，降低价格，邻近的 B 地区中间商就会认为这种行为影响其销售。

多渠道冲突。也称交叉冲突，是指不同渠道形式不同成员之间的冲突。如直接渠道与间接渠道形式中成员之间的冲突，代理分销与经销分销形式中渠道成员之间的冲突等，表现形式多为销售网络紊乱、区域划分不清、价格不同等。如某些服装品牌网上价格比专卖店的价格要低，自然会影响到专卖店的销售。Levi's 牛仔裤一直以来是通过特约经销商销售的，当它决定和西尔斯、彭尼百货公司合作，就引起了经销商店的强烈不满。

2. 渠道冲突的原因。渠道冲突产生的原因多种多样，但其根源在于渠道成员之间所共有的相互依赖遭到了破坏。渠道成员一般各有其特定的专业职能，而专业化会导致相互依赖，这种相互依赖要求渠道成员要有最低层次的合作以完成渠道使命。然而，由于各渠道成员的相互独立性，他们都力图获得最大的自主权。如果渠道成员的相互依赖程度强，一方干预另一方实现其目标的机会就多，渠道冲突产生的可能性就非常大。产生渠道冲突的原因一般有以下七种。

利益目标不一致。每个渠道成员各自的一系列利益目标不一致。比如，服装生产商希望通过低渠道成本和低价政策获得更高的销量和市场占有率，而中间商则希望通过高价格、高佣金或高返利获得更高的利润。

渠道交叉和重叠。区域划分不明确、同一领域多家分销以及销售网络的自然辐射等都会造成渠道的交叉与重叠，从而导致冲突。一个渠道的领域界定应包括四个要素：作为服务对象的人口、覆盖的地域、要完成的职能和任务、营销中涉及的技术问题。

资源的有限。由于每个企业的资源都是有限的，而生产商和中间商都希望能利用对方更多的资源，在多渠道经营中，每一渠道也总是希望占有更多的资源，由此也会产生新的渠道冲突。如有的生产商为了开拓新的市场，对个别中间商采取了更为优惠的政策，但生产商的资源能力不足以对所有中间商采取同样的优惠政策，而个别中间商为了争夺更多的市场份额，于是可能就产生了窜货的冲突。

沟通不畅。信息沟通渠道不畅通，渠道成员之间迟缓或不准确的信息传递经常会引发渠道内部的误解和冲突。这就需要渠道成员经常保持沟通渠道的畅通，就对当前状况的认识、对市场未来发展方向的预测和将要进行的抉择及时交换意见，加深相互了解，统一思想。

实力差异。由于渠道中的各合作方实力对比悬殊，部分实力强的成员可能会利用自己的权利和威望进行歧视性合作。

预期差异。渠道成员对现实的理解和对未来的预测不同，也会导致渠道冲突。预期差异主要包括渠道成员对其他成员行为的预期差异，对市场前景、行业发展态势、宏观经济环境等营销环境的预期差异等。

感觉差异。同一层次的渠道成员常会在感觉上认为服装生产厂商在政策上厚此薄彼，进而产生冲突。

3. 渠道冲突的管理。渠道冲突并不都是坏事，有一些渠道冲突具有建设性的作用，它能促使渠道各方产生更多动力以适应环境，也有助于渠道的竞争和优胜劣汰。

当然，大多数渠道冲突都是有害无益的。为了有效地管理渠道冲突，服装企业首先必须识别渠道冲突的威胁，通常要考察以下四个问题。

1. 不同渠道是否服务于同一类目标市场，有时看似带来冲突的新渠道恰恰是成长的机会，因为它服务于新的市场。

2. 渠道之间是恶性竞争还是互相受益？新渠道看似对现存渠道构成了威胁，但也许有利于扩展产品用途或是建立品牌支持。耐克最初建立耐克旗舰店时受到许多体育用品店的抵制，但该店提升了耐克的品牌知名度和声誉，最终所有的渠道成员均由此受益。

3. 现有渠道利润恶化是其他渠道入侵的结果还是渠道本身的问题？也许是经营不善导致了现有渠道竞争力下降。

4. 一个渠道的衰败是否真正威胁到了企业的利润？

回答以上问题有助于服装企业辨别哪种渠道冲突真正具有破坏性，进而采取有效措施管理这些渠道冲突。管理渠道冲突通常采用的措施有以下六点。

确立共同目标。营销渠道是一个整体系统，只有系统的均衡和利益最优才能保证渠道成员各自利益的实现并达到最优。确立达到系统最优的共同目标，并使之成为渠道成员实现各自目标的桥梁，将有助于渠道冲突的解决。

加强渠道合作。渠道成员的共同目标和各自目标的实现有赖于成员间的合作和联合努力，加强渠道合作有助于加强渠道成员间的理解和信任，消除预期差异和感觉差异。

加强信息沟通。加强渠道成员之间信息传送的及时性和准确性有助于各方达成共识，消除渠道误解和冲突。信息沟通可以通过简报、通讯、会议、联谊会等多种形式进行。还有一种做法是人员交换，即在两个或两个以上的渠道层次上交换人员。例如，服装生产商的管理人员可以派驻分销商工作，而分销商的管理人员也可以在生产商营销部门工作。这种人员交换能让交换人员接触对方的工作和观点，从而增进双方的理解与合作。

明确决策权。明确各渠道成员的角色、功能、区域和网络划分、经营决定权等，有助于减少渠道冲突和管理规范渠道。

规范销售行为。规范销售行为是解决渠道冲突的关键。很多渠道冲突都是由违规行为引起的。服装生产商应当在规范过程中起主导作用，做到对违规行为绝不姑息，对违规经销商一视同仁。

清理渠道成员。对于不遵守游戏规则、屡犯不改的渠道成员，对他们的资格和标准应该重新审查，将不合格的成员清除出渠道。比如，对于那些肆意跨地区销售、打压价格进行恶性竞争的分销商或长时间未实现规定销售目标的分销商，都可以采取清理的方法。

参与渠道成员的管理工作

生产商与分销渠道成员之间的关系已经不是像过去生产商把产品交给经销商以后，由经销商去运作市场，然后把货款支付给生产商就行了，而是一种伙伴式的更密切的合作关系。因此，生产商有必要在以下环节，与中间商共同完成管理工作。

1. 销售计划及销售政策的制订。中间商的销售计划是由生产商主持，各种中间商参与联手制订的。在销售政策的制订上，也是由生产商主持制订，中间商参与，但区域销售经理要征求当地经销商对于企业销售政策的看法，在此基础上企业制订这个区域市场的销售政策。

2. 库存管理。在库存管理方面主要由中间商主持，生产商给予协助。中间商需要缴纳风险保证金，对仓库存储配件进行管理，并提供与仓储相关的服务。

3. 零售覆盖与支持。在零售覆盖方面由中间商主持，生产商配合参与，中间商要带领自己的业务队伍将产品分销给零售商；在零售商支持方面，由中间商主持，生产商参与，由中间商向零售商提供物质条件。

4. 产品分销。在产品分销方面由中间商主持，生产商参与，中间商拥有自己的销售队伍，并通过销售队伍将产品分销给零售商，企业派人给中间商提供协助，协助中间商分销。

5. 产品促销。在促销方面，由中间商主持，生产商负责执行。生产商在企业战略的指导下，确保促销和广告宣传表现手法及风格的统一性，即要求中间商执行其制订的广告宣传方案；在促销支持方面，由中间商主持，生产商参与。

6. 售后服务。在售后服务方面，由中间商主持，生产商配合参与。生产商提供配件辅料、售后服务和制订售后服务制度，中间商在生产商的指导下主持售后服务工作。

三　批发商与零售商

企业在确定了分销渠道策略之后，还必须正确选择中间商，因此，需要掌握各类中间商（主要是批发商和零售商）的特点与作用。

（一）服装批发商

批发是指一切将物品或服务销售给为了转卖或者商业用途而进行购买的人的活动。批发商是指那些主要从事批发业务的企业。批发商主要有三种类型：商人批发商、经纪人和代理商、制造商及零售商的分店和销售办事处。

商人批发商

商人批发商是指自己进货，取得产品所有权后再批发出售的商业企业，也就是人们通常所说的独立批发商。商人批发商按照职能和提供的服务是否完全来分类，可以分为两种类型。

1. 完全服务批发商。这类批发商执行批发商品的全部职能，他们提供的服务主要有保持存货，雇用固定的销售人员，提供信贷，送货和协助管理等。他们分为批发商人和工业分销商两种。批发商人主要向零售商销售，并提供相应的服务；工业分销商向制造商销售产品。

2. 有限服务批发商。这类批发商为了减少成本费用，降低批发价格，往往只执行一部分服务。有限服务批发商的主要类型有以下四种。

现购自运批发商。他不赊销，也不送货，顾客要自备货车去批发商的仓库选购物品，当时付清货款，自己把物品运回来。

承销批发商。他们拿到顾客（包括其他批发商、零售商、用户等）的订货单，就向制造商、厂商等生产者进货，并通知生产者将物品直运给顾客。所以，承销批发商不需要有仓库和产品库存，只要有一间办公室或营业所就行了，因而这种批发商又叫作"写字台批发商"。

托售批发商。他们在超级市场和百货商店设置自己的货架，展销其经营的产品。产品卖出后，零售商才付给货款。这种批发商的经营费用较高。

邮购批发商。指那些借助邮购方式开展批发业务的批发商。

经纪人和代理商

经纪人和代理商是从事购买或销售或二者兼备的洽商工作，但不取得产品所有权的商业单位。其所提供的服务比有限服务批发商还要少，主要职能是促进产品的交易，并赚取佣金。经纪人和代理商主要有以下四种类型。

1. 产品经纪人。其主要作用是为买卖双方牵线搭桥，协助他们进行谈判，买卖达成后向雇用方收取费用。他们并不持有存货，也不参与融资或风险。

2. 制造商代表。制造商代表一般代理两个或若干个互补的产品线，分别与每个制造商签订有关定价政策、销售区域、订单处理程序、送货服务和各种保证以及佣金比例等方面的正式书面合同。他们了解每个制造商的产品线，并利用其广泛关系来销售制造商的产品。大多数制造商代表都是小型企业，雇用的销售人员虽少，但都极为干练。那些无力为自己雇用外勤销售人员的小公司往往雇用代理商。另外，某些大公司也利用代理商开拓新市场，或者在那些难以雇用专职销售人员的地区雇用代理商作为其代表。

3. 销售代理商。销售代理商是在签订合同的基础上，为委托人销售某些特定产品或全部产品的代理商，对价格、条款及其他交易条件可全权处理。这种代理商在纺织、服装等行业中常见，在这些行业，竞争非常激烈，产品销路对企业的生存至关重要。

4. 采购代理商。采购代理商一般与顾客有长期关系，代他们进行采购，往往负责为其收货、验货、储运，并将物品运交买主。例如服饰市场的常驻采购员，他们为小城市的零售商采购适销的服饰产品。他们消息灵通，可向客户提供有用的市场信息，而且还能以最低价格买到好的物品。

制造商及零售商的分店和销售办事处

批发的第三种形式是由买方或卖方自行经营批发业务，而不通过独立的批发商进行。这种批发业务可分为两种类型。

1. 销售分店和销售办事处。生产者往往设立自己的销售分店和销售办事处，以改进其存货控制、销售和促销业务。销售分店持有自己的存货，大多数经营木材和自动设备零件等。销售分店不持有存货，在织物制品和针线杂货业最为突出。

2. 采购办事处。许多零售商在大城市设立采购办事处。这些办事处的作用与经纪人或代理商相似，却是买方组织的一个组成部分。

(二)服装零售商

零售是指将产品或服务直接销售给最终消费者，以供消费者个人、家庭或社会团体非商业性使用的整个过程中的一切活动。零售商是指任何销售量主要来源于零售业务的商业企业。

零售与批发不同，由于其销售对象是最终消费者，所以零售的服务对象具有广泛性和不确定性，从而增加了零售商满足顾客需求的难度。更好地吸引顾客，提高竞争力，加快流通，减少库存，是零售商们所追求的共同目标。对于服装零售业而言，其经营取胜之道在于品牌的提升、款式花色的设计、时尚元素的应用、个性化的体现、产品和服务的质量以及吸引顾客的促销推广活动等。由于服装属于时尚类消费品，因此其销售的时间性和季节性非常强，而每季的销售周期较短。例如，服装消费者的购物时间通常是不均匀的，零售店每天需营业 10~12 小时，遇到节假日或促销活动会更长。一般零售的黄金时间正好与其他行业的休闲时间相吻合，“黄金周”“假日经济(双休日)”，都是顾客大量购物的时间，如春节是中国人的传统节日，而且有穿新衣的习俗，因此这正是销售服装的大好时机。因此，服装零售商需要具备强有力的公司组织管理结构、行之有效的营销体系、快速的市场信息反馈系统，这样在激烈的市场竞争中才能立于不败之地。服装零售商的主要形式有以下几种。

百货商店(大型商场)

百货商店(大型商场)一般地处城市黄金地段，其营业场地大，设施齐全，顾客流量多，产品线宽而深，每一条产品线都作为一个独立部门由专门的采购员和营业员管理。纺织品、服装是百货商店最重要的产品线，经营所占面积最大，是商店营销策划的重点商品。此外，还有一些专门销售服装、鞋子、美容化妆品、礼品和皮箱的专用品百货商店。

同样的服装在大型百货商店的售价可能高于一般商店，而且通常没有讨价还价的余地，原因是：大型百货商店的服饰质量可靠，品牌正宗，一般不存在假冒伪劣现象；商店能够提供全方位的服务，特别是在退换货品方面有保证；百货商店地价贵，店内装潢考究，运营费用高。这些会抬高商品的价格。

百货商店的经营方式有以下三种。

1. 经销方式。即由商家做商品规划，选择适销对路的商品向厂家订货，然后买断经营。

2. 代销方式。是指商家为生产厂家代理销售某一品种或某一品牌的服饰，货品卖出去后结算货款，卖不出去则可以退回给厂家。

3. 招商方式。招商式经营又分两种情况：一为纯出租，即按照厂家所要的面积收取租金；二为销售额扣点，就是从厂家每月的销售额中提取 15%~40%，并规定最低的销售保底线。厂家的月销售若达不到一定金额，则必须支付商场预定的款项。另外，百货店的广告费和某些设施的费用也要厂家分摊。当前，招商式经营虽然应用广泛，但是其弊端已越来越显露出来。在这种经营方式中，商家和厂家的关系是完全扭曲的：商家不承担市场风险，不主动经营，坐收租金、折扣率、保底费；厂家一方面做产品，另一方面做市场，不仅所有的市场风险自己承担，而且要偿付高额的租金及其他费用，厂家的利润得不到保障，消费者也得不到实惠。从世界零售业发展状况来看，百货店导入连锁经营方式是未来的发展趋势。连锁经营需要统一进货、进销分离、统一定价和规模化管理；然而招商式经营是分散进货、进销一体、价格混乱和多头管理。再有，进店厂家与商家在经营中形成了利益错综复杂的混合体，因而阻碍了百货店向集约化、规模化方向的发展。

品牌专卖店

所谓专卖店，是指只经营某一类商品的零售店。专卖店有的是仅此一家，有的是连锁经营，包括两家以上甚至上千家。品牌专卖店的兴起，是服装零售业从“宽而浅”向“窄而深”的方向发展的结果，即零售服务的对象由原来面向大多数消费者的广泛需求转向面向某一阶层消费者的特殊需求，或者面向忠诚于某一品牌的消费群。店面装潢设计、标志、商标、包装等相互配套，强化品牌形象，以强烈的视觉效果构成一种现场感召力，吸引顾客进入，让顾客全身心地感受品牌的魅力。在顾客方面，专卖店的顾客很多是某一品牌的推崇者，专卖店独有的款式、风格、营销方式是针对非常明确的目标顾客，能保证品牌服装的货真价实，一些世界名牌专卖制度非常严格，没有专卖资格绝对无法进货。这样做既是为了防止假冒，也是为了搞好售后服务。在广告方面，专卖店广告的投入比一般商店要多，知名的品牌店纷纷花巨资做广告。在个性化服务方面，顾客可以得到营业员关于商品专业知识方面的服务及专业的售后服务，如面料的保养、洗涤，服装修改，皮衣的保养等。

品牌专卖店连锁经营的形式主要分为两种。

1. 公司直营连锁店。所有的连锁店全部由品牌经营者独家经营，又称为所有权连锁。公司直营连锁店的优点是一体化程度比较高，管理权集中与标牌化制度可提高运营效率、降低成本；不足之处是分店缺乏充分的应变弹性，有时难以把握地区性的市场机会。

2. 加盟连锁店。即品牌所有者将自己所拥有的商标、商号、产品、专利和专有技术、经营模式等以加盟合约的方式，授权加盟者设立零售店。被授权者按合同规定，在统一的业务模式下从事经营活动，并向品牌所有者支付相应的费用。品牌公司向加盟者提供诸如品牌、信誉、消费者认知等方面的优势；投资者则可以利用资金、地理等方面的优势条件，快速地建立零售网络。由于连锁体系是一种契约关系，各店的经营主权在于各店本身，在经营上有投资少、发展快、风险低的优点，因而这种形式在我国服装零售市场中应用比较广泛。其缺点是连锁本部对加盟店的约束力有限，公司很难进行统一的促销活动，对连锁店主的素质要求较难统一，从而失去整体效益；而各店的素质不一，企业品牌形象也较难维持。

服装专营店

专营店是指进行专业化经营的商店。服装专营店的市场竞争优势是只经营服装这种单一产品线，其产品线虽窄，但花色品种齐全、规格多样、专业化程度高、售价较低，符合消费者对商品专业化和物美价廉的要求。比如，童装专营店店内经营两个或多个品牌的儿童服装，品种齐全，可供顾客选择。

近年来，美国专营店总结出市场成功的新策略——“聚焦策略”，即谁的产品线越集中，谁就越有可能成为赢家。最为典型的例子是全美最成功的鞋店之一——Foot Locker，这家鞋店只卖鞋，而且只卖运动鞋，其年营业额为 16 亿美元。该专营店的杀手锏是少而全、少而专，特别是在款式、规格、色彩、质地上下大工夫，做到产品丰富多彩，别有特色。现在“聚焦策略”也被国内一些专营店所采用。

服装精品店

精品店通常设在中心商业区或高级住宅区及大型的商业写字楼中或大酒店里面，这样有利于树立精致高贵的商店形象。精品店讲究精美的购物环境，其装潢设计根据目标顾客的不同而各具特色。在商品方面，精品店的服装是以精致、唯美、独特来取胜。每一件服装产品要么是唯一的，要么是数量有限的。经常光顾这类店的顾客希望穿戴世界上只有一件或两件的服饰。在服务方面，精品店提供给顾客全方位的优质服务。无论是现场修改还是定制，都有专业人员负责，可以满足顾客的各种特殊要求。除服装外，腰带、围巾、帽子、手套、提包、首饰等配件应有尽有，方便顾客随意搭配。通常如果顾客需要，还会有服饰搭配专家来为顾客做专门的服装搭配。有的精品店还提供定制服装及特色的配件等个性化服务。精品店只做那些追求时尚潮流，有高品位、高收入、高要求的服装消费者的生意。这类店以其超高的服装价位同一般专业店拉开了距离，以精美的购物环境、与众不同的商品和昂贵的服饰价格，被高端顾客青睐。

平价、折扣店

经营平价、折扣店需要了解世界服饰市场的行情，提供比第一手批发商还便宜的服饰产品。当生产商有一些产品因市场萎缩或是生产周期太慢不再被零售商需要时，或者在季末有部分剩余产品店家不再使用时，以及产品断码或略有残次，他们就会兜售给平价或折扣店。平价或折扣零售商因为进价较低，所以即使售出的价格不高，也仍然能保持有利润。平价或折扣零售商通常会选择远离百货店或专业店的位置。平价或折扣零售商追求一种“投机”方法，即最关注的是价格而不是服饰组合的完整性。

服装街

在国内几乎每个城市都有一条或一条以上的街道两侧排满了个体服饰经营摊位，这样的街道通常被称为“服装街”。这些服饰零售商经营的大部分是廉价的服饰，但有一些服饰的款式却很新。通常一些低收入的消费者喜欢光顾服装街或一些流动的售货摊位。服饰街的形式很多，有的是露天场所，也有的是由比较固定的、有较好装修的一个个小店组成。有的服装店还集销售和个性修改为一体，为消费者在购买后进行服装的个性修改。

超级市场、仓储式商店

超级市场指规模巨大、成本低廉、薄利多销、自我服务的经营机构。仓储式商店是一种以大批量、低成本、低售价和微利多销的方式经营的连锁式零售企业。

超级市场和仓储式商店最为吸引顾客的是价格低廉，因为中低收入的顾客总是希望以较少的钱买更多的东西。商家要降低售价必须先降低成本，于是超级市场和仓储式商店一般建在场地租金较便宜的地区，它们的装修简单、服务设施少，销售方式为自选，只提供少量的人员服务，同时减少进货环节，能够争取生产厂家、批发商的较大折扣，这样使商品价格便宜。薄利多销，低价格必然导致销量大，而销量大、周转快又反过来保证了低价格，由此形成良性循环。超级市场和仓储式商店的商品与百货商店（大型商场）一样种类齐全，品种繁多。在服装类别上，超市只经营的标准化程度高、购买频率高、适于自选的品种，如衬衫、针织内衣、T 恤、家居服等。

服装邮购

服装邮购在我国尚处于起步阶段，而在国外已经有一百多年的历史了。邮购有两种形式：一种是产品目录，另一种是直接邮寄。产品目录是把所要出售的商品以书刊目录的形式列举介绍，并配以相应的资料介绍与图片介绍。直接邮寄则是在某一具体时间内，采用小册子（优惠券）提供某一种特定的产品或服务。直接邮寄与产品目录相比更具一些个性化的特点。在服装邮购业务中，主要采用的是产品目录。

邮购渠道与传统渠道相比最大的优势就是能为消费者提供极大的便利性。另外，商品的独特性与价格的合理性也是竞争的关键。但邮购的一个很大的缺点就是消费者在购买之前是无法触摸、感觉和试用、试穿所购买的商品的。因此，一些邮购商为了克服这些缺点，采取了寄送服装的面料样品、提供精确的尺寸以及不合身可免费退货的服务。

电视直销

通过在电视上发布服装产品信息，来寻求目标客户，使其做出购买反应的零售渠道。这种方式直观生动，加上配有解说员的讲解，使服装产品风格、功能效益及配搭使用更能详尽说明，且更具诱惑力和说服力。因此，电视购物节目对商品的销售具有很大的促进作用。

网上零售

20 世纪 90 年代，随着网络技术的迅速发展，资讯科技对服务领域产生了最为广泛和深刻的影响，零售管理信息系统、互联网、电子商务的应用，不仅改变了零售经营管理的过程与模式，也改变了传统的商品实体零售概念，创造了网络虚拟商店，给消费者提供了网上购物的机会。例如，消费者可以在服装公司的网页上自由选择和搭配服装，不仅包括上装与下装，还包括发型、帽子、眼镜、背包、鞋子和其他饰物的搭配，充分发挥了科技带来的便利，这是一般的产品目录所不能比拟的。另外，消费者还可以在多个网站之间进行价格比较，也可以在一天的任何时间下单订货。总之，网上销售在给消费者带来极大方便的同时，免除了购物之行，缓解了交通压力、节省了汽油、降低了拥挤程度。所有这些因素都能够帮助零售商提高消费者的满意度。

网络不仅改变了人们的生活方式，也高度集成了商业机会，并提供了超值的零售服务，这是任何一种零售变革都难以达到的集成效果。当然，网上销售也存在一定的问题。如缺乏亲身的实际产品体验、交易的不可控性、网上价格的开放性、产销协调的问题、配送渠道的问题、对原有销售渠道的冲击等。

四　物流策略

市场营销不仅意味着发掘并刺激消费者或用户的需求和欲望，而且还意味着适时、适地、适量地提供商品给消费者或用户，从而满足其需求和欲望，为此要进行商品的仓储和运输，即进行物流管理。企业制定订正确的物流策略，对于降低成本费用、增强竞争实力、提供优质服务、促进和方便顾客购买、提高企业效益具有重要的意义。

（一）物流的含义、职能与目标

物流是指商品实体从生产地点转移到消费使用地点的全过程。

物流的职能是将产品由其生产地转移到消费地，从而创造地点效用。物流作为市场营销的一部分，不仅包括产品的运输、保管、装卸、包装，而且还包括在开展这些活动的过程中所伴随的信息传播。它以企业销售预测为开端，并以此为基础来规划生产水平和存货水平。

一般来讲，企业往往将其物流目标确定为：对产品进行适时、适地的传送，兼顾最佳顾客服务与最低配送成本。实际上，这个目标隐含着内在的矛盾。因为，最佳顾客服务要求最大的存货、足够的运力、充分的仓容，而所有这些都势必增如销售成本。最低配送成本要求低廉的运费、少量的存货和仓容，而这又势必会降低服务水平。合理的物流目标，应是通过有效的选择，适当兼顾最佳顾客服务与最低配送成本。具体要求如下。

将各项物流费用视为一个整体。在致力于改善对顾客服务的过程中，重要的是努力降低物流总成本，而不只是个别项目成本费用的增减。

将全部市场营销活动视为一个整体。在各项市场营销活动中，都必须考虑到物流目标，对其他活动的得失加以权衡，避免因孤立地处理某一具体营销业务而导致物流费用不适当地增加。

善于权衡各项物流费用及其效果。要将为维持或提高顾客服务水平而增加的某些成本项目视为必需，不能使消费者受益的成本费用则坚决压缩。

(二)物流管理策略

商品的运输管理

组织商品的运输,就是要达到安全、快捷、准确、价廉的目的。在进行商品运输管理时,需要解决的问题包括制订运输方案,选择运输工具,确定发运批量、发运的时间及运输的路线,以及是依靠自己力量自行组织运输还是委托专业物流(运输)公司运输等。由于服装商品本身所具有的时效性,因此,在服装商品的运输中,运送的及时、快捷就显得尤为重要了。

商品的仓储管理

仓储的目的是为了解决商品的生产与消费在时间和空间上的差异,通过对商品的存储与保管,满足商品在供求和周转上的需要,实现生产与消费的衔接。仓储管理的内容主要包括仓库管理和储存管理。

仓库管理主要是指对库存商品的日常养护、出入库管理和库存商品的信息管理。储存管理主要是指对商品储存费用分析、订购成本分析、经济进货批量确定和商品储存量的控制。其最终目的是通过科学的进货管理和库存管理,来降低商品的储存成本。出于服装商品本身所特有的销售的时效性和不确定性,在服装市场营销中经常出现对市场需求预期不足导致产品脱销或进货过多而使产品积压的矛盾局面。

商品的陈列管理

服装终端销售的卖场陈列是树立品牌形象、促进产品销售的重要手段。一个好的卖场不仅能够给消费者带来体验,还能有效地扩大商家的利润。卖场的设计风格、道具、灯光等都能烘托出服装的品质,提高服装的附加值,良好的卖场氛围还可以有效增加消费者的购买决心。

一个成熟品牌无论从品牌的字体、颜色、产品风格,还是从品牌的终端形象推广上,都保持着高度的统一性,如ZARA、GUCCI的卖场陈列。因此,服装系列产品推出后,卖场陈列必须由企业统一培训后整体执行。陈列管理是一项系统工程,是服装走品牌化道路的必需条件,必须引起服装生产商及销售商的高度重视。

(三)物流现代化

物流现代化涵盖物流管理的多个环节,需要多种技术支撑,其中包括:条形码、电子货币、电子收款机和电子数据交换。

条形码(Bar Code)技术是一项自动识别技术,是商品国际化的标志,也是实现物流自动化与商品管理自动化的基础。商品条形码可分为原印码和店内码两种。

电子货币,包括信用卡(Credit Card)、储蓄卡(Deposit Card)、借记卡(Debit Card)、现金卡(Cash Card)、IC卡等多种金融交易卡,不仅可以减少流动资金积压及大量资金的清点搬运，增加资金周转率，促进销售，而且通过计算机和信息通讯网络可以建立家庭银行（Home Banking），实现家庭购物（Home Shopping）。

电子收款机（Electronic Cash Register，简称ECR）要求极高的技术性能。首先必须稳定可靠，具备抗一般电器波动、抗干扰信号、抗恶劣环境的能力；运行中基本不出现故障或出现故障后能在不破坏数据的情况下及时排除；在网络或主机出现故障时，能独立运行；必须可接条码阅读器、磁卡刷卡器、电子秤等多种外部设备；必须具有现金、支票、信用卡等多种付款方式和零售、批发等多种交易方式；具备快速反应和处理能力等。

电子数据交换（Electronic Data Interchange，简称EDI），按国际标准组织的定义，是"将商业或行政事务处理按照一个公认的标准，形成结构化的事务处理或文档数据格式，从计算机到计算机的电子传输方法"。简言之，就是按照商定的协议，将商业文件标准化和格式化，并通过计算机网络，在贸易伙伴的计算机网络系统之间进行数据交换和自动处理，因而被称为"无纸贸易"或"电子契约社会"。在EDI的发展中，标准化是至关重要的前提条件。

思考与练习

1. 服装企业在设计分销渠道时应考虑哪些因素？
2. 服装企业应如何有效地管理和解决渠道冲突？
3. 结合实例谈谈你对物流现代化的理解。

第九章　服装促销策略

在当今社会，市场供求、竞争情况复杂多变，生产者与顾客之间的信息沟通对于企业的发展至关重要。一方面，企业要进行市场营销研究，搜集顾客需求和偏好的信息；另一方面，企业也必须不断向顾客传递产品信息，有效地扩大产品销售。所以，促销就成为现代市场营销的重要组成部分。服装促销可以实现企业与消费者之间的信息传递和沟通；可以诱导消费需求，激发购买欲望，促进购买行为；可以突出品牌形象，提高企业声誉，抵御竞争对手和巩固市场。正确制订并合理运用促销策略是服装企业在市场竞争中取得有利的产销条件、获取较大经济效益的必要保证。

一　促销与促销组合

(一)促销的含义和作用

促销是促进产品销售的简称，是指生产、销售企业通过媒介向消费者传递关于产品的各种信息，包括设计理念、风格定位、价格水平等，帮助消费者认识产品能带来的利益，引起消费者的兴趣，激发消费者购买欲望，最终产生购买行为的一系列活动。市场营销组合中的产品决策、价格策略决策、分销策略是在企业内部或者在营销者之间进行的营销活动，促销策略强调的则是向消费者宣传或介绍其产品，说服和吸引他们对产品进行购买。因此，参与促销活动的双方是营销者与购买者或潜在的购买者。促销具有以下三层含义。

促销工作的核心是沟通信息。企业与消费者之间达成交易的基本条件是信息沟通，即营销者(信息提供者或发送者)发出作为刺激物的各种信息，把信息传递到一个或更多的目标对象(即信息接受者，如听众、观众、读者、消费者或用户等)，以影响其态度和行为。

促销的方式有人员促销和非人员促销两类。人员促销也称直接促销或人员推销，是企业运用推销人员向消费者推销商品或劳务的一种促销活动，它主要适用于消费者数量少、比较集中的情况。非人员促销又称间接促销，是企业通过一定的媒体，传递产品或劳务等有关信息，以促使消费者产生购买欲望、发生购买行为的一系列促销活动，包括广告、公关和营业推广等，它适用于消费者数量多、比较分散的情况。通常，企业在促销活动中将人员促销和非人员促销结合运用。

促销的目的是引发、刺激消费者产生购买行为。促销是通过各种传播方式把产品或劳务等有关信息传递给消费者，以激发其购买欲望，使其产生购买行为。比如，通过广告传递有关企业及品牌的信息；通过各种营业推广刺激顾客对产品产生兴趣，促进购买和销售；通过各种公共关系来加强和完善企业在公众心目中的形象；派遣销售人员面对面地引导说服顾客购买产品等。

促销在企业营销活动中是不可缺少的重要组成部分，是因为促销有如下功能。

传递信息，提供情报。销售产品是市场营销活动的中心任务，信息传递是产品顺利销售的保证。信息传递有单向和双向之分。单向信息传递是指卖方发出信息，买方接收，它是间接促销的主要功能。双向信息传递是买卖双方互通信息，双方都是信息的发出者和接受者，直接促销有此功效。在促销过程中，一方面，卖方（企业或中间商）向买方（中间商或消费者）介绍有关企业现状、产品特点、价格及服务方式和内容等信息，以此来诱导消费者对产品或劳务产生需求欲望并采取购买行为；另一方面，买方向卖方反馈对产品价格、质量和服务内容及方式是否满意等有关信息，促使生产者、经营者取长补短，更好地满足消费者的需求。

突出特点，诱导需求。在市场竞争激烈的情况下，同类商品很多，并且有些商品差别微小，消费者往往不易分辨。企业通过促销活动，宣传、说明本企业产品有别于其他同类竞争产品之处，便于消费者了解本企业产品在哪些方面优于同类产品，使消费者认识到购买、消费本企业产品所带来的利益较大，消费者乐于认购本企业产品。生产者作为卖方向买方提供有关信息，特别是能够突出产品特点的信息，能激发消费者的需求欲望，变潜在需求为现实需求。

指导消费，扩大销售。在促销活动中，营销者循循善诱地介绍产品知识，一定程度上对消费者起到了教育指导作用，使更多顾客熟悉和信任本企业产品，形成品牌偏好或成为忠诚购买者，从而稳定乃至扩大企业的市场份额，巩固市场地位。

形成偏爱，稳定销售。在激烈的市场竞争中，企业产品的市场地位常不稳定，致使有些企业的产品销售此起彼伏、波动较大。企业运用适当的促销方式，开展促销活动，可使较多的消费者对本企业的产品产生偏爱，进而稳住已占领的市场，达到稳定销售的目的。对于消费者偏爱的品牌，即使该类商品需求下降，也可以通过一定形式的促销活动，促使消费者对该品牌的需求得到一定程度的恢复和提高。

（二）促销组合及其影响因素

所谓促销组合，就是企业根据产品的特点和营销目标，综合各种影响因素，对各种促销方式的选择、编配和运用。促销的方式有直接促销和间接促销两种，又可分为人员推销、广告宣传、公共关系、营业推广四种。由于各种促销方式都有其优点和缺点，在促销过程中，企业常常将多种促销方式同时并用。促销组合是促销策略的前提，在促销组合的基础上，才能制订相应的促销策略。因此，促销策略也称促销组合策略。

促销策略主要有推式策略和拉式策略两类。推式策略是企业运用人员推销的方式，把产品推向市场，即从生产企业推向中间商，再由中间商推给消费者，故也称人员推销策略。推式策略适用的范围是单位价值较高的产品，性能复杂、需要做示范的产品，根据用户需求特点设计的产品，流通环节较少、流通渠道较短的产品以及市场比较集中的产品，等等。拉式策略也称非人员推销策略，是指企业运用非人员推销方式把顾客拉过来，使其对本企业的产品产生需求，以扩大销售。拉式策略的适用范围是单位价值较低的日常用品，流通环节较多、流通渠道较长的产品，市场范围较广、市场需求较大的产品，等等。

在制订促销组合和促销策略时主要应考虑以下四个因素。

1. 企业目标。选择促销组合时，一定要考虑企业的目标，如果公司正在寻求新的市场或是想要增加市场占有率，产品处于引入阶段，促销就要引起公众注意，增加对品牌的好感；在产品成长阶段，促销就要以提升品牌形象、提升销售业绩为己任；如果企业要回收资金，处理库存，促销就要强调物美价廉，物超所值，营造机不可失的销售氛围。因此，制订促销组合和促销策略时，要根据不同的企业目标，采用不同的促销组合和促销策略。

2. 产品因素。其主要包括：①产品的性质。不同性质的产品，购买者和购买目的不同，因此，对不同性质的产品必须采用不同的促销组合和促销策略。一般说来，在消费者市场，因市场范围广而更多地采用拉式策略，尤其以广告和营业推广形式促销为多；在生产者市场，因购买者购买批量较大，市场相对集中，则以人员推销为主要形式。②产品的市场生命周期。在导入期，促销目标主要是宣传、介绍商品，以使顾客了解、认识商品，产生购买欲望。因此，这一阶段以广告为主要促销形式，以营业推广和人员推销为辅助形式。在成长期，由于产品打开了销路，销量上升，同时也出现了竞争者，这时仍需加强广告宣传，但要注重宣传企业产品特色，以增进顾客对本企业产品的购买兴趣，若能辅之以公关手段，会收到相得益彰的效果。在成熟期，竞争者增多，促销活动以增进购买兴趣与偏爱为目标，广告的作用在于强调本产品与其他同类产品的细微差别。同时，要配合运用适当的营业推广方式。在衰退期，由于更新换代产品和新发明产品的出现，使原有产品的销量大幅度下降。为减少损失，促销费用不宜过大，促销活动宜针对老顾客，采用提示性广告，并辅之适当的营业推广和公关手段。

3. 市场条件。市场条件不同，促销组合与促销策略也有所不同。从市场地理范围大小看，若促销对象是小规模的本地市场，应以人员推销为主；而对广泛的全国甚至世界市场进行促销，则多采用广告形式。从市场类型看，消费者市场因消费者多而分散，多数靠广告等非人员推销形式；而对用户较少、批量购买、成交额较大的生产者市场，则主要采用人员推销形式。在促销方案的制订过程中，营销者应充分考虑目标客户的特性，如年龄、性别、文化、职业、社会地位、经济状况、生活方式、价值观念等。如宝姿对其女装进行促销时，就会充分考虑到其目标顾客是 30~50 岁之间，有较高收入和较高社会地位的白领女性，她们崇尚优雅经典而又不失时尚的高品位生活，所以决不会将促销活动设计成甩卖会。此外，在有竞争者的市场条件下，企业制订促销组合和促销策略还应考虑竞争者的促销形式和策略，要有针对性地不断变换自己的促销组合及促销策略。

4. 促销预算。企业开展促销活动，必然要支付一定的费用。费用是企业经营十分关心的问题，并且企业能够用于促销活动的费用总是有限的。因此，在满足促销目标的前提下，要做到效果好而费用省。企业确定的促销预算额应该是企业有能力负担的，并且是能够适应竞争需要的。为了避免盲目性，企业在确定促销预算额时，除了考虑营业额的多少外，还应考虑到促销目标的要求、产品市场生命周期等其他影响促销的因素。

二　服装促销的时机选择与对象选择

(一)服装促销的特点

服装商品是一种具有一定功能且附加值含量高的商品，具有一定的文化价值、美学价值、象征价值等。其流行周期短、款式变化快、市场定位高度细分，是消费品中档次、级别最多，价格差别最大，个性化色彩最浓的一类。这些特征决定了服装在促销方式上具有自己的特点。

服装促销偏重于理念定位或品牌形象的建立

现代社会生活中，服装的价值标准发生了极大的改变。过去，服装消费者追求的是商品的性能和质量，看重的是服装保暖避寒、遮羞护体的功能性实用价值。如今，着装者更注重服装的社会认知和自我愉悦，希望通过服装表达和实现自我价值和理想。这种追求固然需要款式造型、色彩材质等服装设计要素来表达，但更需要企业以准确的品牌形象和超越服装实体的某种生活理念、价值理念来进行诠释和演绎。

视觉传播媒介是服装促销的主要媒介

顾客对服装的感知，主要依靠的是视觉，其次是触觉。服装的美学意义主要在于视觉传递。为了充分表达服装丰富而具有个性魅力的艺术美感，企业需要通过各种视觉传播媒介来表达和实现，如杂志出版物、电视、广告牌、POP 等手段，尤其以时装表演最能传达服装风格和表现服装感染力。无疑，视觉传播媒介已成为服装促销的主要媒介。

提高品牌知名度和忠诚度是服装促销贯彻始终的目标

在服装销售实践中，对某一次具体的服装促销行为来说，促销是一种暂时性、短期性的刺激活动，具有时间延伸而效应递减的规律性。但从企业长远发展规划来讲，促销最终的目的并不是一时促进销售，而是为了提升品牌知名度、吸引消费者、增强顾客对服装品牌的忠诚度，为长期持续不断地获得销售增长而采取的一种营销行为。所以，在制订促销方案时，企业一定要充分考虑促销的形式、方法及频率，不要因促销频繁和手法低劣而影响企业的品牌形象，而始终要以提高品牌知名度和顾客忠诚度为目的。持续积累的促销努力也将是服装企业和品牌的重要无形资产。

促销规划以季节为主线

由于服装的季节性很强，服装的设计生产、市场推出也是以季节为主线进行的。服装销售根据服装新品的推出，一般一年可分为 2~6 个季节，而服装的促销活动也多以季节为主线进行规划，做到张弛有度，富有节奏和变化。通常，服装企业针对中间商的促销活动在销售季节前半年进行，如秋冬服装发布会、订货会安排在 4~5 月份，春夏季服装发布则在上一年的 10~11 月份。小公司较晚些，主要是为了追随大品牌而规避风险。以季节为主线进行的服装促销可保证定位的一致性，也可突出服装的流行和主题。

(二)服装促销的时机选择

与服装商品有关的促销时机

由于服装本身的原因而促使企业采取促销措施，主要有以下四种情况。

当企业开发新产品时，要加快新产品的市场导入，迅速扩大其知名度，使顾客了解新产品特色而开展促销活动。如南极人保暖内衣刚上市时，企业就铺天盖地大做广告，迅速打开市场销路。

企业为了扩大品牌市场占有率，促销活动有助于实现这一目的。

迎季促销和换季促销，由于服装商品季节性较强，这种季节的转换非常适合服装促销。当新产品上市和旧产品退市前，服装企业都应采取促销手段以便抢占市场先机和把握最后的销售时机。

由于某种原因造成服装大量滞销并影响企业正常运作时，企业必须采取消化库存、回收资金的促销活动，以解燃眉之急。

与顾客有关的促销时机

当目标顾客的忠诚度降低时，应引起高度重视，认真分析原因，并采取适当的促销手段，以提升顾客的忠诚度，增加他们对服装的购买频率。

当企业要扩大顾客群体时，也要积极采取促销手段，使企业目标得以顺利实现。某男装西服品牌发现当前城市消费者对西服的需求与日递减，准备开发农村市场，于是邀请广受农村朋友喜欢的影视明星做代言人，在中央台播放广告，在极短的时间里就打开了农村市场。

与竞争者有关的促销时机

由于同行间的激烈竞争，企业往往会采取各种促销活动。

当竞争对手积极开展促销活动的时候，为保障自己的利益，企业要开展更加具有吸引力和竞争力的促销活动。

当企业开拓新的市场时，为了与竞争对手争夺市场，应开展适当的促销活动。

与分销商有关的促销时机

当分销商的经营品种增多，对企业的进货减少时，企业要针对经销商采取一定的促销手段，以增加其对企业商品的进货量。

竞争者给分销商提供了让利促销，而降低了分销商对本企业商品的进货，这时要采取适当的促销手段，既要恢复和增加分销商的进货数量，又不能使企业付出过高的代价。

配合销售部门加强对分销商的推销力度，促销活动会促进销售人员的工作，会使企业的商品更易推销。

事件促销时机

在竞争激烈的服装市场，各种打折优惠活动遍地都是，如果促销手法不高明的话，会让消费者对产品产生怀疑，并降低品牌的声誉。所以，促销活动要事出有因，利用各种有意义的事件来创造促销机会，这不仅能促进销售，还能扩大品牌知名度和提升企业形象。如企业周年庆，或获得某种奖励和称号，以及为实现了某一特定目标而开展的庆祝活动等。

节假日促销时机

节日给消费者提供了购买商品的理由以及充裕的时间，利用节假日进行促销活动，是商家惯用的手法。尤其是“五一”“十一”、春节等购物黄金期，都是进行促销活动的绝好时机。

(三)服装促销的对象选择

企业在制订促销方案时，要选择确定的促销对象，针对不同的促销对象采取不同的促销方式。根据服装拥有者的不同，可将促销对象分为中间商(销售渠道成员)和终端消费者。在适当的时机选择正确的促销对象是促销活动成功的关键。尽管促销活动的交互性很强，但根据市场销售阶段的不同，促销对象的选择也有所偏重和不同。

当服装销售处于淡季时，整个行业的消费力都很低。虽然一些服装企业针对消费者采用返季销售等活动进行促销，以此增加消费诱因，刺激消费者的消费欲望，但毕竟此时的市场太小，促销效果往往不好。聪明的服装企业此时会将促销目标重点定位于中间商的流动资金和仓储能力上，在市场回升时，一方面可以抢占新货上市先机；另一方面，由于中间商的库存和资金都是有限的，又可以给其他竞争企业产品快速进入市场设置壁垒。当前有很多服装品牌，在服装销售淡季时，将一些过季服装和相对滞销的款式以较低的价格从批发、代销等经销市场流通出去，而专卖店则保证当季货品并维持相对稳定的价格，以树立、维护品牌的整体形象。

当市场进入回升期，消费潜力开始拉动，市场将出现一个快速拉动的过程，这个过程很短暂，之后销售便会迅速进入高峰期。回升期是企业竞争最为关键的阶段，要尽量将服装产品摆放到让消费者能够看到和买到的地方。只有零售系统才能真正将产品放在货架上，通过各种陈列方式和技巧将服装有效展出。企业应将促销对象锁定为零售商，给他们更多的额外诱因，以顺利实现铺货。

促进消费者购买企业产品是企业促销的最终目标，尤其对销售高峰期的到来，锁定消费者的促销更为重要。这时，企业做促销就是为了提高产品销量，延长产品旺季时间，针对消费者做促销将给企业带来直接的销售额。

针对中间商的促销

随着中间商对销售渠道控制能力的增强，现在服装公司花费在渠道成员的渠道费用日益增加，有些已经超过整个促销预算的一半以上。针对中间商的策略性激励与合作是产品成功促销的要素之一。

1. 交易折扣。交易折扣作为一种争取中间商的促销手段，已被很多服装企业所采用。交易折扣是指降低拿货价以鼓励中间商购买的促销方式，常用方式有：销售额折扣、销售量折扣、季度折扣等。由于中间商在选择服装品牌时，谁给的折扣大，就跟谁合作，因此，交易折扣有越来越高的趋势。折扣策略要适当运用，才能使服装企业和中间商互惠互利，以免两败俱伤。

2. 零售补贴。服装厂商激励零售商积极促销的惯用手段就是零售补贴，即鼓励零售商大量进货并积极进行销售，特别给予降低进货价的优待。其方式可归纳为无条件补贴和有条件补贴。前者是指不对零售商做任何硬性规定，纯粹只是提供补贴以促进销售，包括购买补贴、凭票扣抵补贴、免费附赠补贴和延期付款等。后者是指零售商要做出某种承诺才能享受的补贴，包括现金折让、广告补贴等。

3. 销售竞赛。采用销售竞赛是提高中间商积极性的有效方式之一。合理安排和设计竞赛内容，尽可能多地让中间商获奖，可获得良好的鼓励效果。根据企业不同的促销目标，可采取不同的竞赛形式。服装企业常用的销售竞赛有以下五种形式。

销售量竞赛。以一定时期内中间商销售本企业服装产品的数量或金额为竞赛标准。

陈列竞赛。针对中间商的陈列竞赛，目的在于展现中间商的陈列技术，内容包括陈列的创意和美感。

店铺装饰竞赛。通过竞赛来促进中间商对店铺进行装饰美化，或利用厂家提供的 POP 等广告，来增加产品在店内的视觉冲击力，营造良好的销售氛围。

销售技术竞赛。主要针对零售店铺的店员所涉及的关于销售技巧、技能的竞赛，目的在于加强经销店店员对商品的熟悉和了解。

创意竞赛。所谓创意，主要是指中间商对产品设计或改进方面的创意，以及在销售中发现问题、解决问题的创意。

4. 联合促销。在市场地位和企业利润的压力下，服装企业可通过与中间商的合作，实施联合促销，以达到在激烈竞争的市场环境中优势互补、调节冲突、降低消耗，最大限度利用销售资源为企业赢得更大利益，达到双赢或多赢的目的。

5. 服装展览会。展览已成为服装市场行为的一部分，服装企业通过参加展览会向公众和买家展示自己的服装产品，从而促进销售。尤其是一些专业服装会展，可吸引专业的参观者，企业可以在较短的时间里，广泛与目标客户或潜在的顾客进行面对面的接触，从而获得订单和取得意向，以提升产品销售率。有关数据表明，服装业投入展览的费用正在急速增加，展览已成为服装企业重要且有效的促销方式。

6. 时装发布会。时装发布会是服装企业用以发布品牌流行信息，传达设计师创意、理念和品位的特殊促销手段。一方面可以通过新闻媒介进一步扩大服装品牌的社会影响和提高设计师声誉；另一方面又可促进销售，甚至直接获得订单。时装发布会的目标，设定在顾客和业界两方面，对于成衣品牌，更多的还是针对中间商，以期获得更多的订单和更大的销量。

针对消费者的促销

消费者是服装的最终使用者，一切促销活动的根本目的都是为了大力刺激消费者积极购买。对消费者的促销又被称为直接促销，能显著提升销售额及品牌形象。店面零售是一种有效而常被运用的策略。

1. 折价促销。折价促销是指通过降低服装产品的售价来优待消费者，以促进服装销售。通常所见的方式就是直接折价，如“原价 588，现价 388”“8 折优惠”“6 折特价”等，让消费者一目了然就知道商品便宜了多少。对于单价较低、款式简单、更换频率较快的服装，可以运用附加赠送的方式，就是指消费者购买一定数量或金额的商品后，按一定比例赠送同类商品，如袜子、内衣运用“买一送一”的方式来吸引消费者购买。另一种折价方式是套餐式折扣，就是将不同品类的服装搭配成套，成套购买者可获得一定的折扣优惠，如毛衫和裙子单买分别是238元和168元，而配套买是368元，就会给人优惠许多的感觉。这种方式可有效刺激服装在数量和品类上连带销售。

2. 集点优待。集点优待是一种先购买消费、后获赠的促销活动，就是消费者购买本品牌服装累积达到一定金额或数量后，即可换取不同的奖励，奖励可以是现金，也可以是礼品，或是下一次购买的折扣优惠券。这种方式成本较低，活动持续时间可以较长，在促成再次购买和保护现有顾客免受竞争品牌的干扰方面极有成效。

3. 退费优待。顾名思义，退费优待就是消费者购买企业的服装产品以后，可获得一定金额的退款。退费额度一般至少达到服装售价的20%，否则刺激力度不够，活动不见成效。返还现金对消费者来说直接明了，感觉上更实惠，能较强地刺激消费者购买，提高市场占有率，尤其对于吸引新顾客购买效果更佳。

4. 抽奖或竞赛。抽奖是利用了人们侥幸、刺激和以小赢大的心理，通过奖品诱惑而带动服装商品的销售，其形式有回寄式抽奖、即开即奖以及连环抽奖等。中奖者不需任何才华和学识，所以抽奖活动比其他促销活动形式多出近十倍的参与者。因此，抽奖是企业常采用的促销手段。

相比抽奖，有奖竞赛需要凭借一定的才智和知识，并非只靠运气，所以参与度较低。但是在竞赛形式及内容设计上设置一定条件，可进一步增强对目标消费者的针对性，也是一种行之有效的促销方式，尤其在宣传企业品牌形象和维护顾客忠诚度方面效果更好。例如，以品牌建设和宣传为目的，可举行征集广告语的竞赛；如果为了推广新产品，可有针对性地设计竞赛内容，采用简单的问答和竞猜形式以加深消费者对产品的认识和印象，如企业本季采用了免烫防油污的新型棉材料，就可以设计在竞猜内容里，使用或关注本品牌的顾客，获奖的概率就更高。

5. 优惠券。优惠券促销就是向顾客提供优惠券作为购物凭证，顾客在下次购买时可以享受一定折扣优惠的促销方式。这种方式可以缓解产品销量下降，提高产品市场占有率，增强顾客品牌忠诚度，引起顾客对新产品的兴趣。这种方式可独立操作，也可被广泛用于与其他方式的组合使用中。

6. 附送赠品。附送赠品就是指顾客在购买企业产品的同时可获得一份非该产品的赠送品。企业通过精美的赠品可吸引顾客购买新产品以及滞销产品。好的赠品可以帮助产品打开销路，而不恰当的赠品却是事与愿违。“3R”策略是成功选择促销赠品的关键，即 Relevance（相关性）、Reward（获益感）、Repetition（重复性）。例如，某品牌在夏日服装的促销时赠送时尚太阳镜，太阳镜同该品牌服装一样，具有时尚性。而且在炎炎夏日，太阳镜不仅美观还具有遮阳的作用，会给顾客以实用的感觉。同时它在日常使用时，可重复出现而唤起顾客对该品牌的记忆。

7. 包装促销。包装促销就是利用设计独特而与众不同的包装形式，以促进服装产品的销售，对于差异性不大的服装品牌，此方式效果较为显著。包装促销可从外观审美和功能性两方面出发，外观审美就是指包装要与品牌形象、服装定位相吻合，既要美观、迎合时尚，又要富有个性、别出心裁，同时也要在功能设计上别具匠心，既新颖又实用，如某服装品牌把服装包装袋设计成一个有盖封闭的手提袋形式，内部还附有夹层，顾客买回去完全可以将其作为一个实用漂亮的手提袋再次使用。即使商家已将包装袋的成本算在服装商品上，但顾客却会认为白赚了一个手提袋。

8. 售点展售。售点展售就是在销售终端充分利用方方面面的因素对服装进行展示，以吸引顾客注意，并激发其购买欲望，增加服装销售。售点因素主要包括：售点的形象设计，即形象设计要独特并能充分衬托服装的价值和品位；服装的陈列方式，即最有效地对服装进行展示；服务品质，即导购能够针对顾客心理，提供适时完善的消费引导和服务；特殊的展售活动，如时装表演、请名人作秀、真人橱窗等示范展示。

三　服装促销方式的运用

（一）人员推销策略

人员推销的概念和特点

人员推销是指企业派出推销人员或委派专业推销机构向目标市场的消费者和用户推销商品或劳务的经营活动。服装店铺的售货员、团体采购中的服装推销人员是人员推销的主体。

人员推销具有以下特点：

1. 针对性。推销人员一般携带样品、说明书等直接与顾客接触，可以根据各类潜在用户的需求、动机及购买行为，有针对性地进行推销，介绍服装的性能、穿着和保管方法。人员推销一般是一个业务员面对一个顾客，在这种交流中，业务人员有充分的时间与精力和顾客沟通。顾客的个性化要求在这种人员推销中是能够得到满足的。

2. 灵活性。由于推销人员与顾客直接联系，当面洽谈，因此他们可以通过交谈与观察了解顾客，较容易对顾客进行识别和心理把握，进而根据不同顾客的特点和反应，有针对性地调整自己的工作方法以适应顾客，诱导顾客购买，而且，推销人员还可以及时发现、答复和解决顾客提出的问题，消除顾客的疑虑和不满意感。

3. 情感性。在服装的销售过程中，优质的服务人员会注入情感和友谊，使买卖双方超越了纯粹的商业交易关系。顾客在对服装的选择和购买中，与销售人员进行接触交流，会因销售人员的友善、真诚、专业、幽默和体贴而感到愉悦和舒心，获得满意产品的同时也会对销售人员产生信任，建立良好的友谊关系。友谊关系有助于长期合作和销售工作的开展。

4. 信息传递双向性。由于是双向交流和沟通，顾客在对服装产品产生疑虑，在穿着搭配以及服装审美上需要参考意见和帮助时，推销人员可及时打消顾客的顾虑，提供有价值的专业意见和帮助，使顾客对服装有信心而放心购买。例如，顾客对新一季服装采用的化纤面料是否吸湿、透气、易起毛球产生顾虑时，推销人员就可直接进行解释和保证。

人员推销的缺点主要表现在两个方面：一是支出较大，成本较高。由于每个推销人员直接接触的顾客有限，销售面窄，特别是在市场范围较大的情况下，人员推销的开支较多，这就增大了产品销售成本，一定程度地减弱了产品的竞争力。因此，人员推销更适合区域市场服装。二是对推销人员的要求较高。人员推销的效果直接取决于推销人员素质的高低。随着科学技术的进步，新产品层出不穷，对推销人员的素质要求也越来越高，要求推销人员必须熟悉新产品的特点、功能、使用、保养和维修等知识与技术。要培养和选择出理想的能够胜任其职的推销人员比较困难，而且耗费也大。

人员推销的分类

服装企业的销售活动针对不同的购买对象，其推销人员的构成及任务也不尽相同，主要可以分为以下三类。

1. 面对个人消费者的人员推销。购买服装的第一类顾客就是最终穿用服装的个人消费者，即使购买者买来送人，也是针对服装个人消费的。面对服装个人消费的推销人员，最为常见的就是服装卖场的销售人员，业内称之为导购。导购的促销工作就是直接与目标顾客接触，通过了解顾客对服装的需求，向顾客充分展示和说明本品牌服装商品，提供服装搭配建议及相关咨询，利用熟练的销售技巧和良好的服务态度使顾客产生购买行为，并令顾客因服装产品的获得而感到愉悦和满足，使顾客的后续购买成为可能。导购作为一线的销售人员，对消费需求最为了解，对服装的最终销售起到了很大的影响作用。

2. 面对团体消费者的人员推销。尽管大多数服装企业所面对的最主要的顾客群是服装个人消费者，但还有一类顾客在服装商品的购买数量上相当大，他们被称为集团购买者。这类顾客主要是定制和购买制服或团队服装的企事业单位或机构团体，如税务、交通等国家行政部门，医院、学校、酒店等社会服务单位，以及促进群体交流的各种职业团体、行业协会等。这类顾客的购买与个体服装消费的购买有很大的不同，具有以下特点。

有一定的限定总额。团队服装的购买经费是由单位下拨的，其数量和金额是既定的，不能随意突破。

决策程序较复杂。由于团队服装的购买并非个人行为，需要一定的购买程序，参与者较多，购买决策时间也较长。

重复性购买的可能性大。以企事业单位的制服来说，它们一般会定期更换或按届定制，如果以往的购买令人满意，会继续与服装提供者交易。

对服装企业而言，这类顾客的服装订单批量大、款式变化小、制作生产较简单，即便服装单价可能会较低，但总金额高。所以，很多服装企业，尤其是具有生产加工能力的服装企业，如罗蒙、海螺等服装企业都非常重视这部分业务。企业会安排专门的销售人员去开发和接待这类顾客。负责这类业务的销售人员需要了解团体服装的购买决策，与相关负责人搞好关系，以获得服装订单和保证货款的顺利回收。

3. 面对中间商客户的人员推销。中间商客户并不是服装产品的使用者，而是服装产品的转售者。与以上两类顾客相比，中间商的目的不在于获得服装，而是在于服装转售过程中获得的经济效益。中间商对企业来说是客户，对消费者来说是商家，所以既具有企业性质，对消费者又极具代表性。由于中间商客户产品购买数量和金额比较大、风险较高，所以，购买决策和行为都比较复杂，也非常谨慎。对大多数服装企业来说，中间商客户对企业服装市场的扩展和产品的销售作用重大，企业销售人员主要的工作就是开发中间商客户，并对其进行维护和管理。

推销人员的甄选与培训

由于推销人员素质高低直接关系到企业促销活动的成功与失败，所以，推销人员的甄选与培训十分重要。

1. 推销人员的甄选。甄选推销人员，不仅要对未从事推销工作的人员进行甄选，使其中品德端正、作风正派、工作责任心强的能胜任推销工作的人员走入推销人员的行列，还要对在岗的推销人员进行甄选，淘汰那些不适合推销工作的推销人员。

推销人员的来源有二：一是来自企业内部，就是把本企业内德才兼备、热爱并适合推销工作的人选拔到推销部门工作；二是从企业外部招聘，即企业从大专院校的应届毕业生、其他企业或单位等群体中物色合格人选。无论哪种来源，都应经过严格的考核，择优录用。

甄选推销人员有多种方法，为准确地选出优秀的推销人才，应根据推销人员素质的要求，采用申请、笔试和面试相结合的方法。由报名者自己填写申请，借此掌握报名者的性别、年龄、受教育程度及工作经历等基本情况；通过笔试和面试可了解报名者的仪表风度、工作态度、知识广度和深度、语言表达能力、理解能力、分析能力、应变能力等。

2. 推销人员的培训。作为一名服装推销人员，在从事服装推销工作之前，其必须具有较充分、完备的知识储备和销售能力，否则在推销过程中就无法应对客户的质疑和取得客户的信任。其中，对服装产品的了解、顾客的分析以及培养一定的销售服务能力是至关重要的。因此，当选的推销人员，还需经过培训才能上岗，需学习和掌握有关知识与技能。同时，企业还要对在岗推销人员，每隔一段时间进行培训，使其了解企业的新产品、新的经营计划和新的市场营销策略，进一步提高素质。

推销人员的培训内容主要包括以下几个方面。

企业情况介绍。使推销人员了解企业的经营方针、策略、未来的发展构想，企业内部组织机构、人事管理和劳动报酬等。

产品线的概念或季节主题。使推销人员了解所推销产品的性能、特点以及竞争产品的情况。

产品的展示技能。比如店铺(结构、布局、货架)陈列、产品(饰品、色彩)陈列、人员的陈列等。

商品的知识。如面料成分、穿着搭配、流行趋势、商品的潜在价值等。

市场介绍。使推销人员充分了解企业的目标顾客类型、地区分布、购买动机和潜在顾客等。

推销技术的学习。主要介绍推销的方法步骤、技巧和顾客心理等。

工作规则和流程介绍。要使推销人员了解和熟悉业务工作的规则和程序，如填写单据、发货和退货手续等。

培训推销人员的方法很多，常被采用的方法有三种：一是讲授培训。这是一种课堂教学培训方法。一般是通过举办短期培训班或进修等形式，由专家、教授和有丰富推销经验的优秀推销员来讲授基础理论和专业知识，介绍推销方法和技巧。二是模拟培训。它是受训人员亲自参与的有一定真实感的培训方法。其具体做法是，由受训人员扮演推销人员向由专家教授或有经验的优秀推销员扮演的顾客进行推销，或由受训人员分析推销实例等。三是实践培训。实际上，这是一种岗位练兵。当选的推销人员直接上岗，与有经验的推销人员建立师徒关系，通过传、帮、带，使受训人员逐渐熟悉业务，成为合格的推销人员。

人员推销的基本策略

在人员推销活动中，一般采用以下三种基本策略。

1. 试探性策略，也称为“刺激—反应”策略。这种策略是在不了解顾客的情况下，推销人员运用刺激性手段引发顾客产生购买行为的策略。推销人员事先设计好能引起顾客兴趣、能刺激顾客购买欲望的推销语言，通过渗透性交谈进行刺激，在交谈中观察顾客的反应；然后根据其反应采取相应的对策，并选用得体的语言，再对顾客进行刺激，进一步观察顾客的反应，以了解顾客的真实需要，诱发购买动机，引导其产生购买行为。

2. 针对性策略。其是指推销人员在基本了解顾客某些情况的前提下，有针对性地对顾客进行宣传、介绍，以引起顾客的兴趣和好感，从而达到成交的目的。因推销人员常常在事前已经根据顾客的有关情况设计好推销语言，这与医生对患者诊断后开处方类似，故又称针对性策略为“配方—成交”策略。

3. 诱导性策略。该策略是指推销人员运用能激起顾客某种需求的说服方法，诱发引导顾客产生购买行为。这种策略是一种创造性推销策略，它对推销人员要求较高，要求推销人员能因势利导，诱发、唤起顾客的需求，并能不失时机地宣传介绍和推荐所推销的产品，以满足顾客对产品的需求。因此，从这个意义上说，诱导性策略也可称为“诱发—满足”策略。

人员推销的具体形式

在服装销售中，销售人员推销的地点、场所一般有以下三种基本形式。

1. 柜台推销。柜台推销是最常用的推销方式，就是服装零售店铺的导购直接接待进入门市的顾客，展示介绍和推销服装产品。由于店铺柜台内产品种类齐全，易于营造销售氛围，因此能够充分向顾客展示企业产品，为顾客提供购买的便利。由于顾客可直接接触和获得服装产品，其质量可现场接受检验，从而更有保障，因此服装消费者比较容易接受这种推销方式。

2. 上门推销。与柜台推销相反，不是等顾客上门，而是派遣销售人员，携带企业服装样品、宣传画册以及企业、品牌及其他相关资料，主动寻找走访顾客，以推销企业产品。这种方式多用于服装企业业务人员对中间商的挖掘和发展，是一种积极主动、名副其实的推销形式。

3. 会展推销。会展推销是一种利用会议展览向与会人员介绍推广服装品牌和其产品的一种推销形式。这种推销形式接触面广、信息集中、成交量大、推销效果好。尤其是一些服装专业会展，可以有针对性地吸引专业客户，在短时间里实现交易最大化。对服装企业而言，这种推销形式越来越受到重视。

人员推销的方式很多，一般根据不同客户的类型，企业会采用不同的方式向顾客推销产品。

1. 面对顾客销售。面对顾客销售是最常用的方式，就是由销售人员亲自接待单个或一组顾客。销售人员向单个顾客进行一对一的服装推销，其局面较易把握，过程会简单一些。如果销售人员面对的是一个购买小组，则销售节奏较难控制，如在推荐介绍服装环节中，就可能因顾客欣赏喜好不同，而很难获得一致的认可。同时，销售过程中，异议也较多，会增加推销的难度。当然，如果销售人员的建议、服务和表现获得大多数人的认可，会抑制个别顾客不满，增加顾客的购买信心，加速购买决策。而个人在购买时往往会左思右想、犹豫不决，拿不定主意。

2. 会议销售。销售人员会同服装企业有关职能部门的其他人员，以业务洽谈会的形式向顾客推销本企业服装产品。例如，服装订货会、新品发布会、新技术研讨会以及一般性的销售会议。会议销售一般是针对中间商客户或大的集团购买者，以会议的形式集中进行产品展示和介绍，并对有关销售问题进行讨论和洽谈。有些会议并不是以即刻达成交易为目的，而是重在培养客户对服装企业及其品牌的认识和偏好。这种销售方式通常以订购合同的形式来对买卖双方的利益进行维护。

推销人员的绩效考核

为了加强对推销人员的管理，企业必须对推销人员的工作业绩进行科学而合理的考核与评价。推销人员业绩考评结果，既可以作为分配报酬的依据，又可以作为企业人事决策的重要参考指标。

1. 考评资料的收集。收集推销人员的资料是考评推销人员的基础性工作。全面、准确地收集考评所需资料是做好考评工作的客观要求。考评资料主要通过推销人员销售工作报告、企业销售记录、顾客及社会公众的评价以及企业内部员工的意见等四个途径获得。

推销人员销售工作报告。销售工作报告一般包括销售活动计划和销售绩效报告两部分。销售活动计划作为指导推销人员推销活动的日程安排，它可展示推销人员的区域年度推销计划和日常工作计划的科学性、合理性。销售绩效报告反映了推销人员的工作实绩，据此可以了解销售情况、费用开支情况、业务流失情况、新业务拓展情况等许多推销绩效。

企业销售记录。企业的销售记录，因其包括顾客记录、区域销售记录、销售费用支出的时间和数额等信息而使其成为考评推销业绩的宝贵的基础性资料。企业通过对这些资料进行加工、计算和分析，可以得出适宜的评价指标，如某一推销人员所接订单的毛利、一定时期一定规模订单的毛利。

顾客及社会公众的评价。推销人员面向顾客和社会公众提供各种服务，这就决定了顾客和社会公众是鉴别推销人员服务质量最好的见证人，因此，评估推销人员理应听取顾客及社会公众的意见。企业通过对顾客投诉和定期顾客调查结果的分析，可以透视出不同的推销人员在完成推销商品这一工作任务的同时，其言行对企业整体形象的影响。

企业内部员工的意见。企业内部员工的意见主要是指销售经理或其他非销售部门有关人员的意见。此外，销售人员之间的意见也作为考评时的参考。依据这些资料，企业可以了解有关推销人员的合作态度和领导才干等方面的信息。

2. 考评标准的建立。绩效考评标准的确定，既要遵循基本标准的一致性，又要坚持推销人员在工作环境、区域市场拓展潜力等方面的差异性，不能一概而论。当然，绩效考核的总体标准应与销售增长、利润增加和企业发展目标相一致。制订公平而富有激励作用的绩效考评标准，客观上需要企业管理人员根据过去的经验，结合推销人员的个人行为来综合制订，并需在实践中不断加以修正与完善。常用的推销人员绩效考核指标主要有：

销售量。即规定推销人员在一年中应销售的数额并按产品加以确定，然后把报酬与定额完成情况挂起钩来。每个地区销售经理将地区的年度定额在各推销人员中进行分配。

毛利。毛利用于衡量利润的潜量。

对于以上两种考核指标，最常见的鼓励措施是佣金。佣金制度是指企业按销售额或利润额的大小给予推销人员固定的或根据情况可调整比率的报酬。佣金制度能鼓励推销人员尽最大努力工作，并使销售费用与现期收益紧密相连；同时企业还可根据不同产品、工作的性质给予推销人员不同的佣金。

每日访问率（访问数量/访问工作日数）及每个客户访问率（访问数量/客户数量）。衡量推销人员的努力程度。

访问成功率。衡量推销人员的工作效率。

平均订单数目。此指标多与每日平均订单数目一起用来衡量、说明订单的规模和推销的效率。

销售费用及费用率。用于衡量每次访问的成本及直接销售费用占销售额的比重。

新客户数目。衡量推销人员特别贡献的主要指标。

（二）广告策略

广告作为市场营销的工具和手段，其营销功能是其基本功能。广告通过告知商业性信息来促进商品和服务的销售，并利用劝服和诱导的方式激发消费者的潜在欲望，来刺激消费。

广告的作用与类型

1. 广告的作用

传递信息，唤起顾客的注意。传递信息是广告的基本功能，企业通过广告宣传，帮助顾客了解、熟悉产品，而生动、具有感染力的广告宣传能引起顾客的兴趣，诱导顾客产生需求欲望，导致顾客的购买行为。

树立产品形象，提高企业知名度。独特精美的广告可以说明企业的眼光和魄力，提升企业形象和产品品质。而熟悉会引发好感，顾客购买熟悉的产品，会使他们感到安心和舒适，从而提高产品在其心目中的声誉，扩大产品销售。

建立品牌忠诚。广告宣传使产品在短时间内被顾客熟知，建立了较高的知名度。如果在广告中注入更多的文化内涵，就可以在潜移默化中培养顾客对产品的好感和提高其忠诚度，所以广告极大地增加了顾客的品牌忠诚度。

2. 广告的类型

根据广告主的性质及广告目的划分

根据广告主的性质及广告目的的不同，可以将广告划分为商业广告和非商业广告。商业广告是指以促进销售与营利为目的的广告，广告主通常是企业组织或者其他带有营利性质的机构。非商业广告是指因营利以外的任何目的而发起的广告，广告发起者通常有宗教组织、慈善组织、政府部门、社会团体等非营利性组织。非商业广告又分为公益广告、政治广告、宗教广告、观念广告等。

根据广告活动的具体目的划分

根据广告活动的具体目的，可以将广告划分为促销广告、形象广告，这种划分方式通常使用在商业广告中。促销广告在广告活动中比较常见，是指以促进销售为目的的广告活动。形象广告则是指以树立、强化或改变企业形象和品牌形象为目的的广告活动。广告是塑造、传播企业形象和品牌形象的有效方式之一。

根据广告活动投放的地理范围划分

根据广告活动投放的地理范围，可以将广告划分为国内广告、国际广告等。国际广告是指跨越国界开展的广告活动。国内广告又可进一步区分为全国性广告、区域性广告和地方性广告。全国性广告是指广告发布的区域涉及全国范围或全国最具代表性的城市；区域性广告是指广告发布面对一国范围内的某个自然地理区域或经济地理区域的广告活动；地方性广告又被称为零售广告，是指发布区域限于某个范围具体的城市或地区。

根据广告活动的目标受众划分

根据广告活动的目标受众划分，可以将广告划分为消费者广告、企业广告、中间商广告与行业广告。消费者广告指针对那些购买产品或服务自用或供他人使用的人而发起的广告；企业间广告是以从事生产性行业或服务性行业的企业或个人为目标的广告活动；中间商广告主要针对经销产品和服务的中间商（批发商与零售商）；行业广告是针对某一行业或产业，以及那些必须遵守行业规范与标准的专业人员的广告，如服装行业广告、医疗行业广告等。

根据广告发布的媒介形式划分

根据广告发布的媒介形式划分，可以将广告划分为电视广告、报纸广告、广播广告、杂志广告、直邮广告、户外广告、网络广告等。

广告媒体策略

广告主所要传达的广告信息需要借助媒体发布。广告媒体就是携带广告信息的载体。不同的广告媒体，其传播范围、速度、表现形式、对广告受众的刺激强度等都是不同的。广告媒体费用一般占到整个广告传播费用的70%~80%。因此，企业在选择广告媒体时，要考虑广告传播的经济性。广告媒体选择恰当与否，直接影响广告的效果和广告宣传活动的成败。

1. 主要媒体类型及特点

（1）四大传统广告媒体

电视媒体。电视广告是一种将视听结合在一起的传播媒体，从信息的吸引强度上说，是一种很有效的信息传播途径。这种媒体覆盖很广，收视率高，能综合利用各种艺术形式，表现力丰富，形象生动，具有很强的感染力。这些优点都提高了广告传播的效率。但是电视广告的成本偏高，展露时间短，不易让消费者产生记忆，同时再现率低。电视媒体很适合服装企业在更大范围内巩固企业和品牌形象，传递服装风格和特点等相关信息。

报纸媒体。报纸具有传播及时、传播范围广、覆盖率高、读者面宽而且稳定、版面伸缩余地大的优点，而且广告费用相对较低。但是它也具有时效短、注目率低、表现效果受限的缺点。选择报纸作为服装产品广告的媒体，虽然成本较低，但广告表现的效果并不佳。因为报纸对于市场信息的内容可以在很大范围内传递，但对于服装风格、生活方式界定方面却不能清晰表达，所以对广告的内容要进行很好的规划。

杂志媒体。杂志的出版周期要比报纸长，这种传播媒体的读者群稳定、针对性较强，尤其是专业性期刊，读者专业水平高，群体相对固定；杂志的印刷特点使得广告效果比报纸要好，具有一定的欣赏性；杂志比报纸更容易保存，所以可以通过传阅提高广告的重复阅读率。但是由于杂志其他信息过多，使消费者关注广告的干扰较多，而且杂志出版的周期长，广告的适时性差，因此不太适合对流行性强的服装进行广告宣传。

广播媒体。广播媒体也是一种覆盖面很广的传播媒体。它的听众广泛，信息传播及时、迅速，广告制作简便，费用较低廉。但是这种媒体传递的信息量有限，时效短，遗忘率高，而且对于强调视觉效果的服装，这种媒体传递信息的效果是较差的。

(2)互联网媒体

互联网媒体互动性强，信息容量大，信息传播不受时空限制。很多服装企业都已经建立了自己的网站，借助这个媒体向目标消费者传递服装企业、品牌和产品信息。但是由于网络空间的虚拟性，使得网络传播的真实性和安全性大打折扣。网络广告同样具有较强的表现力，但是被拒绝接收的比率也是比较高的。

(3)其他媒体

户外媒体

户外媒体是指存在于室外开放空间的媒体，比如路牌(站牌)、霓虹灯、交通工具(车身、车载移动广播电视等)、空中广告媒体(气球、烟雾、飞艇等)。户外媒体属于地域性媒体，比起其他媒体来，更能广泛地接触公众。优秀的户外广告还能美化城市环境。但是，受众不会有意识地关注户外媒体，一般都是一瞥而过，因此户外广告适合产品提醒，而不适合对产品做详细的介绍。

POP

又称为售点广告。包括销售点内外悬挂的招牌、标语、旗帜，橱窗、商品陈列、装潢、表演、价格表、售货人员着装及言谈举止、展销会等等。POP 可以营造现场销售气氛，指导消费者现场购物，因此起着直接的促销作用，被称为实现终端销售的“临门一脚”。

电影媒体

以电影及影院作为媒体，广告表现力强，观众针对性强(多为年轻人，这些人是服装、汽车、手机、食品、软饮料等产品的主要市场)，接收信息时受干扰程度小。还有一种广告形式也是借助电影，即“植入式广告”，是指将产品或品牌及其代表性的视觉符号甚至服务内容策略性地融入电影(电视剧或电视节目)内容中，通过场景的再现，让观众留下对该产品及品牌的印象，继而达到营销目的。

2. 影响媒体选择的因素

目标受众的媒体接触习惯

不同的顾客，通常会接触不同的特定的媒体。如老年人较多接触广播和电视；体育爱好者接触体育频道、体育杂志、报纸等较多；年龄较大妇女会接触电视连续剧前后广告；儿童通常选择动画片、儿童频道；青少年接触网络广告、电视综艺节目中的广告等。企业选择的传播媒体应与目标市场顾客的媒体接触习惯相一致。

产品特性

工业品和消费品、技术性能较高的复杂产品和较普及的产品，应采用不同的媒体进行广告宣传。各种媒体类型在示范、形象化、说明、可信性和色彩等方面的潜力各有不同。如女性服装广告最好刊登在彩色杂志上。需要展示有色彩和式样要求的产品，宜选用电视或杂志，以增加美感和吸引力。而只需要听觉就能了解的产品，适合在广播上做广告。专业技术性较强，需详细介绍的产品，可选择直邮、展销展览、报纸和专业期刊。而日常消费品多采用电视、广播等形式。

广告信息特性

如果广告诉求重点是详细的商品信息，且技术内容较多时，宜采用报纸、专业杂志和邮寄广告；如果是为了提升企业形象，则应选择权威的大众媒体；如果是为了宣布即将举行的一次销售活动，则适合选择报纸、广播、电视等即时性强的媒体。

媒体覆盖范围

在选择媒体时，需要考虑所选媒体的覆盖范围与企业的目标市场是否一致。全国性的服装品牌适宜在全国性媒体以及网络上做广告，而某城市的服装专卖店，则适合选择地方性报纸、电视台等媒体。

媒体成本

广告媒体的收费标准各不相同，即使同一媒体，因不同的版面、播出时间、播出范围和影响力的不同也收费各异。通常，电视收费较高，报纸收费较低，广播、杂志居中。选择媒体时，不仅要考虑广告费用，还应考虑广告效果，即媒体传播的覆盖率以及媒体建立的声誉和媒体表现手法的优势。总之，企业根据经济实力、广告目标的要求，结合各广告媒体的优缺点，综合选择费用低、效果好的广告媒体。

此外，企业的营销策略、营销范围、竞争对手、目标市场、产品生命周期等因素，对广告媒体的选择也有影响，在选择媒体时应加以综合考虑。首先考虑费用与受众质量，其次考虑受众注意力，最后评估媒体的质量。总之，选择广告媒体应综合参考相关因素，力求用较低的花费达到最佳的广告宣传效果。

3. 媒体发布时机策略

一般企业都是依据季节变化做广告，产品销售的淡季和旺季的广告量和广告费用是不同的。

长期性广告是指实施期两年以上的广告。采用长期广告战略，不但着眼于开拓市场，打开产品销路，而且还着眼于提高产品的知名度，树立企业的良好形象。因此，长期广告要注重全局性、系统性和深远性，强调广告目标的长期性和连贯性。

中期广告也称年度广告，指为期一年的广告。采用中期广告战略，要在计划时间之内针对目标市场反复传递广告信息，持续地加深顾客对商品或企业的印象，保持顾客头脑中的记忆度，努力挖掘潜在市场，提高产品知名度，促使顾客重复购买。

短期广告是指一年内按季节、月份所实施的广告。一般短期广告适用于新产品或时令性较强的产品。新产品刚投入市场时，要对准目标市场进行短期突击性广告宣传，有利于集中优势抢占上风，在短期内迅速造成浩大声势，扩大广告影响，收到迅速提高商品销售额的功效。当然，一些季节性、节假日性商品也适合采用短期广告战略。服装类中羽绒服、保暖内衣、裙装就可以根据季节变化规律，适时开展短期广告宣传活动。过早会造成广告费用浪费，过迟则延误时机，影响产品销售，最好在销售旺季来临之前逐渐推出广告，为旺季销售做好信息准备和心理准备。一旦销售旺季到来，广告宣传就迅速推向高潮，旺季一过广告活动就及时结束。

广告客户还要选择广告方式。广告方式有两种，即持续性广告和间歇性广告。持续性广告是指在一定时期内均匀安排广告时间。间歇性广告是指一定时期内非均匀实排广告时间。产品销售旺季的狂轰滥炸式广告和在短时间内密集的广告投入都能迅速建立顾客的认知。

广告创意与表现

1. 广告创作的原则

创新性

创新性原则是指服装产品广告创意一定要有创新，能让消费者看过后产生记忆。没有新意的广告无法让消费者区别出自己品牌的个性和形象，影响购买欲望。

真实性

真实性原则强调在广告中，企业所传递的关于服装及企业的信息是真实的，不能夸大其词，任意吹嘘，应充分考虑到在消费者心目中树立可靠的品牌和产品形象。

针对性

针对性原则指广告信息的传递必须针对消费者心理特征、消费偏好的不同，选择他们认可和欣赏的广告方式。

简洁性

由于人的注意力和记忆信息量是有一定极限的，所以不能在广告中传递太多的信息，影响消费者的记忆。因此，广告设计必须遵循简洁性原则，广告要主题明确，诉求点清晰，使消费者易于理解和记忆。

艺术性

广告创造是一种艺术活动，广告要用形象的语言、巧妙的构思、唯美的画面将服装的特点表现出来，给消费者一种美的享受，这样才能转化成他们对品牌形象的肯定。

合法性

广告在内容、项目、形式上都必须遵守国家广告管理法规和其他有关法规，同时还要顾及广告播放国家的相关法律法规，做到在合法的原则下运作。

2. 广告创意策略

USP 理论

20 世纪 50 年代，曾任达彼斯广告公司董事长的罗瑟·瑞夫斯提出了 USP 理论。罗瑟·瑞夫斯认为：实效是判断广告是否成功的主要要素，不强调广告本身好看，关键在于广告是否有助于销售。USP 理论有 3 个理论要点：①一则广告必须向消费者明确陈述一个销售主张，即从产品功能出发，寻求产品的独特性，建立“卖点”；②这一主张必须是独一无二的，或是其他同类产品宣传中不曾提到的，即率先得到 USP；③这一主张必须对消费者有强大的吸引力，必须使消费者感兴趣。

品牌形象理论

20 世纪 60 年代，奥美广告公司创始人大卫·奥格威提出了品牌形象理论。

该理论的基本观点：①为塑造品牌服务，是广告最主要的目标。广告的目的就是要使品牌维持一个高知名度的品牌形象；②任何一则广告都是对品牌的长远投资，往往为长远利益不惜牺牲短期利益；③随着同类产品差异化减小，品牌之间的同质性增加，因此描绘品牌的形象要比强调产品具体功能特点重要得多；④消费者购买产品时，追求的是物质利益加心理利益，而对绝大多数消费者而言，广告更应重视满足心理需求，应将心理利益作为诉求点。

定位理论

20 世纪 70 年代由艾·里斯和杰克·特劳特提出。他主张在广告策略中应用一种新的沟通方法创造更有效的传播效果。该理论要点包括：①广告目标是使公司、品牌或产品在消费者心中获得一个据点，一个认定的区域位置，或在其心中占有一席之地；②广告应将火力集中在一个狭窄的区域、目标之上，在消费者心智上下功夫，要创造出一个有利的心理位置；③要运用广告创造独有的位置，创造第一，这样才能给消费者留下深刻印象，才能创造良好的传播优势；④广告表现出来的差异性，并非指产品特殊、具体的功能特点，而是要显示出品牌之间类的差别；⑤这样的定位一旦建立起来，无论何时何地，只要消费者产生相关需求，就会自动地、首先想到广告中的这种品牌、公司和产品，达到先入为主的效果。

简而言之，定位就是相对于竞争对手，你的品牌在消费者心中占有什么位置；定位就是对消费者心智下的功夫。定位没有改变产品，而是改变人们的看法。

ROI 理论

恒美广告公司创始人之一威廉·伯恩巴克提出的 ROI 理论包含 3 个核心要素：R——Relevance（相关性），是指广告应将产品与消费者需求相关联；O——Originality（原创力），是指广告创意突破常规，与众不同；I——Impact（冲击力），是指广告能够震撼人心，给人留下深刻印象。

3. 广告表现策略

广告的诉求方式

广告诉求包含两层含义：一是指通过作用于受众的认知和情感的层面使受众的行为发生变化的方式；二是指广告的核心信息，即广告中产品的主要卖点。

理性诉求。理性诉求是指广告定位于受众的理智动机，通过真实、准确、公正地传达有关企业、产品、服务的客观信息，使受众经过概念、判断、推理等思维过程，理智地做出决定。

感性诉求。感性诉求是指广告定位于受众的情感动机，通过表现与企业、产品、服务有关的情绪与情感因素（感觉、情绪、价值、信仰）来传达广告信息，以此对受众的情绪和情感带来冲击，使受众产生购买产品或服务的欲望和行为。

以上两种方式各有优势和不足。理性诉求由于注重事实的传达和道理的阐述，容易使广告表现显得生硬、枯燥；感性诉求注重对情绪和感情的渲染，又容易影响对广告信息的客观表达。因此，在实际的广告运作中，常常将两者结合起来使用。

广告表现的符号策略

广告表现的符号也常常被称为表现元素。组成一则广告的符号类型主要有 3 种：产品符号、人物符号与环境符号。产品符号可以直接展示产品本身，也可以出现产品的名称或代表形象；人物符号展示的主要是目标消费者的形象；环境符号展示的是相关场合。有时这三种符号并不直接展示，而是在文案中表述出来。有时广告会有所侧重。这三种符号构成了完整的广告信息，同时传递某种氛围与品牌形象。在实际的广告运作中，必须要考虑这三种符号以何种方式出现、如何组合、具体以什么形象来表现等问题，这些问题直接影响受众对广告信息的接受方式与理解程度。

广告表现的材质

确定了广告表现的诉求方式和符号之后，就进入广告表现材质的决策阶段。这个阶段的主要任务是对将要通过各种媒体发布的广告作品的制作材料的规格、品质提出具体要求，为广告的设计制作提供参考依据。这些将决定最后的广告作品呈现出来的样子，也将最终影响受众对广告的整体印象。

广告效果评估

广告的目的是要将产品的信息准确地传递给目标消费者，影响他们的购买行为，所以应当对广告效果做一个客观的评估，这个评估主要是确定广告投放后的有效性。企业对广告效果的评估可以在两个阶段进行。

1. 预审

预审就是在广告实施前对广告策划及其效果进行审核。主要有以下两种方法。

直接评价法。邀请部分专家和部分目标市场上的消费者，让他们对几种广告稿的注意力、易读性、辨认力、感染力等进行评价。

样稿测试法。邀请部分目标市场中的消费者，发给他们广告样稿或将广告播放给他们看，请他们看完广告后回答一些问题，以了解记忆率及其对广告的感觉。

2. 复审

广告正式播出后，企业还要对广告效果进行复审评估。主要有以下三种方法。

回忆测试法。从接触到广告媒体的消费者中抽取一组样本，请他们回忆服装品牌名称、设计特点、风格定位等问题，以测定广告的吸引力和效果。

销售实绩法。在广告发布一段时间后，通过调查销售量的变化，来判断广告是否对销售起到了应有的作用。

认知测定法。通过市场调查询问消费者是否接受企业广告、认知程度如何，根据被测者认知程度的深浅来测定广告效果。

(三)公共关系策略

公共关系，又称公众关系，是指企业为了获得公众信任，加深消费者印象而进行的一系列树立企业及产品形象的促销活动。企业实施公共关系的目的在于创造并且维持一个有利的社会形象，并通过相关宣传，创立知名度及美誉度。品牌在公众中的知名度可以激发消费者的兴趣，同时引起人们对品牌的关注。

公共关系的特点

1. 间接促销。公共关系并不直接介绍和推销产品，而是通过积极参与各项社会活动，宣传企业的宗旨，扩大知名度，树立良好形象，赢得社会各界的理解和信任，使企业在社会上享有较高的声誉和良好形象，从而使顾客信任企业生产的产品，达到促进销售的目的。

2. 追求长期稳定效应。公共关系是一种长期活动，着手于平时努力，着眼于长远打算，追求建立长期稳定的战略性关系。公关活动一般短的需几个月，较长的需三五年或更长。公共关系不强调即刻见效，它的效果不是短期行为所能达到的，需要连续的、有计划的努力。企业的良好形象和信誉，将对今后的产品销售起到至关重要的作用。

3. 遵守真诚合作、平等互利、共同发展的基本原则。公共关系活动以真诚合作、平等互利、共向发展为基本原则，并且要协调、兼顾企业利益和公众利益。一个企业要把自己能够为社会提供的贡献传达给社会公众，良好的公共关系必须从公众利益出发，并付诸行动。公共关系是以塑造组织形象为目标的传播活动，公共关系的传播原则是以事实为依据，用事实说话，传播手法上应尽量诚挚朴实，不自我标榜。

公共关系的类型

1. 宣传型公共关系。宣传型公共关系是指服装企业运用各种传播媒介向社会各界公众有意识、有目的地传播有关企业的信息，以影响和改变消费者的态度、意见和行为的活动。这种公共关系可以扩大企业的社会影响，在消费者群体中易于形成对企业有利的舆论环境。宣传型公关经常通过撰写新闻稿、举行服装知识讲座或者举行服装发布会等形式，进行信息的传递。这种方式传播面广，推广企业形象效果好，容易提升企业的知名度和美誉度。

宣传型公共关系根据宣传对象的不同被分为对内宣传和对外宣传。对内宣传公共关系的主要对象是组织的内部公众，如员工、股东等，目的是为了让他们及时了解企业运作的现状和所面临的问题及应对措施。常用的宣传媒介包括企业报纸、职工手册、黑板报、照片、宣传窗、闭路电视、电影、座谈会、演讲会、讨论会等形式，而对于股东则采取报告的形式。对外宣传公共关系的对象包括消费者及与组织机构有关的各种公众，目的是让他们迅速获得对服装企业有利的各种信息，形成良好的舆论氛围。对外宣传常使用公关广告和新闻报道的形式，借助相关新闻的手段进行宣传。

2. 征询型公共关系。征询型公共关系就是通过开办各种咨询业务、制订调查问卷、进行民意测验、设立热线电话、聘请兼职信息人员、举办信息交流会等具有特定目的的公关调查活动，收集关于市场、社会情况、公众意向等与企业有关的信息，并进行整理、分析、研究，为企业的经营管理提供科学依据，以促进企业经营决策科学化、民主化。对于企业来说，征询型公共关系既能获得信息，同时也树立了企业热心为公众服务、对公众负责、接受建议的良好形象。

3. 服务型公共关系。即是指为消费者提供各种实质性的服务，获取消费者的了解和信任，以树立和维护企业形象与声誉的活动。企业可以以各种方式为公众提供服务，如穿着搭配指导、赠送服装保养手册、免费修改裤脚、个人定制化服务等都有助于树立企业的服务形象，拉近与消费者之间的距离，获得消费者的满意。企业以这种方法在消费者心目中淡化买卖关系，强化服务关系，完善企业形象。服装企业向公众提供的服务，其质量的好坏直接影响到它在公众心目中的形象。因此，开展优质服务是各类组织的一项重要的公共关系工作。

4. 社会型公共关系。企业通过一些社会活动，如通过赞助科学、教育、文化、卫生等事业，支持社区福利事业，参与国家、社区重大社会活动等形式，来塑造企业的社会形象，提高企业的社会知名度和美誉度。这种方式影响力大，社会公益性强，但是成本相对较高。经过精心策划的社会性公共关系活动，一般可以在较长的时间起到作用，具有潜移默化地加深公众对企业美好印象的功能，这种公关的效果要比单纯商业广告好得多。

5. 危机型公共关系。危机型公关是指由于某些事件而使企业形象受损，为了重新塑造企业形象，企业所推行的一系列活动。进入信息时代后，危机的信息传播速度加快了很多，所以对危机进行适宜的公关行为，有助于改善企业的负面形象。

造成企业形象受损，一类是由企业自身原因引起的，如因产品质量问题引起的消费者不满；另一类是由企业外部因素引起的，如某些人为制造的事端而引起企业形象受损。在这种公关中，企业要最大限度地平衡企业与消费者的利益，同时积极做好弥补工作，把危机的损失降到最低，并且着手重塑企业形象。

（四）营业推广策略

营业推广，又称销售促进，是指企业运用各种短期诱因鼓励消费者和中间商购买、经销或代理企业产品或服务的促销活动。营业推广是除广告、人员推销、公共关系之外，能有效地刺激顾客购买、提高促销效率的一切活动。它包括的范围较广，界限不如人员推销、广告和公共关系清晰，是一种行之有效的辅助性措施。

营业推广的特点

1. 促销效果明显。营销者根据产品特点、顾客心理和市场营销环境，选择有针对性的营业推广方式，就会收到明显的销售效果。因此，营业推广适合在一定时期、一定任务的短期促销活动中应用。

2. 属于辅助性的促销方式。人员推销、广告和公关都是常规性的促销方式，而营业推广方式则是非正规性和非经营性的。亦即，使用营业推广方式开展促销活动，虽能在短期内取得明显的效果，但它一般不能单独使用，常常要配合其他促销方式使用。营业推广方式的运用能使与其配合的促销方式更好地发挥作用。

3. 容易对企业形象造成不良影响。营业推广的一些做法常使顾客认为卖者有急于抛售的意图。若频繁使用或使用不当，往往会引起顾客对产品质量、价格产生怀疑。因此，企业在开展营业推广活动时，要注意选择恰当的方式和时机，以免带来不利的影响。

营业推广的方式

营业推广的方式远远多于其他的促销方式，企业应根据各种方式的特点、促销目标、目标市场的类型及市场环境等因素选择适合本企业的营销推广方式。

1. 针对顾客的推广方式

向顾客推广，是为了鼓励老顾客继续购买、使用本企业产品，激发新顾客试用本企业产品。其方法主要有以下几点。

赠送样品。向消费者免费赠送样品，可以鼓励消费者认购，也可以获取消费者对产品的反应。这是推介新产品的一种方式，但不适用于高值商品。

赠送代价券。代价券是对某种商品免付一部分价款的证明。代价券可以邮寄，也可附在商品或广告印刷品中赠送，还可以向购买商品达到一定的数量或数额的顾客赠送。

现金折扣。按产品原价进行折扣以后销售，使顾客在购买产品时直接得到利益。如店庆、节假日、过季产品的打折销售。此方式是非常有效的促销手段。

包装兑现。即采用商品包装来兑换现金或产品。这种方式的有效运用，体现了企业的绿色营销观念，有利于树立良好的企业形象。

提供赠品。对购买价格较高商品的顾客赠送相关商品（价格相对较低、符合质量标准的商品），有利于刺激高价商品的销售。对售价不高的产品也可随产品赠送一些小玩具、小用具。

商品展销。展销可以集中消费者的注意力和购买力。在展销期间，质量精良、价格优惠、提供周到服务的商品备受青睐。这比较适合创新和初次投入市场的产品。

抽奖或知识竞赛。顾客在购买某种产品时，可凭票据参加抽奖或进行知识问答，使顾客有机会获得一定奖品、奖金、旅游机会等，用来刺激某种产品的购买率。

表演销售。服装类产品较适合在宣传品牌或新产品时使用充满魅力的时装模特、动听的音乐、热闹的场景和高雅的气氛，展示服装的面料、色彩、款式、设计、做工和穿着方式，使服装表演成为具有审美价值的促销手段。

赊销或分期付款销售。商家提供可分期付款的赊销或贷款购物，把潜在顾客变成现实顾客，促使顾客提前购买，提前消费。

会员卡或积分卡。对持会员卡的顾客给予优惠。持积分卡的顾客购物积分，累积到一定分值就赠送礼品或消分换购。目的是吸引顾客长期购买本品牌产品。

2. 针对中间商的推广方式

向中间商推广，其目的是为了激发中间商经销本企业产品的积极性。其方式主要有以下几点。

购买折扣。为刺激、鼓励中间商购买并大批量地购买本企业产品，对中间商第一次购买和购买数量较多的中间商给予一定的折扣优待，购买数量越大，折扣越多。折扣可以直接支付，也可以从付款金额中扣出，还可以赠送商品作为折扣。

资助陈列、广告和运费补贴。是指生产者为中间商提供陈列商品、支付部分广告费用和部分运费等补贴或津贴。在这种方式下，中间商陈列本企业产品，企业可免费或低价提供陈列商品；中间商为本企业产品做广告，生产者可资助一定比例的广告费用；为刺激距离较远的中间商经销本企业产品，可给予一定比例的运费补贴。

经销奖励。对经销本企业产品有突出成绩的中间商给予奖励。这种方式能刺激经销业绩突出者加倍努力，更加积极主动地经销本企业产品，同时，也有利于诱使其他中间商为多经销本企业产品而努力，从而促进产品销售。

培训。帮助中间商培训技术人员和销售人员，扶持中间商发展壮大，以便更好地销售本企业的产品。

业务会议和贸易展览。行业协会为会员组织年会或贸易展览，可邀请参加会议的中间商进行交流和传授经验，并借此招徕新主顾，与客户保持联系，介绍新产品。

营业推广的控制

营业推广是一种促销效果比较显著的促销方式，但倘若使用不当，不仅达不到促销的目的，反而会影响产品销售，甚至损害企业的形象。因此，企业在运用营业推广方式促销时，必须予以控制。

1. 选择适当的方式。选择好营业推广方式是促销获得成功的关键。一般来说，应结合产品的性质、不同方式的特点以及消费者的接受习惯等因素选择合适的营业推广方式。

2. 确定合理的期限。控制好营业推广的时间长短也是取得预期促销效果的重要一环。推广的期限既不能过长，也不宜过短。这是因为，时间过长会使消费者感到习以为常，失去刺激需求的作用，甚至会使消费者产生疑问或不信任感；时间过短会使部分顾客来不及接受营业推广的好处，收不到最佳的促销效果。一般应以消费者的平均购买周期或淡旺季间隔为依据来确定合理的推广方式。

3. 做好推广预算。科学合理地估计销售人员在一年中计划举办的各种营业推广费用，包括管理费用、鼓励费用及在交易中估计售出的产品数量，确定合理的推广预算，科学测算营业推广活动的投入产出比。

4. 不可弄虚作假。营业推广的主要对象是企业的潜在顾客，因此，企业在营业推广全过程中，要坚决杜绝徇私舞弊的短视行为发生。在市场竞争日益激烈的条件下，企业商业信誉是十分重要的竞争优势，企业没有理由自毁商誉。本来营业推广这种促销方式就有贬低商品之意，如果再不严格约束企业行为，那将会产生失去企业长期利益的巨大风险。因此，弄虚作假是营业推广中的最大禁忌。

5. 注重中后期宣传。开展营业推广活动的企业既要注重推广前期的宣传，同时也不应忽视中后期宣传。在营业推广活动的中后期，企业面临的十分重要的宣传内容是营业推广中的企业兑现行为。这是消费者验证企业推广行为是否具有可信性的重要信息源。所以，令消费者感到可信的企业兑现行为，一方面有利于唤起消费者的购买欲望，另一个更重要的方面是可以换来社会公众对企业良好的口碑，增强企业良好形象。

思考与练习

1. 服装企业在制订促销组合和促销策略时应考虑哪些因素？
2. 简析服装促销的时机选择策略。
3. 简析服装促销的对象选择策略。
4. 服装产品人员推销的劣势表现在哪些方面？
5. 运用本章相关知识点点评某一品牌服装广告。
6. 公共关系的类型有哪些？试举例论述。

参考书目

[1]程淑丽,王宏. 市场营销精细化管理(全案)[M]. 北京:人民邮电出版社,2008

[2]蒋智威,万艳敏等. 服装品牌营销案例集·国际篇(第二版)[M]. 上海:东华大学出版社,2011

[3]吴健安. 市场营销学(第二版)[M]. 北京:高等教育出版社,2004

[4]杨以雄. 服装市场营销[M]. 上海:东华大学出版社,2010

[5]唐新玲. 服装销售企划[M]. 北京:中国纺织出版社,2008

[6]刘小红,刘东,陈学军,索理. 服装市场营销(第三版)[M]. 北京:中国纺织出版社,2008

[7]王金泉. 纺织服装营销学[M]. 北京:中国纺织出版社,2006

[8]宁俊. 服装营销[M]. 北京:中国纺织出版社,2006

[9]刘国联. 纺织品服装市场调研与预测[M]. 北京:中国纺织出版社,2009

[10]方勇等. 服装市场调查与预测(第 2 版)[M]. 北京:中国纺织出版社,2010

[11]宁俊. 服装品牌企划实务[M]. 北京:中国纺织出版社,2008

[12]孙静. 服装品牌实务:从创立到运营[M]. 上海:东华大学出版社,2007

[13]范铁明. 服装品牌营销与市场策划[M]. 重庆:重庆大学出版社,2011

[14]常亚平,吕彪. 服装市场营销学[M]. 武汉:湖北美术出版社,2006

[15]马刚,韩燕. 渠道制胜——服装营销渠道管理[M]. 北京:中国纺织出版社,2008

[16]刘元风. 时间与空间:我们离世界服装品牌还有多远[M]. 北京:中国纺织出版社,2008

[17]张金海,姚曦. 广告学教程[M]. 上海:上海人民出版社,2003

[18]吴红. 广告概论[M]. 广州:广东高等教育出版社,2012

高等院校服装专业教程

服装市场营销学

图书在版编目(CIP)数据

服装市场营销学 / 张莉主编. -- 重庆：西南师范大学出版社, 2015.1

高等院校服装专业教程

ISBN 978-7-5621-7094-5

Ⅰ. ①服… Ⅱ. ①张… Ⅲ. ①服装-市场营销学-高等学校-教材 Ⅳ. ①F768.3

中国版本图书馆 CIP 数据核字(2014)第 252922 号

高等院校服装专业教程

服装市场营销学

主　　编：张　莉

责任编辑：王　煤

装帧设计：梅木子

出版发行：西南师范大学出版社

中国 · 重庆 · 西南大学校内

邮编：400715

网址：www.xscbs.com

经　　销：新华书店

制　　版：重庆新思维电脑图文有限公司

印　　刷：重庆紫石东南印务有限公司

开　　本：787mm×1092mm　1/16

印　　张：13

字　　数：283 千字

版　　次：2015 年 6 月第 1 版

印　　次：2015 年 6 月第 1 次印刷

书　　号：ISBN 978-7-5621-7094-5

定　　价：42.00 元